KB068518

나태한
투자

돈과 투자에 대한 재미나지만 깊이 있는 이야기들

나태한 투자

| 김주완 지음 |

움직이지 말라, 한없이 나태해져라.

길고 긴 시간은 주식 투자자에게 최고의 친구이다.
유일하게 필요한 것은 가끔 찾아오는 폭풍우를 견디는 담대함이다.

가넷북스
Garnet Books

나태한 투자,
고요한 일상 안에 부자 되기

　최근 몇 년 동안 서점의 자산관리 섹션 판매량 상위에 있는《부의 추월차선》을 보며 돈에 대한 고민을 하게 되었다. 여러 일화를 그린 이 책을 읽으며 한편으로 고개를 끄덕이며 마음을 다잡는 힘을 얻기도 하고 다른 한편으로 한숨이 쉬어지기도 한다. 책의 저자는 사람들을 인도, 서행차선, 추월차선으로 나누어 설명한다. 인도를 걷는 사람은 돈의 무게에 짓눌려있고, 그것이 만든 굴레에 힘겹게 살아간다. 서행차선을 달리는 사람은 뻔한 소득, 저축, 자산관리의 방식으로 그저 그런 부를 이루는 이들이다. 좀 심하게 얘기하면 진부한 실패의 길을 걷고 있는 사람들이다. 진정한 승리자이자 인생을 행복의 화원으로 만드는 사람은 잠재된 재능을 폭발시켜 경제적 성취를 이룬 추월차선의 사람들이다.

책은 이런 일화를 서술한다. 2007년 겨울 아침 신분을 숨긴 유명 바이올리니스트가 워싱턴 D.C.의 기차역 앞에서 연주를 한다. 그 앞을 지난 2,000명이 넘는 사람들은 위대한 연주가가 길거리에서 연주한다는 사실을 모른 채 덧없이 지나친다. 저자는 이 일화를 이렇게 해석한다. 지하철을 타고 다니는 평범한 사람은 그들이 처한 생계의 무게 때문에 세상에서 가장 값진 것도 알아차리지 못한다고… 그러면서 이런 평범한 사람들의 삶을 '비참하다.'라고 표현한다. 그가 보기에 출근길의 서두름 속에 350만 달러의 연주를 못 알아보는 사람들은 마치 '좀비'와 같다.

오늘 아침에도 출근 버스를 타고 창밖의 풍경을 보며 일터로 온 내 마음에 회의감이 일었다. 오랜만에 보는 좋은 날씨를 느끼며, 이어폰으로 좋아하는 음악을 듣고 기분 좋게 출근한 내가 초라해졌다. 평범한 일상의 아침에 느낀 기대감과 활력이 누군가에겐 '좀비'의 발걸음으로 보여질 수 있다는 것에 슬픔을 느꼈다.

책의 많은 부분이 저자의 성공담으로 채워져 있다. 패배자였던 한때를 털고 노력과 희생을 통해 경제적 자유를 이룬 모습을 보여 준다. 그 과정에는 나름의 의미가 있다. 스스로의 욕망을 잘 발전시켜 본인의 직업적, 물질적 성공과 더불어 세상을 더욱 이롭게 만드는, 누구나 부러워 마지않는 인생이다. 그런데 책을 덮으며 내 마음에 뭔가 덜컥거리는 무언가가 있었다. 표면적으로 그 불편함을 만드는 표현은 '람보르기니'였다. 성공의 상징으로 자신의 슈퍼카를 보여 주는 데까지는 마음 한편 부러움이 있었지만 그런 성공을 이루지 못한 나머지 대부분의 사람들을 패배자로, 어리석은 자로 매도하는 태도는 그가 얘기하는 '행복'과 오히려 동떨어져 보였다.

세 가지 부분에서 그의 글에 의문을 가진다.

첫 번째는 개인이 부를 만드는 많은 부분이 행운의 영역이라는 것이다. 이 행운의 영역을 다른 말로 확률의 영역이라 할 수 있다. 그가 걷고 있는 추월차선이 온전히 그가 가진 능력의 결과라고 말하지만 어쩌면 정규분포의 끝단에 있는 행운일 수도 있다. 경제적으로 성공한 이들 중 현명한 자들은 이 행운의 영역을 인정한다. 세상에서 가장 부자 중의 한 사람인 워런 버핏은 자신이 미국에서 태어난 것을 큰 행운으로 여긴다. 자신이 투자하는 동안 미국의 경제가 크게 상승한 것이 자기 성취의 아주 큰 부분이라고 믿고, 그런 행운을 가져다준 사회에 감사함을 표현한다. 투자계의 구루인 나심 탈레브는 로또에 당첨된 게으름쟁이와 치과의사를 비유한다. 당장의 시점에서 치과의사의 수입이 로또 당첨금을 넘어서기는 힘들지만, 시간이 지나며 경험을 쌓고 치료 노하우를 늘리는 시간의 흐름에서 부의 확률을 키운 의사가 결국 승리할 것이라는 얘기다.

두 번째는 우리가 행복감을 느끼기 위해 꼭 람보르기니를 몰아야 하고, 350만 달러짜리 연주를 알아채야만 할까? 그가 성공의 상징이라고 말하는 아리조나 피닉스의 대저택을 소유해야만 할까? 우리는 비싼 유명 연주자의 공연이 아니라도 지하철 출근길 이어폰의 음악만으로도 충분히 하루의 활기를 찾을 수 있다. 돈이 중요하긴 하지만 우리가 행복하기 위해 남들을 앞질러 과속하는 슈퍼카가 꼭 필요한 것은 아니다.

세 번째, 그는 자신의 성공이 남들이 쉽게 평가하는 결과가 아니라 과정에 있다고 한다. 하지만 오히려 그 과정을 잘 들여다볼 필요가 있다. 지난한 여정 끝에 환희에 찬 트로피를 움켜쥐는 성공 스토리는 멋지지만, 보통 사람인 우리가 멋진 성공을 위해 하루하루의 삶을 소진시키는 것이 옳은 것일까? 번쩍번쩍한 마지막 순간의 결과를 얻기 위해 수없이 많은 날들을 희생하는 삶을 행복이라 말할 수 있을까? 그리고 애써서 만들어 가는 성공의 최종 결과 역시 필연이 아니라 가능성일 뿐이라 생각하면 막막한 마음은 더욱 커진다. 그처럼 운이 좋게 고통의 터널을 빨리 통과할 수도 있지만 누구에게나 해당하는 얘기는 아니다. 추월차선은 어쩌면 끝이 보이지 않는 터널일 수도 있다. 어쩌면 그 끝에 절벽이 있을 수도 있다. 그렇다면 고통스러운 과정과 절망스러운 결말 모두를 감내해야 할 수도 있다.

비단 《부의 추월차선》뿐만 아니라 시중에 쏟아지는 투자 콘텐츠들 대부분이 부의 결과만을 찬미한다. 결국은 엄청난 부와 명예를 가진 모습만이 진짜 인생의 가치라 묘사하고 보통의 삶을 살아가는 사람들을 낙오자, 지진아로 그린다. 우리가 살아가는 데 돈은 중요하다. 돈은 많은 것을 이루게 해준다. 느닷없는 위기가 찾아왔을 때 재기의 발판이 되어주고, 휴식이 필요할 때 여유의 공간을 마련해 준다. 변화와 도전을 위한 과감한 선택의 시기에 돈의 값어치는 빛을 발한다. 물론 안락한 환경과 멋진 외양을 향유하게도 한다. 하지만 우리가 삶의 행복을 느끼기 위해 꼭 '람보르기니'를 소유할 정도의 큰 부가 필요한 것은 아니다. 우리가 간과하지 말아야 할 것은 그 화려한 '람보르기니' 이면에 깔린 과정의 '손실'이다.

더욱더 많은 사람이 투자에 관심을 기울이는 시대가 왔다. IT 기술 발전으로 손쉽게 투자 세계에 접근할 수 있고, 새로운 미디어들이 많은 정보를 쏟아 내고 있다. 곳곳에서 들리는 성공 사례들이 우리에게 부러움과 조바심을 선사한다. 자본주의 세상답게 큰 부를 이룬 인물들이 선망의 대상이 되고, 그들의 노하우를 배우기 위해 귀를 기울인다. 하지만 우리는 두 가지를 염두에 두어야 한다. 첫째는 그들의 방식이 과연 우리에게도 적용 가능한가? 둘째는 그 길이 일상의 행복을 훼손하지 않는가?

투자에 대해 논하는 많은 이야기들은 너무 복잡하고 난해하다. 전문 용어와 기술이 난무하고, 쏜살같은 세상 변화를 따라잡아야 할 것 같다. 소위 투자 전문가들은 이런 복잡성이라는 토대 위에 큰 성을 지을 수 있다고 호언장담한다. 하지만 이 판에는 일관되고 합의된 길이 없고, 제각기 다양한 이론과 전략이 존재한다. 또 시장 환경은 예측불허, 변화무쌍의 세계이다. 그리고 모든 것을 이해한다고 그것이 바로 곧 투자 성과로 나오는 것도 아니다. 더 큰 문제는 보이지 않은 작용이 나도 모르는 사이 내 만족스러운 삶에 균열을 낸다는 사실이다. 돈에 대한 욕망을 따라가는 과정에서 고요하고 평화로운 일상은 파괴된다. 시시각각의 변화를 인지하기 위해 감각을 예리하게 가다듬는 동안 정작 우리 삶의 소소한 행복들은 멀어진다. 출렁이는 자산시장의 변화에 따라 나의 마음도 환희와 좌절, 자만심과 의기소침, 희망과 낙담 사이를 오고 간다. 이런 감정의 그네타기 끝에 초라한 투자 성과가 보통의 결론이다. '주식 투자는 패가망신의 지름길이다.'라는 세간의 인식이 괜히 생긴 것이 아니다.

투자 세계는 영원히 답을 찾을 수 없는 미지의 세계일까? 오직 행운만이 결과를 결정짓는 열쇠일까? 사실 재무학에서는 어느 정도 해법을 제시하고 있다. 그리고 워런 버핏을 비롯한 투자 세계의 여러 현자들 역시 비슷한 길을 추천한다. 요컨대 '평화롭게 부자 되기'라는 방식이다. 짧은 흐름에 갈팡질팡하지 않고 넓고 긴 흐름에 몸을 맡기면 경제적 여유와 정신적 풍요로움 모두를 달성할 수 있다고 한다. 세상 변화에 대한 예민한 감각과 빠른 행동 대신 조금은 '무디고 게으른 태도'가 정답에 가깝다고 한다. 투자 세계는 이상한 나라의 앨리스가 사는 곳이다. 애쓰고 노력하고 관심을 가지면 성취에 가까워지는 보통의 세상과 달리, 강 건너 불구경하듯 초연하고 무심하게 투자에 접근하는 방식이 오히려 더 많은 것을 얻게 한다. 이 책은 그것이 가능한 원리에 대해 밝히고, 실무적으로 어떤 수단과 전략을 활용하는 것이 좋을지에 대해 설명한다.

이 책은 돈에 대한 이야기다. 돈을 바라보는 우리의 중립적이고 중용적인 자세를 전반부에 이야기한다. 우리가 살아 내야 하는 자본주의가 어떻게 만들어졌는지에 대한 이야기가 중간 부분을 구성한다. 그리고 현실 세계에서 돈을 벌기 위한 실무적인 방법을 마지막에 서술했다.

목차

서문 | 나태한 투자, 고요한 일상 안에 부자 되기

I
돈의 진실한 의미

Ⅱ
돈의 원리

III

투자 세계의 신기루들

IV

편하고 길게 부자가 되는 투자법

LAZY INVESTMENT

I

돈의 진실한
의미

01

돈에 대한 균형

　　히말라야의 끝자락에 있는 나라 부탄은 특유의 행복론으로 유명하다. 부탄이라는 나라명은 '티벳의 끝'이란 의미의 산스크리트어에서 유래했다고 한다. 부탄은 내륙국가로 인도와 중국에 둘러싸여 있어 외부 세계와 단절되어 있다. 경제적으로도 천연자원이 많지 않아 수공업품과 얼마간의 농산물이 주요 생산품이다. 1인당 국민소득이 약 3,500달러 정도_{2022년 기준} 이니 빈국에 속하지만 북한이나 소말리아 같은 나라가 겪는 기아와 빈곤으로 고통받지는 않는다. 정치와 사회, 치안이 안정되어 '가난하지만 행복한 나라'의 이미지를 가지고 있다. 부탄은 행복국가론을 시작한 나라로서 국민이 생각하는 삶의 주관적, 심리적 행복을 최고의 가치로 내세운다.

　　부탄의 국왕인 왕추크_{Wangchuck} 는 "부탄 국민들의 1인당 소득이 향상

된다고 해서 행복이 그만큼 더 커진다고 보장할 수 없다."고 주장한다. 이따금 벌어지는 세계 경제 위기에서 많은 사람들은 '부탄적' 삶에 대해 고민하기도 한다. 2013년 유엔은 부탄의 주장을 받아들여 3월 20일을 '세계 행복의 날'로 지정했다. 부탄에 대한 기사를 보며 그들보다 10배나 많은 부를 향유하는 우리나라는 왜 이렇게 행복을 느끼지 못할까 하는 의문이 들었다. 유엔 보고서 지속가능발전해법네트워크 세계행복보고서, 2023년에 의하면 한국은 조사 대상 149개국 중 행복지수 57위에 머물렀다.

나는 주관적으로 두 나라의 개방성과 교육수준의 차이가 행복감에 영향을 미치는 것이 아닐까 생각해 본다. 한국은 세계적으로 열린 공간이다. 우리 국민은 세계의 움직임을 거의 장벽과 시차 없이 받아들인다. 세상의 모든 변화가 다양한 미디어를 통해 전달되며, 경제적으로는 대외 의존성이 높고, 소규모 개방경제 구조로 자본의 이동이 자유롭다. 한 해에 수백만 명의 한국인이 외국을 다니며 또 수백만 명의 외국인 관광객이 한국을 방문한다. 발전의 속도도 여느 국가보다 빨라서 세대 간에 같은 한국 사회를 보는 인식이 크게 차이 날 정도다.

너무나 좋은 환경이지만 이런 상황이 역설적으로 행복을 저해하는 측면이 있다고 본다. 인간은 본성적으로 나와 남을 비교하며 자기 자신을 정의하기 때문이다. 특히 한국 사람에게는 비교해야 할 대상이 너무나 많다. 우리가 빨리 발전했음에도 불구하고 더 풍요롭고 넉넉한 다른 이들의 모습을 너무나 쉽게 볼 수 있다. 나의 상대적 열등함을 너무나 일상적으로 자각하는 환경에 놓여 있다. 세계적으로 높은 교육수준 역시 비슷한 부작용으로 작용한다. 세상을 더 많이 이해하고 더 많이 볼 수 있는 능력이 교육을 통해 길러지는데, 그러면서 나보다 더 부유하고, 더 똑똑하고, 더 행복해 보이는 사람들이 자꾸 눈에 들어온다.

반면 부탄은 상대적으로 닫힌 나라이고 교육수준이 낮다. 주변국은 중국과 인도밖에 없고 지리적으로도 고립되었다. 정보와 지식을 주고받는 미디어도 제한적이다. 교육수준이 낮으니 인식의 지평이 전통적인 공간에 머물러 있다. 남과 비교해서 나를 좌절시킬 요소가 많지 않다.

　이런 조건에 의해 부탄은 2011년 유럽 신경제재단의 국가행복도 조사에서 1위에 올랐다. 하지만 히말라야 속의 작은 나라도 점점 개방되고 비교의 대상이 많아지며, 2018년도 마지막 조사에서는 행복순위가 100위권까지 떨어졌다. 이에 대해 전문가들은 '예전 1위였던 이유는 현대 문명을 받아들이기 전 고립된 상태이기 때문일 것이다.'라고 평가한다. 개방화와 산업화 이후 그들은 다른 나라 사람들과의 격차를 알게 되었고, 상대적 박탈감에 행복감이 증발된 것이다. 부탄은 2018년도 이후 행복지수 조사에 고의로 참여하고 있지 않다고 한다.

　이렇게 보면 사회발전과 행복은 양자택일의 문제 같아 보인다. 일종의 딜레마에 빠진다. 닫히고 행복해야 할까? 열리고 불행해야 할까? 예전 부탄과 같은 방식으로 행복해지기 위해 과거 흥선대원군 때처럼 쇄국정책을 펼 수도 없고, 국민들의 교육에 대한 열망을 억누를 수도 없지 않겠는가? 결국 개인의 차원에서 물질적 성장과 정신적 안정 사이의 균형점에 대해 해법을 모색해야 한다.

　개인적으로 주변에 경제적으로 성공한 사람들에게 묻곤 한다. 제각각 색다른 이야기들을 들을 수 있다. 그중 공통적으로 하는 말은 돈과 행복이 꼭 비례하지는 않지만, 어느 정도의 경제적 여유가 행복에 영향을 미친다는 것이다. 물론 그 경계가 되는 부의 수준은 사람마다 다르다. 하지만 빈곤한 사람보다는 돈이 많은 사람이 행복할 가능성이 높다는 것이 중론이다.

유엔의 지속가능발전해법네트워크UN-SDSN 는 매년 세계행복보고서를 발표한다. 행복을 과학적 지표로 나타낸 권위 있는 통계 결과이다. 이 보고서에는 돈과 행복의 명확한 수식관계는 없다고 한다. 다만 행복도가 높은 나라들이 보통은 경제와 복지가 안정되어 있다는 경향성을 보여 준다. 개인이 느끼는 감정은 꼭 그렇지 않을지라도 국가 단위의 비교통계는 그렇다는 것이다.

돈은 우리에게 많은 것을 준다. 가장 중요한 것은 기회와 안전이다. 내가 뭔가 새로운 도전을 하고 싶을 때 경제적으로 어려움에 처해 있다면 쉽게 시도하기 어렵다. 당장 하루하루 생계에 위협을 받는 상황이라면 새롭게 학교에 진학하거나, 내가 좋아하는 새 일을 도전하기가 어렵다. 그냥 진부한 삶의 굴레에서 벗어나지 못한다. 또 예상치 못한 불행이 찾아왔을 때 안전판이 없다. 우리에겐 언제든 사고나 질병 등의 위기가 찾아올 수 있다. 돈의 여유가 있다면 충분히 휴식과 정비의 시간을 가질 수 있을 텐데 말이다. 그래서 얼마 정도까지의 행복은 돈으로 살 수 있다고 생각한다. 하지만 문제는 '얼마 정도까지'가 사람마다 다르다는 것이다. 그래서 그 균형점을 위해 개인의 성찰이 필요하다.

때로는 행복이 아니라 돈이 목적이 된 사람들을 본다. 심리학의 '터널링 효과'로 그런 사람들을 설명할 수 있다. 터널링 효과의 중요한 사례로 보여지는 것이 2000년 이전의 미국 소방관 사망률 조사이다. 많은 사례를 분석해 보았더니 소방관들의 사망 원인 2위가 교통사고였다. 놀라운 것은 교통사고 사망의 79%가 안전벨트를 매지 않아 발생한 사고였다. 안전을 최우선으로 생각할 것 같은 소방관이 가장 기초적인 안전장치를 무시한다니 무슨 말일까 싶다.

여기엔 그만한 정황적 이유가 있다. 긴급한 출동에 소방관들은 오직 빨리 사건 현장으로 이동하는 것에 온정신이 집중되어 마치 생각의 터널 속을 달리는 것 같은 상황에 처한다. 주변에 발생하는 현상이나 변화를 감지하지 못하고 당장의 임무에 매몰되는 것이다. 현장에 급하게 출동하는 소방관은 불을 끈다는 시급성에 갇혀 자신의 안전을 잊게 되었다. 즉 중요한 일을 앞두고 사소하다고 여겨지는 것을 간과하는 심리적 반응이 터널링 효과이다.

하버드대학교 경제학과의 센딜 멀레이너선 Sendhil Mullainathan 교수와 프린스턴대학교 심리학과의 엘다 샤퍼 Eldar Shafir 교수는 보통 사람이 일상에서 겪는 터널링 효과의 원인을 '결핍'에서 찾고 있다. 결핍이란 무엇일까? 현실이 기대에 미치지 못한 '불만족한 상태'라는 것이다. 결핍을 해소하기 위해 스스로 터널링 상태로 몰아간다. 이 터널링 상태는 장점과 단점이 공존한다. 터널링 상태에서는 집중력을 높여 자신이 가진 자원을 최대한으로 사용하고 원하는 결과에 빠르게 가까워진다. 기대하는 곳에 효율적으로 다가간다. 중요한 시험을 앞두고 하는 벼락공부에 효과를 본 경험이 있을 것이다. 하지만 그 집중의 시간 동안 다른 것들은 전혀 신경 쓰지 못한다.

터널링 효과를 짧은 기간 경험한다면 좋겠지만 길어지면 오히려 많은 것들을 잃어버릴 수도 있다. 한국 사회는 이런 터널링 효과를 장려하는 경향이 있다. 회사에서 빠른 진급과 높은 직위에 대한 결핍, 더 많은 돈에 대한 결핍, 많은 사람을 쥐락펴락할 수 있는 권력에 대한 결핍을 흔히 볼 수 있다. 당장 내 결핍이 해소되면 나는 행복해질 수 있다는 환상이 지배하는 곳이 한국이다. 하지만 모든 선택의 이면에는 포기가 있기 마련이다. 당장의 목표에 대한 갈망으로 가족, 친구와의 관계가 멀어지고, 건강을 해치는 경우도 많다. 온전히 나 자신을 성찰하고 내게 맞는 행복의 상태를 만들어 가는 것이 아니라 남들의 시선과 욕망에 맞춰 내 에너지를 소진시킨다.

나는 돈과 행복의 관계 중간에 아주 중요한 요소 하나가 있다고 생각한다. 바로 '시간'이다. 돈으로는 바로 '진짜 행복'은 살 수 없다. 진짜 행복은 긴 시간 인생을 가로지르며 느끼는 자족감이다. 돈의 가치는 순간적이고, 행복은 긴 기간에 느끼는 것이라 등가로 교환될 수 없는 것이다. 하지만 중간에 돈으로 시간을 사면 가능하다. 돈은 삶을 정비하고, 의미를 찾고, 고민과 회의, 성찰, 반성의 시간을 가지게 한다. 여유로운 시간을 통해 자신을 돌아보고, 세상의 많은 이야기를 듣고, 가까운 사람들을 보살피고, 더 나은 내일을 설계할 수 있다. 결핍의 터널 상태를 벗어나는 데 돈을 쓰면 탁 트인 풍경 같은 행복을 만날 수 있다.

나의 투자 생활은 그런 관점을 유지한다. 하이 리스크 하이 리턴의 자산에 투자한 적이 있다. 짧은 기간 동안 상당한 수익을 올린 때 아주 짜릿한 쾌감을 느꼈다. 큰돈이 계좌에 들어왔을 때 내가 세상을 다 이해한 듯했고, 돈의 크기만큼 내가 능력 있는 사람이라는 환상에 사로잡혔다. 순간의 행복감은 투자 규모를 늘리고, 더 높은 위험을 감수하게 했다. 하지만 언제나 주변을 둘러보면 더 큰 부자, 더 큰 성공을 이룬 사람들을 만났다. 항상 결핍 상태였고, 일상생활 안에서도 나는 항상 초조했다. 다행스럽게도 남들보다 짧게 터널에서 빠져나와 좀 더 느슨한 형태의 투자 패턴을 만들었다. 좋은 조언을 해준 지인들과 투자 대가들의 책이 도움이 됐다. 지금 대단히 큰 부자도 아니고 막대한 수익을 벌고 있지도 않지만 매일 아침 충분히 활기차고 편안한 마음으로 일어난다. 오늘 하루도 가득 채워 살아보려는 의지가 가득하다. 그 안에는 길게, 꾸준히, 느긋하게 하고 있는 투자 생활이 함께한다.

02

경제학이 주는
삶의 지혜

현대의 학문 체계 중 경제학의 위상은 대단히 높다. 자본주의 시스템이 냉전 이후 유일하게 남은 경제 원리이기에 그 가치가 더욱 높아지고 있다. 일반적으로 우리나라 대학 입시의 인문계 학과별 입결 순위에서 경제학과가 수위를 차지하는 것만 봐도, 그 학문적 위상을 짐작할 수 있다.

경제학은 영어로 economics인데, 그리스어 οικονομία를 번역한 표현이다. 그리스 단어의 어원은 '집, 가정'을 뜻하는 'oikos'와 '규칙'을 뜻하는 'nomos'의 합성어로, '가정을 잘 꾸리는 방법'을 의미한다. 어원이 뜻하는 바가 현대의 경제학과는 다소 거리가 있다. 한자어 '경제經濟'는 유럽의 근대 아이디어를 동양에서 처음 수입한 일본이 유교의 사자성어 '경세제민經世濟民'의 두 글자를 추출하여 만들었다. 경세제민은 '세상일을 잘 다스려 백성을 구함'이란 뜻으로 전근대 시대 제왕의 역할에 초점이 맞춰져 있다. 이 역시 현대의 경제 개념과는 일정 부분 차이가 있다. 경제의 현대적 정의는 '생산, 분배, 소비하는 인간의 행태에 대한 사회적 의미를 찾는 것'이다.

경제학이란 학문은 애덤 스미스가 《국부론The Wealth of Nations》을 출간한 1776년에 시작되었다. 그로부터 지금까지 약 250년 시간이 흘렀으니 현재의 위상에 비해 그리 오랜 숙성 기간을 거친 건 아니다. 보통 사람들에게 경제학은 건조하고 난해한 느낌을 준다. 매일 아침 TV에 나오는 경제 뉴스에는 낯선 표현들이 난무하고 여러 개념 사이의 관계 또한 직관적으로 이해가 되지 않는다. 어떤 특별한 곳의 사람들이 복잡한 숫자와 그래프를 마구 써서 간신히 결론을 내는 것처럼 느껴진다.

또 다른 오해로는 경제학을 잘 이해하는 사람들은 돈도 잘 벌 것 같다는 생각이다. 하지만 알려진 바에 의하면 경제학을 공부하는 것과 부자가 되는 것 사이에는 별 관계가 없다고 한다. 경제학과 출신이 비교적 취업이 잘되기에 그 안에서는 조금 더 소득이 높을 수는 있겠지만 큰 부자가 되는 것은 완전히 다른 얘기이다. 그 근거로 노벨경제학상 수상자들의 자산이 평화상, 물리학상 등 다른 노벨상 수상자들과 큰 차이가 없다는 사실을 들 수 있다. 하지만 경제학의 몇몇 개념들은 돈벌이를 떠나 우리 일상생활에 큰 통찰력을 가져다준다. 경제학 역사에 남을 대학자인 알프레드 마샬Alfred Marshall은 경제학은 수학이 아니라 실제 인간 사회에 살아 숨 쉬며 도움이 될 수 있는 학문이 되어야 한다고 말했다. 즉 경제학은 딱딱한 외피를 둘렀지만 그 안에는 뜨거운 심장을 가진 인간을 전제로 했다는 사실을 잊지 말아야 한다.

경제학이 추구하는 가장 중요한 개념은 '효용utility'이다. 이 효용이라는 조금 낯선 표현은 뭔가 딱딱한 기계적 냄새가 난다. 숫자와 공식이 오락가락하는 재미없는 느낌이 든다. 하지만 효용의 다른 말이 '행복'이라면 조금은 생각이 바뀔 수 있다. '최대다수의 최대행복'을 주장한 초기 경제학자 제러미 벤담Jeremy Bentham 의 공리주의가 영어로 'Utilitarianism'이니, 효용과 행복은 같은 의미를 가졌다고 할 수 있다. 세상 사람들의 행복에 대한 모양이 제각각이기 때문에 좀 더 구체적인 형태를 갖추기 위해 효용이란 표현을 쓴 것이고, 행복을 객관화하기 위해 '돈'이라는 잣대를 활용하는 게 경제학의 방식이다. 즉 행복의 크기를 일단은 돈으로 환산할 수 있다고 가정하고, 어떻게 하면 우리의 행복을 키울까 고민하는 학문이라 할 수 있다.

행복을 키우기 위해 꼭 알고 있어야 할 경제학 개념이 '기회비용'이다. 우리 일상에서 흔히 쓰는 말이지만 현실에서 선택의 기로에 섰을 때 이 개념을 자신에게 적용하는 사람은 생각보다 많지 않다. '경제학의 비용'과 대응하는 것이 '회계학의 비용'이다. 이 두 영역의 개념을 사례를 들어 설명하면 이해가 쉽다. 우리가 어떤 선택 A를 한다고 해보자. 선택 A를 위해 나는 10의 비용을 들였고, 결과적으로 20의 이익을 얻었다고 하면 회계학에서는 20-10=10으로 최종 10의 순이익을 얻는다고 본다.

하지만 경제학은 다르다. 선택 A를 택하는 순간 포기하게 되는 선택 B를 가정한다. A 선택의 계산은 같아서 10의 순이익을 얻는다. 하지만 포기한 B 선택의 결과도 고려해 보아야 한다. B 선택에서 이익 30과 비용 10. 즉, 30-10=20의 결과가 나온다면, A 선택+10 과 B 선택+20 을 비교해야 한다. 결과적으로 더 나을 수 있는 B 선택을 포기했기 때문에 오히려 손해 10을 보았다고 결론짓는다. 이것이 기회비용이다. 항상 대안을 저울질해서 더 나은 선택을 해야 올바른 행복에 다다른다는 말이다.

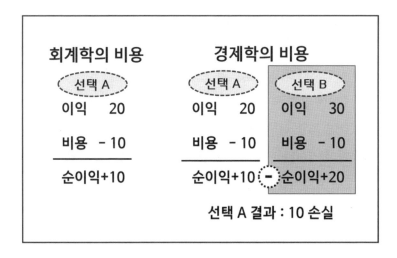

어린아이들을 키우는 직장 동료와 이야기한 적이 있다. 아이들이 태어나고 아기일 때 너무나 소중한 마음에 애지중지 먹을 것, 입을 것에 노력을 기울였다고 한다. 워킹맘으로 퇴근하고 빠듯한 시간에도 먼 곳에 있는 유기농 식품점에 가서 조심스레 음식 재료를 고르고, 밤늦게까지 건강식을 만들어 아이들에게 먹였다. 건강한 생활환경도 만들어 주고 싶어 강박적으로 집 안을 청소하고 청결을 유지했다. 아이를 키워본 분들은 다 아시겠지만 엄청난 에너지와 시간이 필요한 일이다.

그런 생활을 짧지 않은 시간 동안 하니 잠이 줄고, 체력이 떨어졌다. 회사에서도 맡은 바 임무를 해야 하니 안팎으로 부담이 커졌다. 몸이 지치면 정신도 탄력을 잃게 마련이다. 신경이 날카로워지고 불쑥불쑥 터지는 감정을 조절하기 어려워졌다. 어느 순간 정신을 차려보니 그렇게 소중한 아이들에게 시시때때로 짜증 내고 있는 자신을 발견했다. 엄마의 정서 불안정은 아이들에게도 좋지 않은 영향을 미치게 된다는 걸 알게 되며 태도를 바꿀 결심을 했다. 먹는 것, 입히는 것, 청결에 대해 조금 더 느슨하고 여유로운 기준을 두고 그만큼 자신의 에너지를 비축하는 방향으로 바꾸었다. 남는 에너지만큼 마음의 여유를 찾으니 아이들이 더 사랑스러워 보였다고 한다.

우리 주변에 흔히 볼 수 있는 상황이지만, 경제학의 기회비용을 염두에 두었다면 조금 더 빨리 도움이 되었을지도 모른다. 단지 좋은 음식과 깨끗한 환경이라는 가치를 위한 선택은 그 자체로는 옳다. 하지만 그럼으로써 잃어버릴 수 있는 것은 간과했다. 내 육체적 에너지라는 제한된 자원이 모두 한 방향으로 쏠렸다. 결국 나와 아이들의 행복이라는 더 큰 이익이 희생된 것이다. 이렇게 더 큰 이익이 희생되는 것이 바로 '기회비용'이다. 선택은 포기의 다른 말이다. 우리는 보통 어떤 선택을 할 때, 그것이 주는 혜택과 결과만을 예상한다. 그리고는 눈가리개를 한 경마장의 말처럼 앞만 보고 달린다. 하지만 선택의 이면에는 내가 포기한 다른 선택지가 있다. 현명한 사람은 내가 가는 길 주변도 둘러보고 경계하며 저울질할 수 있어야 한다.

돈에 대한 우리의 생각도 비슷하다. 우리는 부자가 되고 싶다. 하지만 더 큰 전제가 있다. 행복해지기 위해 부자가 되고 싶은 것이다. 내 주변에는 짧은 기간 사업적으로 큰 성공을 거둔 친구들이 있다. 처음 돈을 벌고 승승장구할 때 그들은 행복감을 느꼈다. 세상을 얻은 기분이고 자신이 값어치 있는 인간임을 느꼈다고 했다. 더 큰 행복을 맛보고자 더 많은 시간, 더 많은 에너지를 들여 벌어들이는 돈의 크기를 키웠다. 하지만 어느 순간 정신을 차려보니 '행복하지 않은 부자'가 된 자신을 발견했다고 한다. 돈뿐만 아니라 명예도 그렇고, 권력도 그런 것일 것이다. 내 시간과 에너지라는 제한된 자원을 더 큰 행복이 오는 선택으로 방향을 잡아야 한다.

빚은 지렛대인가,
덫인가

코로나 팬데믹은 세상 모든 사람들에게 고통의 흔적을 남겼다. 긴 2년간의 전염병과의 사투가 마무리되고 일상의 회복에 안도감이 찾아왔다. 하지만 예상치 못한 경제적 쓰나미가 찾아와 다시금 우리에게 고통의 시간을 예고한다. 바로 인플레이션 공포이다. 2008년 글로벌 금융위기부터 시작된 돈 잔치의 종말을 알리는 시그널이 각국에서 터졌다. 2020년 초 1% 후반대로 안정적이었던 미국 물가상승률은 빠른 속도로 솟구치며 2022년 6월 9.1%를 기록했다. 9.1%라는 수치는 1980년대 초반 이후 40년 내 처음 마주하는 숫자이다. 급박한 상황에 대응하고자 미국 연방준비제도는 연방 금리를 빠르게 상승시킨다. 빅스텝, 자이언트스텝 심지어 울트라스텝이란 말이 나올 정도로 빠른 인상이다.

미국이란 거대 경제의 우산 속에 있는 한국도 큰 파도를 비껴갈 수 없다. 한국은행 금리도 급등하여 경제 전반에 충격파를 던진다. 미국도 그렇지만 한국에서도 이런 빠른 금리 인상에 우려의 목소리가 크다. 높은 금리가 기업 활동과 투자심리를 저해하여 경제 전반의 활력이 없어질 것이라 경고한다. 경기침체, 고용률 하락, 집값 폭락, 경제적 약자소외 같은 부작용을 우려하며 금리 인상이 멈추어야 한다고 주장한다. 하지만 그들이 모르는 사실이 있다. 인플레이션이 발생시키는 막대한 파급효과이다.

우리가 마주하는 여러 경제문제의 대부분은 일시적이다. 경기변동에 따라 등락이 있을 수 있고 다양한 정책 대안을 통해 어려운 상태를 반전시킬 수 있다. 하지만 인플레이션은 그런 경제문제와 성격이 다르다. 여타 경제문제가 정치적으로 '정권교체' 정도의 영향이 있다면, 수준을 넘는 인플레이션은 회복 불가능의 '국가붕괴'를 낳는다는 사실이다. 정부 당국에서 모든 경제문제 중 가장 우선으로 보는 것이 '인플레이션'이다. 한국은행 소공동 본관 1층에 돌로 새겨진 단 하나의 문구, '물가안정'이 인플레이션 문제의 중요성을 대변한다.

역사상 최초로 기록된 화폐 인플레이션은 서기 2세기 로마제국에서 발생했다. 당시 로마제국은 전쟁을 통한 제국 확장에 매진했는데 이를 위해 막대한 군비가 필요했다. 로마제국의 위정자들은 쉬운 방법을 생각해 낸다. 당시 은화 중심의 화폐제도를 유지했는데, 은화 제조에 구리를 섞어 넣어 순도를 줄인 불량화폐로 화폐유통량을 증가시켰다. 이런 꼼수는 유럽의 절대강자이던 로마제국의 시스템에 치명타를 가했다. 인플레이션 발생 후 100년의 시간이 지난 3세기 로마제국은 정치와 경제면에서 구렁텅이에 빠진다. 약 50년 기간 동안 26명의 황제가 옹립되는 극한의 혼란기를 겪는다.

근대에 들어 가장 강력한 인플레이션 현상은 1920년대 초 독일에서 발생하였다. 1차 세계대전의 패전국 독일은 엄청난 규모의 전쟁피해 보상의 짐을 진다. 이때 연간 배상금이 독일 GDP의 10% 규모로 독일 경제를 회복 불가능의 상황으로 몰고 갔다. 이에 독일 바이마르 정부는 마르크화를 막대하게 찍어 내는 화폐증발을 시도한다. 당시 빵 1파운드가 30억 마르크, 쇠고기 1파운드는 360억 마르크에 이르렀다. 겨울철 땔감으로 지폐를 태울 정도였다.

너무나 빠른 물가상승으로 독일 상점에서는 시간 단위로 물건의 가격이 바뀌었다. 이 시기 자그마치 1조 마르크 지폐가 통용되기도 했다. 결국 독일 경제는 붕괴했고, 국민은 분노했다. 울분에 싸인 국민을 히틀러의 나치가 통합하고 결국 6,000만 명 이상의 사망자를 낸 2차 세계대전의 지옥이 벌어진다. 이 밖에도 하이퍼인플레이션의 사례는 역사 과정 곳곳에서 발견된다. 남북전쟁 시 미국, 헝가리, 브라질, 프랑스, 베네수엘라 등 인플레이션의 수렁에 빠진 국가는 짧지 않은 기간 동안 경제적, 사회적 고통에 빠지게 된다.

즉, 인플레이션을 막기 위한 금리 인상은 최악의 상황을 피하기 위한 최우선 조치이다. 하지만 치료의 과정에 고통이 수반된다. 긴 제로금리에 익숙한 사람들에게 이 상황은 불편함과 긴장감을 낳는다. 특히 한국에서는 부동산 부문에서 탄식의 목소리가 나온다. 지난 10년 동안 부동산의 빠른 상승으로 우리의 경제 환경이 많이 바뀌었다.

한국 사람을 집을 산 사람과 집을 사지 못한 사람으로 분류할 수 있을 정도였다. 제로금리에 힘입어 소위 '영끌'하여 집을 구매한 사람들은 승리자였다. 환호와 여유가 흘러넘쳤다. 주저하다 집을 못 산 사람은 '벼락거지'로 떨어졌다. 주변의 부동산 부자들을 보며 후회와 무기력에 시달렸다. 열심히 일하고 돈 모으면 뭐 하나, 어차피 집 한 칸 못 만드는데… 제로금리에 의한 부동산 가격상승은 사람들을 더욱 큰 모험에 가담하게 했다. '갭투자'라는 방식이 생겨났다. 작은 자기자본만 가지고도 부채를 활용하여 여러 채, 심지어 수십 채의 주택을 만드는 새로운 자산증식 방식이 생겨난 것이다. 그야말로 뜨거운 여름이었다.

하지만 시간은 가고 계절이 순환하듯 경제 환경도 변화한다. 성경의 《창세기》에는 '바로왕의 꿈' 이야기가 있다. 어느 날 왕은 이상한 꿈을 꾼다. 살찐 암소 7마리가 왕 앞을 어슬렁거리더니 곧 비쩍 마른 암소 7마리가 배회하는 꿈이었다. 왕은 이 꿈을 신의 계시로 받아들여 백성들에게 풍년이 드는 동안 수확량의 1/5을 저장하라고 명령했다. 꿈의 내용처럼 처음 7년간 풍년이 들었다. 왕의 명령에 따라 창고는 수확물로 가득 찼다. 그리고 흉년이 7년간 이어졌다. 바로왕은 긴 어려움을 이겨내게 해준 하나님께 감사드렸다. 시간이 흘러 왕국이 안정을 다시 찾을 때 바로왕은 말했다. "많은 사람들은 앞으로 흉년은 절대 없을 것이라며 산다. 하지만 흉년은 반드시 온다."

고대 바빌로니아 왕국에서는 빚에 대한 담보는 자기 자신이었다. 함무라비 법전으로 유명한 바빌로니아는 메소포타미아 문명의 흐름을 이어받아 중동지역의 강대국으로 번성하였다. 왕국의 번성과 함께 거대한 도시들이 지어졌는데, 이때 많은 노예들이 투입되었다. 어느 기록에 의하면 노예의 1/3은 전쟁포로이고, 2/3는 빚을 갚지 못해 노예가 된 사람들이라 한다. 무시무시한 빚의 징벌이다. 우리의 뇌는 당장의 기대와 기쁨으로 미래에 올 수 있는 고통을 망각한다. 어쩌면 애써 무시하는 것일 수도 있다. 고대부터 이와 비슷한 사례는 너무나 많다. 전설적인 투자자 존 템플턴 John Templeton은 "자본 투자 거래에서 가장 위험한 말은 '이번에는 모든 상황이 다르다.'는 말이다."라고 지적했다. 역사는 이야기한다. '이것 하나는 항상 기대해도 된다. 그것은 기대하지 않는 일이 일어난다는 사실이다.'

부동산 폭락에 대해 투자자와 업계 관계자는 정부 당국에 대응 정책을 요구한다. 하지만 반드시 인지해야 할 두 가지 부분이 있다. 첫째 기술적으로 한국 정부의 정책대응능력의 한계이다. 우리나라는 금융 영역에서 전형적인 소규모 개방경제 국가다. 돈이 큰 마찰 없이 국경을 넘나들 수 있다. 우리나라 자산의 매력이 떨어지면 곧바로 외국 자본이 이탈할 수 있는 구조이다. 각 국가 자산의 매력은 해당국 정책금리에 큰 영향을 받는데 특히 미국과의 관계가 중요하다. 즉 기축통화국인 미국의 금리 기조에 어느 정도 따라가지 않으면 국내 금융시장의 기둥뿌리가 흔들릴 수 있다는 말이다. 우리 경기가 나빠진다고 금리를 자율적으로 조정할 수 없다.

두 번째 부분은 시야를 과거 10년이 아니라 30~40년의 긴 역사로 볼 때 다시는 제로금리 상태는 돌아오지 않는다는 것이다. 경제학 이론상으로도, 경험적으로도 3~5%의 정책금리가 일반적이다. 이런 구조에서 큰 틀의 예측은, 앞으로 미국의 인플레이션이 잡힐 때까지 높은 금리는 유지되고 한국 역시 그 흐름을 추종한다는 것이다. 그리고 인플레이션 터널을 통과하더라도 과거와 같은 초저금리 상황은 오기 힘들다. 그렇다면 개인 차원에서 부채 부담을 줄이는 것을 우선 과제로 두어야 한다.

존 템플턴은 말했다. "인류는 항상 욕망과 불안에 휘둘렸다. 우리는 어딘가에 투자할 때 항상 예측 못 하는 재앙을 염두에 두어야 한다. 과장된 비관론에 위축되면 안 되지만, 근거 없는 낙관론에 우쭐되어서도 안 된다. 결국 아무도 맞추지 못하는 '예측'이 중요한 것이 아니다. 내 능력 범위의 '예비'가 중요하다." 워런 버핏의 부채에 대한 통찰력 있는 말이 있다. "홍수가 물러간 다음에야 비로소 우리는 누가 발가벗고 수영을 했는지 알 수 있다." 부풀어 오르는 욕망으로 감당 못 할 부채를 떠안는 것은 대단히 위험하다.

돈 그리고 행복

'빠니보틀'과 '곽튜브'는 내가 즐겨보는 유튜브 채널이다. 주요 콘텐츠는 해외 배낭여행으로 특히 코로나 팬데믹 기간 여행의 기쁨을 대리만족시켜 주며 대형 유튜버로 성장하였다. 요즘은 공중파 방송까지 진출하여 메이저급 연예인으로 올라서고 있다. 유튜브 제작으로 단련된 기획력과 연출력으로 나름 인기 있는 웹드라마까지 만드는 능력자들이다. 나는 특히 빠니보틀의 예전 영상 콘텐츠들을 즐겨 본다.

내가 20년 전 다녔던 인도, 네팔의 추억을 다른 사람의 경험으로 회상하는 기쁨을 준다. 인도와 네팔은 내게 애증의 추억이다. 1998년 20살 때 간 첫 배낭 여행지로 70일간 새로운 세계를 탐험한 장소다. 그때는 인터넷도 없던 시기라 두꺼운 가이드북 하나에 의지하여 거대한 나라를 헤매고 다녔다. 워낙 우리와 문화와 사회여건이 달라서 시시각각

강한 자극을 느꼈고, 감정이 오르락내리락했다. 나를 괴롭히는 인도사람에게 화도 났다가, 신기한 장면을 보면 큰 영감을 받기도 했다. 인도는 대표 음식인 커리처럼 뭔가 강렬하고 독특한 데가 있다. 그것이 인도를 사랑하게도 미워하게도 하는 극단적 감정을 만들어 낸다.

그 매력에 빠져 첫 배낭여행 후 4년 뒤 다시 인도로 가는 여정에 올랐다. 2002년 여행은 훨씬 모험적인 여행이었다. 인도까지 비행기가 아닌 육로로 갔기 때문이다. 인천항에서 중국 텐진항으로 가는 배를 타고 황해를 건너, 서쪽으로 실크로드를 따라갔다. 신라 혜초 스님의 왕오천축국전이 발견된 오아시스 도시 둔황에서 방향을 바꾸어 티벳을 지나 히말라야를 넘었다. 최종적으로 네팔과 인도를 보고 여행을 마쳤다. 약 5,000킬로미터의 거리를 육로로, 사막과 고원, 거대한 산맥을 넘는 동안 희귀한 경험도 많았고, 인상적인 사람들도 많이 만나게 되었다. 여행의 맛을 제대로 느끼게 한 기억이고 이후로도 배낭여행을 이어 간 이유이기도 했다.

네팔을 여행하는 동안 '돈과 행복'의 정체에 대해 고민하게 한 경험이 있었다. 네팔 체류 중 아름다운 고산을 온몸으로 체험할 수 있는 히말라야 트레킹에 참여했다. 큰 산의 작은 마을들을 경유하여 안나푸르나 베이스 캠프에 닿는 일주일 코스였다. 첫 산악 트레킹이었고 고산병 위험도 있어서 히말라야 도시인 포카라에서 포터를 섭외하였다. 에이전트에서 소개해 준 포터는 40대 후반의 남자였다. 트레킹 기간 동안 우리의 짐을 들어 주고 길을 안내하는 역할을 맡았다.

네팔의 보통 남자들이 그렇듯 허름한 차림에 마른 몸매였지만 오랜 포터 경력으로 강인하고 친근한 인상이었다. 돈을 주고 서비스를 받는 관계지만 처음부터 그가 인간적으로 마음에 들었다. 작은 기쁨에도 미소를 짓는 친절하고 따뜻한 사람이었다. 히말라야 트레킹은 이따금 만나는 멋진 마운틴 뷰의 순간이 있지만 대부분의 시간은 묵묵히 걷는 지루한 산행이다. 느린 시간이 가는 동안 라딴이라는 이름을 가진 네팔 포터와 두런두런 많은 이야기를 나누게 되었다. 늦게 결혼하여 지금은 아내와 두 어린 아들들과 함께 시골 마을에 살고 있다고 했다. 히말라야의 밤은 일찍 찾아온다. 어둠이 깔리고 방갈로에서 따끈한 차를 가운데 두고 조금 더 진지한 대화가 오고 갔다. 나는 라딴에게 질문했다.

"포터가 쉽지 않을 텐데 일이 괜찮아요?"

"그럼요! 내게 익숙한 히말라야에서 새로운 사람들도 많이 만나고. 좋죠."

"항상 웃으며 친절한 모습을 보니 이 일을 좋아하는 것 같아요."

"네네. 이 일을 하는 게 꽤 행복하죠."

기본적으로 적은 돈을 받고 육체노동을 하는데도 네팔 사람들 특유의 낙천성에 감탄이 나왔다. 그리고 또 다른 질문을 했다.

"그럼 이 행복한 일을 아들들도 했으면 하겠네요?"

"아… 그건 아니에요. 힘들고 가난한 일은 제가 마지막이었으면 좋겠어요. 아이들은 도시에 가서 학교 공부를 많이 해서 의사나 선생님이 되면 좋겠네요."

"아니, 좀 전에 이 일이 행복했다고 했잖아요. 아이들도 같은 일을 하면 비슷하게 행복한 삶을 살 거 아닌가요?"

"그냥 내가 수긍한 행복일 뿐이죠. 아들이 돈을 많이 벌면 더 행복할 수 있을 거예요."

사람들의 돈에 대한 인식은 이중적이다. 돈이 주는 편안함과 많은 기회를 동경하는 한편 돈은 추악하거나 무의미한 것이라 여긴다. 하지만 돈에 대한 진실은 아마도 그 중간 어디쯤 있을 것이다. 돈이 우리 인생에 온기를 넣으려면 돈이 어떤 역할을 하는지 잘 정리된 생각이 필요하다.

인생에는 꼭 필요한 5가지 요소가 있다. 돈, 건강, 인간관계, 감정, 일. 마치 내 손의 다섯 손가락과 같다. 일상에서 물건을 잘 이용하기 위해 다섯 손가락이 아픈 곳 없이 잘 움직여야 한다. 다섯 손가락 중 하나의 손톱 끝에 작은 상처만 나도 불편을 느끼듯 인생을 구성하는 5가지는 각기 개별적으로 좋은 상태를 유지해야 한다.

하지만 다섯 손가락 중 엄지가 가장 중요하듯 돈이 가장 중요한 요소가 될 수가 있다. 손가락에 부상을 입어 깁스를 해본 경험이 있는 사람은 알 것이다. 나머지 네 손가락 중 하나의 부상이 있을 때, 엄지가 보조하며 충분히 손의 기능을 다 하지만 다른 손가락은 엄지를 대신할 수 없다. 마찬가지로 돈은 나머지 네 요소가 불만족스러울 때 보조하고 개선할 수 있는 역할을 한다.

건강이 나빠지면 돈을 써서 적절한 치료를 받을 수 있고, 감정이 다운될 때 여가나 취미에 돈을 쓰면 활기를 되찾을 수 있다. 옛말에 '곳간에서 인심 난다.'는 말처럼 인간관계도 돈을 쓰면 훨씬 부드러워진다. 비천한 인격의 사람이 아닌 보통 사람이라면 내게 밥과 술을 사주는 사람에 호의를 느끼는 건 자연스럽다. 일이 어려움을 겪을 때, 통장의 잔고만큼 든든한 지원군은 없을 것이다.

하지만 반드시 잊지 않아야 하는 것은 다섯 요소 간의 조화이다. 돈은 삶을 정비하고 의미를 찾는 데 쓰이는 도구일 뿐이다. 중간 과정으로서 돈이 필요한 것이지 최종 목적이 되면 나머지 인생의 가치를 오히려 훼손하게 된다.

한때 애정이 갔던 회사의 후배가 있었다. 그 후배가 고졸로 입사해

회사 생활을 3년 정도 지냈을 때였다. 나와 나이 차이가 많이 나 처음에는 어색한 사이였지만 선배들에게 예의 바르고 자기 일도 깔끔하게 하는 친구이기에 내가 먼저 다가갔다. 나이 차이를 떠나 점점 편해져 마음을 여는 사이가 되었다. 어느 술자리에서 자기 속 얘기가 나왔다. 어릴 때부터 할머니 밑에서 가난하게 자라서 부자가 되고 싶다고 하며, 당장 2년 안에 통장에 1억 원을 만드는 것이 계획이라 했다. 이 후배에겐 계좌의 숫자가 목표이자 즐거움이었다. 그래서 그런지 20대 중반 많은 것을 즐기고 누릴 나이인데도 별다른 취미도, 애써 관계를 넓히려는 활동도 하지 않았다. 20대는 더 많이 경험하고, 더 많이 도전하는 것이 돈 몇천만 원보다 값진 것이라고 얘기해 줬지만 그리 공감하지 않는 표정이었다.

불교에서 인생을 '고통의 바다'라 표현했다. 어쩌면 절망과 혼돈의 긴 과정 중 잠깐씩 만나는 오아시스처럼 기쁨의 순간을 만난다. 어떤 불행한 상황에서도 절망하지 않을 당당한 자신감을 쌓고 싶으면 돈에 대한 명확한 정의가 있어야 한다. 그리고 삶을 대하는 태도와 습관으로 돈을 잘 조절할 수 있는 능력을 길러야 한다. 우선 자신이 현재 처한 재정 상태를 솔직히 마주 보아야 한다. 그것을 과장이나 미화하면 안 된다. 우리가 지나온 과거는 미래의 밑그림일 수 있다. 지금껏 진흙밭을 걸어왔다면 이제는 다른 길을 선택할 용기가 있어야 한다. 돈 문제는 행복의 기초이고, 그 바닥을 잘 다져야 높고 아름다운 건축물을 세울 수 있다.

05

세상의 변화와
내 투자

가끔 회사의 후배들과 고등학교 시절의 이야기를 한다. 1990년대 후반 시골의 남자 인문계 고등학교에 다닌 나와 10년 넘게 어린 도시 출신 후배는 사뭇 다른 고등학교 시절을 추억한다. 우선 매일 먹는 학교의 밥이 달랐다. 초·중·고등학교 12년간 나는 도시락을 갖고 다녔다. 반면 후배들에게 도시락은 소풍이나 교외 활동 때나 먹는 것이고, 주로 학교 급식에 대한 이야기를 한다. 짧지 않은 시간 나와 내 동생의 도시락을 매일 아침 준비해 주셨을 어머니가 얼마나 힘드셨을지 30년이 지난 지금에야 짐작이 간다.

교실 풍경에 대한 기억도 차이가 크다. 학교에는 남는 공간이 거의 없었다. 여유 있는 교실이 거의 없어 특별활동에 대한 지원이 많지 않았다. 내게 교실을 떠올리라고 하면 교탁 앞에서부터 교실 끝까지 빼곡

하게 차 있는 책걸상의 모습이다. 희미한 기억이지만 중학교 때는 한 반에 50명, 고등학교 때는 한 반에 45명 정도였다. 콩나물시루 같은 교실에 에너지가 넘치는 남학생들이 넘치니 그야말로 가축우리를 방불케 했다. 쉬는 시간마다 까먹는 도시락의 음식 냄새와 좁은 교실에서도 우유갑을 차고 노는 친구들 덕택에 먼지와 땀 냄새가 가득했다. 많은 학생 숫자와 들뜬 청소년들의 에너지를 제어하기 위해 선생님들은 체벌을 남발했다. 나름 성적 상위권이던 나도 수십 대의 엉덩이 찜질을 당한 경험이 있으니 전체적으로 보면 어지간히 때리고 맞는 상황이 연출되었다.

최근에 고등학교 선생님들의 이야기를 들을 기회가 있었다. 학생 수가 줄고 인권의 가치가 높아지며 내가 알던 선생님이란 직업의 성격이 사뭇 달라졌다고 느껴졌다. 예전 윽박지르고 강압적이던 선생님들은 사라지고 학생 하나하나를 날달걀 다루듯 조심스럽게 아끼는 선생님들이 늘었다고 느껴졌다. 지시와 복종의 옛 모습은 가고 설득과 이해가 사제간 관계의 기본이 되었다.

내가 대입 수능을 본 1997년도 수학능력시험 응시생이 약 80만 명이었다. 10년 정도 위의 선배들은 100만 명이었다고 들었다. 시간이 흘러 2023년도에 수능을 본 학생은 약 40만 명이다. 25년 동안 거의 절반이 줄었다. 그에 따라 지방대학들이 학생 모집에 어려움이 있다는 뉴스가 나온다. 지방에서 가장 명문대인 부산대와 충북대가 지원자 전원이 합격했다고도 하고, 어느 지방 국립대에서는 8등급 학생이 합격했다고도 한다. 최근 30년간 인구가 빠르게 줄면서 가장 먼저 교육 부분부터 영향을 받는다. 2022년 출생자 수가 25만 명이라고 하니 그들이 수능을 치는 20년 뒤에는 지금보다 다시 절반 정도 수험자 규모가 줄어들 것이라 예상된다.

세계적으로 한국의 인구변화는 이례적인 사회현상이다. 하지만 아직까지는 일상생활에서 체감하지 못한다. 총인구에서 변곡점이 얼마 지나지 않았기 때문이다. 2020년이 자연감소의 첫해이니 지금 출산율 감소 현상의 부작용을 느끼지는 못한다. 하지만 다른 나라와 비교하면 큰 우려가 된다. 총인구를 유지하기 위한 출산율이 2.1명이고 OECD 평균이 1.58명 2021년 통계인 데 비해 한국의 합계 출산율은 0.81명이다. 몇 년 전까지 우리와 비슷한 추세였던 일본이 1.30명 수준을 유지하는 것과 비교하면 변화의 크기를 실감할 수 있다. 2022년 통계청 합계출산율 결과는 더 떨어져 0.78명이 되었다.

문제는 더욱더 암울한 미래에 있다. 서울대 보건대학원의 조영태 교수는 조금 더 먼 한국의 미래를 예측한다. 당장 10년 뒤 일하는 인구가 지금보다 315만 명 줄어들 것이라 본다. 근로 인구의 감소는 구매력과 관계가 크다. 즉 노인 관련 산업을 제외하고 모든 산업이 다운사이징 될 것이다. 20년 뒤부터는 출산율 감소 현상이 우리 사회에 쓰나미가 되어 큰 충격을 줄 것이다. 매년 전체 인구가 50만 명씩 줄어든다. 2년마다 울산광역시 하나씩이 사라진다는 얘기다. 이미 축소사회는 시작되었다.

국가 경제에서 인구는 대단히 중요한 영향을 끼친다. 국가의 규모, 정부예산, 내수시장, 산업구조, 국제적 위상 등등. 총인구 자체가 줄어든 것이 얼마 되지 않은 일이라 현실의 우리는 큰 감흥이 없고, 어떻게든 방법이 있겠지라는 막연한 기대만 가진다. 하지만 곧 닥칠 국가 경제적 변화는 개인의 삶에도 반드시 영향을 미칠 것이다.

부에 대한 인식과 돈을 만드는 방식 자체도 변화가 불가피하다. 이에 대해 과거의 방식을 답습한다면 큰 낭패를 볼 수 있다. 율곡 이이는 인생의 3대 불행이 소년등과, 중년상처, 말년빈곤이라고 하셨다. 앞서 2가지 불행은 남은 인생을 살며 회복하고 만회할 수 있지만 인생의 황혼에 맞는 경제적 어려움은 그 자체로 대안이 없는 고통일 수밖에 없다. 앞으로 벌어질 한국 사회의 거대한 구조변화가 많은 사람들을 말년빈곤의 구렁텅이로 넣을 가능성이 있다.

내가 세상을 바꾸기는 어렵다. 당장 아이를 여러 명 낳을 수도 없고, 획기적인 정책 대안을 제안하기도 힘들다. 개인의 영역에서 오고 있는 위기를 현명하게 준비하는 것이 최선이다. 인구감소에 따른 경제위기를 준비하기 위한 첫 번째 과제가 금융교육이다. 사실 한국 사회에 이 부분이 또 다른 약점이다. 한국에서는 보통 투자에 대한 인식이 부정적이다. 노동의 가치를 높게 보고 투자로 돈을 버는 것을 얕은 수작이라 생각한다.

특히 자산시장, 주식에 투자하는 사람에게 의심의 눈초리를 보낸다. 그래서 보통의 자본주의 국가와 비교해서 금융자산의 비중이 대단히 낮다. 미국의 경우 국민 평균적으로 전체 자산 중 순 금융자산의 비중이 65%인 데 반해 한국은 25%가 되지 않는다. 금융을 투자의 수단이 아니라 저축으로 국한해 이용한다.

이런 현상은 국민의 인식뿐만 아니라 금융에 대한 교육에서도 차이가 난다. 미국은 초중고 기본 교육기간 중 금융에 대한 교육 프로그램의 제공하는 경우가 많지만 한국의 공교육 시스템에서는 금융교육은 전무한 편이다. 우리와 비슷한 길을 앞서가는 나라가 일본인데, 전형적인 금융 문맹국이라 할 수 있다. 일본이 위기에서 오랫동안 회복 못 하는 여러 이유가 있지만 그중 하나가 금융에 대한 인식 부족이다. 자본주의 시스템은 기본적으로 돈이 돌아야 하는데 일본 국민의 자산 구조는 대부분 예금, 부동산, 국채로 한정되어 있다. 개인의 여유자금이 기업에 기회와 활력을 주는 자산시장으로 흘러 들어가지 않아 기업과 국민 모두가 가난해지는 악순환에 빠진 것이다.

한국 역시 이런 경향이 강하다. 한국 가계자산 구조의 큰 부분이 부동산이다. 2008년 금융위기 이후 넘치는 유동성의 힘으로 전 세계 부동산 가격이 올랐는데, 특히 수혜를 본 것이 한국이다. 한국 부동산은 지난 10년 동안 갭투자, 벼락거지라는 새로운 말을 창조하며 그야말로 활황을 이뤘다. 하지만 최근 시중 금리가 올라가며 부동산 시장이 침체하고 있다. 정부에서는 부동산 시장의 연착륙이라는 명분으로 서둘러 부동산에 온풍을 불어넣을 정책을 제시한다. 부동산에 대한 희비 양극의 전망이 팽팽하다. 당장의 정부 부동산 정책과 금리변화에 초점을 맞춘 예상이 난무하지만 인구감소와 같은 보다 근본적인 변화에 대한 고민은 찾아보기 힘들다. 지금 코앞에 있는 아파트 가격이 문제가 아니라, 보다 근본적인 해법이 필요하다. 그것이 바로 금융, 더 나아가 바른 자산시장 투자에 대한 인식이다.

자본주의 시스템에서 가장 유망한 투자처는 기업이다. 즉 주식이란 뜻이다. 개인에게도 그렇지만 사회 전체를 봐서도 그렇다. 투자자가 아이디어와 열정을 가진 기업가에게 돈을 주고, 기업가는 도전정신을 현실화하여 더 나은 상품을 만든다. 좋은 상품은 세상을 편리하게 하고 더 높은 생산성을 만든다. 기업이 크는 과정에서 더 많은 근로자를 고용한다. 근로자는 소비자의 다른 이름이다. 경제적 여유가 생긴 근로자는 더 많은 것을 구매하는 소비자가 된다. 그러면서 기업의 이익은 커지고 회사의 가치는 올라간다. 투자자는 거기에 대한 보상으로 배당과

시세차익을 얻는다. 기업가, 근로자, 투자자가 삼각으로 이익을 얻는 선순환 구조이다. 자본주의의 가장 큰 속성인 '확대재생산' 구조가 가장 두드러지게 나타나는 영역이다.

반면 실물자산 영역 중 금, 원유를 비롯한 원자재, 통화, 암호화폐 등은 이런 속성이 없다. 단지 시장의 수요와 공급의 변동에 따른 가격변동만이 있을 뿐이다. 이와 유사한 특징을 가지는 것이 부동산이다. 부동산은 주식의 배당과 유사한 임대료 수익이 있지만 큰 그림의 환류 구조에 있지 않기 때문에 역시 수요와 공급의 흐름만이 가격을 결정한다. 그런 면에서 앞에서 설명한 인구감소는 부동산의 수요를 급감시킬 요인이고 이것은 향후 금리변화, 주택정책보다 훨씬 큰 악재로 작용할 가능성이 크다. 혹자는 세대의 규모가 줄어들고 생활방식이 변화하면서 꾸준한 부동산 수요가 만들어질 것이라 예측하기도 한다. 하지만 인구감소가 본격화되는 10년 뒤부터 매년 50만 명씩 대한민국에서 사라진다면 한국인의 오랜 부동산에 대한 믿음도 바뀌지 않을까 예상한다.

결국 부동산과 예금 중심의 자산관리를 벗어나 적극적인 금융투자 세계로 도전해야 두려운 노년 빈곤의 사태를 막을 수 있다. 금융업계가 세계화되고 IT 기술이 발전하면서 투자 대상 영역이 넓어지고 간편해져 과거보다 접근성이 좋아졌다. 앞서 얘기했듯 노인케어를 제외한 한국의 모든 산업이 축소된다면 한국 기업들의 상대적 가치도 하락할 것이다. 한국인이라고 해서 꼭 삼성전자와 현대자동차만을 생각할 필요가 없다. 세계적인 관점에서 내 자산이 가장 빠르게 성장할 대상을 찾을 수 있다. 요즘은 스마트폰으로도 버튼 몇 번이면 미국과 유럽의 유명 기업 주식을 살 수 있다. 투자를 하기에 기술적으로는 너무나 편한 세상이 찾아왔다.

문제는 투자를 하는 자세이다. 금융교육을 기능적 방식으로 이해해서는 안 된다. 나는 투자 세계가 모든 산업 중 선무당이 가장 많은 영역이라 생각한다. 단기적 투자 접근으로 일확천금을 벌 수 있다는 유혹이 너무나 많은 데다가 온갖 이론과 전략이 난무한다. 대형 금융회사의 펀드매니저부터 투자 유튜버, 강연자들이 돈에 대한 욕망을 부추기며 일반 투자자들을 미혹한다. 수천억 원 단위의 큰돈을 굴리네, 몇백 퍼센트의 수익을 올렸네, 과거 차트를 보이며 전략이 정확하네 하는 등 고객들에게 부자가 될 기대를 잔뜩 심지만 결과적으로 그들이 돈을 버는 건 투자 유치를 통한 수수료이다. 고객들의 투자 성과가 어떤지는 관심의 대상이 아니다.

이것은 국내 은행, 보험사 같은 대형 금융기관에서도 비슷한 행태를 보인다. 일례로, 금융기관 직원의 업무 평가에 들어가 있는 항목 중 '이익 창출'이 큰 비중을 차지하는 것을 지적할 수 있다. 직원 개인들은 고객들의 장기 자산관리 차원이 아닌 높은 회전율, 수수료의 구조를 가진 금융상품을 추천하여 회사의 이익에만 기여하려는 동기를 가진다. 결국 이것이 직원의 업무 실적과 인센티브에 직결되는 요인이기 때문이다. 금융사들이 자주 언급하는 '고객의 신뢰와 이익을 최우선으로 생각하는' 등의 표현은 한낱 마케팅에 지나지 않는다.

이미 재무학계에서 오랜 연구 끝에 나온 최선의 투자 방식은 자명하게 나와 있지만 업계와 투자 현장에서는 외면받는다. 확률 범위 안의 예상 수익률이 당장 일확천금에 대한 기대보다 작고, 정답에 가까운 투자 방식은 시간과 인내심을 요하는 것이기 때문이다. 금융교육의 방향은 아주 심플하다. 이미 확인된, 그리고 예상되는 최적 투자처를 선정하고 적정한 수익 기대를 가지게 하는 것이다. 그리고 투자는 '시간의 예술'이라는 점을 강조해야 한다. 자본주의 원리에 기대어 위에서 아래로 흐르는 물처럼 적합한 투자 대상의 선정이 첫 번째. 그리고 변동에 흔들리지 않는 안정적 태도와 넓고 길게 볼 수 있는 관점이 두 번째이다. 그 외에 잔기술들은 성과를 방해하는 노이즈일 뿐이다.

06

석가모니와 돈

역사를 공부하다 보면 우리의 상식과 다른 사실이 숨겨져 있다는 데 재미와 놀라움을 느낀다. 내게는 인도의 역사가 그런 부분이었다. 세계 4대 문명이라고 하면 이집트, 메소포타미아, 황하 그리고 인더스 문명을 꼽는다. 이집트와 메소포타미아 문명은 크레타, 그리스, 로마와 이슬람 세계를 거쳐 현대 유럽 문명으로 이어지는 흐름을 갖고, 황하 문명은 중국 대륙의 장대한 역사를 통해 현대 중국 문화에 영향을 미쳤다. 하지만 인더스 문명은 현대 인도와는 거의 관계가 없다. 인도 서북부에 있는 모헨조다로 유적이 대표적인 인더스 문명의 흔적으로 알려져 있지만 지금의 인도와는 상관없는 고대 유적일 뿐이다. 이것은 인더스 문명의 쇠락 시기 유라시아 대륙에서 벌어진 민족 대이동과 관련 있다.

사건은 지금으로부터 기원전 1,000년~2,000년 사이 긴 시간을 두고 이뤄진다. 아시아 서쪽의 캅카스 산맥과 카스피 해 중간 지역에서 발원한 유목민 집단의 이동이 시작이다. 이 유목민 집단은 자기의 거처를 버리고 사방으로 흩어졌는데, 서쪽인 유럽 대륙으로 이동한 집단 일부가 유럽 백인의 뿌리가 된다. 그래서 영어로 백인을 지칭하는 단어가 캅카스인을 뜻하는 '코커시언caucasian'이다. 남쪽으로 이동한 또 다른 집단 일부는 현재 이란 지역에 진출한다. 위대한 페르시아 제국을 건설한 것이 이들이다. 이들의 혈통이 이어져 현재 이란인이 되었다. '이란'이란 국명의 뜻은 '아리아인의 나라'인데 과거 히틀러가 말한 아리아인과 동일한 개념이다. 지금은 너무나 색깔이 다른 독일 게르만족과 이란 페르시아인이 같은 '아리아인'이라는 뿌리를 가졌다고 할 수 있다. 이 유목민 집단이 더 남동쪽으로 이동해 인도 아대륙으로 진출한다. 여기서 앞서 얘기한 대사건이 벌어진다. 고대 번성했던 인더스 문명을 절단 내고 새로운 세계를 창조한 것이다. 이것이 지금껏 이어지는 인도 문명의 시초이다. 즉 기존 문명의 완전한 단절, 그리고 새로운 문명의 탄생 과정이 먼 옛날 인도 아대륙에 벌어졌다.

　소수의 유목민 지배자가 다수의 농업 민족을 안정적으로 지배하기 위해서는 특별한 세계관이 필요했다. 브라만교라 불리는 고대 인도의 사고 체계가 그것이다. 그 세계관의 특징이 '윤회'이다. 우리의 존재는 영원불멸하고 그 형태만 바뀌어 다시 태어난다는 생각틀이다. 이 관념 세계를 활용하여 피지배계층의 복종을 이끌어 냈다. '너희가 지금 낮은 신분인 건 너의 전생에 악행을 많이 저질러서이고 지금의 고난은 그것의 죗값을 받는 것이다. 하지만 이번 생에서 복종하고 선행을 많이 쌓으면 다음 생에는 귀한 존재로 다시 태어날 수 있다.' 이러한 사고 체계에서 발전한 것이 지금껏 인도의 모순이라 불리는 '카스트'이다. 대단히 정치적인 관념 체계가 3,000년이 지난 현재에도 강력한 정신 구조적 힘을 발휘한다. 긴 시간 동안 존재해 온 카스트 제도는 혈통적 칸막이 역할도 했다. 지금도 인도 현지에 가보면 카스트에 따라 피부색과 얼굴 모양이 다르다는 것을 느낄 수 있다.

이런 지배와 피지배의 부조리한 굴레에 의문을 가지게 된 사람이 2,600년 전 인도 북부의 고타마 싯다르타 왕자다. 온실 속의 화초로 자라 세상의 아름다움만 만끽하던 왕자는 어느 날 성 밖을 순회하며 보통 사람들의 고통을 직접 눈으로 확인했다. 고귀한 자든 비천한 자든 인간이라면 겪어야 할 생로병사의 고통에 대해 천착한다는 사실. 기존 인도 사회가 가진 거대한 모순에 대해서도 불편한 마음을 가졌다. 결국 안락한 삶을 버리고 가난하고 초라한 수도승의 길로 들어갔다. 깨달음을 얻기 위한 첫 번째 시도가 고행이었다. 극한의 육체적 고통을 통해 몸과 정신을 분리시키고 높은 정신세계를 구축하려고 했다. 하지만 그는 깨달았다. 좋은 삶의 조건이란 자신이 과거에 누린 풍요로움과 극단적 고행의 고통 그 중간 있다는 사실을. 편안하고 건강한 상태에서 깊은 명상을 통해 그는 결국 깨달음의 경지에 오르게 되었다. 불교가 가르치는 '중도'를 석가모니가 겪은 깨달음의 과정을 통해 배울 수 있다.

이후 석가모니가 설파한 불교는 인도 사회를 뒤흔들었다. 당시 견고한 브라만교 체계를 전복시켰다. 불교는 카스트 제도를 부정한다. '깨달은 자', 즉 부처가 되기 위해 신분은 상관없다고 한다. 천대받던 여성도 불교 교단에 들어와 수도승이 될 수 있었다. 카스트 제도의 근간이 되는 '윤회'도 부정했다. 석가모니는 죽음 이후에 대해 언급하지 않았다. 어느 호기심 많은 제자가 이런 질문을 했다. "스승님, 우리는 죽어서 무엇이 됩니까? 우리는 숨이 끊어진 후에 어디로 갑니까?" 그에 대한 석가모니의 대답은 단지 고요한 '미소'일 뿐이었다. 즉 너도, 나도 유한한 삶을 사는 인간일 뿐이다. 죽음 후를 짐작하는 건 우리가 할 수 없는 일이다. 그리고 그저 미지의 세계일 뿐인 죽음을 걱정하기보다 지금 눈에 보이고 만질 수 있는 삶을 고민하는 것이 훨씬 값어치 있는 일이다. 좋은 생각과 바른 행동, 건강한 생활을 통해 내가 바꿀 수 있는 지금의 삶이 우리의 문제이다. 죽음이라는 순간이 결국 우리 모두에게 찾아오지만, 그 이후를 생각하는 건 의미가 없다. 유한한 삶을 행복하게 하는 것이 지금 나와 네가 할 일이다. 이것이 석가모니가 제자에게 보인 미소의 참뜻이었다.

역사라는 이야기를 통해 현실의 아이러니를 만날 때 재미가 있다. 외국인 친구와 한국의 여러 곳을 다닐 때 이런 질문을 받곤 한다. '왜 한국에는 독일 나치 상징이 이렇게 많아?' 처음 그 질문에 황당함을 느꼈다. 현대 역사에서 악으로 상징되는 꺾은 십자가, 하켄크로이츠 Hakenkreuz 가 한국에 있다는 게 무슨 소리야? 찬찬히 얘기를 들어 보니 고개를 끄떡여진다. 서울 조계사 곳곳에 보이는 만卍자가 그들에게는 나치 상징으로 보인 것이다.

현재의 기준으로 나치와 불교는 너무나 거리가 멀다. 하지만 놀라운 것은 하켄크로이츠와 만卍자가 같은 기원을 가진다는 역사적 사실이다. 그 유래는 글 처음 부분에 얘기한 고대의 민족 대이동에 있다. 캅카스 산맥 근처에서 출발한 아리안족이 서쪽 유럽으로, 남쪽 이란으로, 남동쪽 인도로 이동해서 긴 시간 완전히 다른 사회와 문화를 이루었지만 공통된 흔적을 남겼다. 그것이 바로 하켄크로이츠와 만卍자이다. 고대 아리안족에게 이것은 '영원불멸' 또는 '행운'을 상징하는 표식이었다.

석가모니 역시 인도의 상위 계층인 크샤트리아였으니 아리안족 혈통이었고 조상의 정신적 유산이 현대의 불교까지 이어져 왔다.

긴 시간이 흐르면서 불교 역시 많은 변화를 거쳤다. 석가모니 사후 불교는 인도 사회에서 큰 부흥을 이루며 주변 지역으로 전파되었다. 당시 견고한 신분제 사회를 타파하고 신화나 전설이 아닌 혁신적이고 철학적인 세계관이 설득력이 있었다. 서쪽으로 전파된 불교 철학은 그리스 세계와 조우하여 간다라 미술 양식을 만들기도 했다. 석가모니 생존 당시 존재하지 않던 불상은 불교를 상징하는 아이콘이 되었다. 이것은 유라시아 대륙을 가로지르는 문화 교류의 결과라 할 수 있다.

하지만 시간이 흐르며 불교가 대중과 괴리되기 시작했다. 일반 대중이 쉽게 이해하기 어려울 정도의 현학적이고 관념적인 방향으로 발전했기 때문이다. 불교의 부흥으로 인해 쇠락하던 브라만교는 불교, 중동의 조로아스터교 등 새로운 생각을 받아들여 힌두교로 발전하고 역설적으로 인도에서 불교는 쇠퇴하게 되었다. 이때 불교는 새로운 대안을 마련하게 된다. 지역적으로 티벳, 중국, 한국, 일본 등 아시아 대륙 동북쪽 방향으로 확장한 대승불교가 바로 그것이었다. 대승불교는 개인의 깨달음보다 많은 대중의 일상 변화에 초점을 둔다.

교리적으로 석가모니가 부정했던 '윤회' 관념을 다시 차용하고 죽음 후 극락과 지옥의 이야기를 만들어 냈다. 보통 사람들이 쉽게 이해할 수 있는 관념들을 기존 불교 철학에 녹여 냄으로써 제2의 전성기를 맞이했다. 그 결과가 현재 한국의 불교에도 나타난다. 철학적 색채가 강한 초기 불교와 달리 기복신앙적인 느낌이 진하다. 부처님을 선각자가 아닌 신으로 여겨 불상 앞에서 나와 가족의 행복을 기원한다. 절에서 제사를 지내기도 하고 새해가 되면 스님이 점을 봐주는 경우도 있다.

큰 절의 고승들이 대중 집회에서 윤회라는 주제로 설법하기도 한다.

그래서 현재 기준의 불교에 익숙한 사람은 초기 불교 또는 원시불교의 교리를 처음 접하면 상당히 생소함과 놀라움을 느낀다. 윤회에 대한 생각도 그렇지만 '돈'에 대한 접근이 상당히 다르다. 돈의 관점에서 불교를 볼 때, 우리는 법정 스님의 '무소유'를 떠올린다. 욕망을 부정하고 돈에 대한 갈망을 타파하는 삶이 불교적이라고 생각한다. 소박하고 단순한 삶을 사는 스님들에게 존경을 보내고 산속에 묻혀 사는 삶이 이상적 모습이라 여긴다.

하지만 석가모니가 새로운 생각을 전파하던 초기, 돈에 대해 지금과는 완전히 다른 지향점이 있었다. 이것의 시작은 초기 불교를 지원한 당시 사회 계층의 영향이었다. 석가모니의 생각을 가장 환영했던 집단은 카스트는 낮지만 돈을 많이 번 상공업자였다. 억압적이던 카스트 제도 아래 어려움을 겪던 그들에게 불교는 혁신적인 철학이었다. 특히 초기 경전을 보면 돈을 버는 행위를 장려하는 내용이 곳곳에 보인다. 최초의 불교 경전인 《아함경 阿含經》에는 이런 구절이 있다. "재물을 현재에 가지면 한량없는 복을 얻을 것이다.", "벌이 온갖 꽃을 채집하듯이 밤낮으로 재물을 얻으라." 당시 불교 신자가 된 부자를 '장자 長者'라고 지칭하는데 불교 최초의 사원인 베누바다 비하라 죽림정사는 장자 중 한 명인 빔비사라 왕의 기부에 의해 성립되었다. 불교는 부를 긍정하는 태도를 보임으로써 상공업자들의 지지와 지원 속에 성장했다.

이와 같은 상황은 유럽의 종교개혁의 흐름과 매우 비슷하다. 중세 시대 기독교의 관점에서 '부 富는 곧 악 惡'이었다. 돈을 버는 것 자체가 죄를 짓는 것이라는 관념이 일반적이었다. 금융업으로 돈을 버는 유대인들을 탐욕의 상징으로 보고 신으로부터 버림받은 민족이라 생각했다.

하지만 기존의 가톨릭 세계의 부조리와 모순을 지적한 프로테스탄트는 부에 대한 새로운 관점을 제시한다.

프랑스의 종교개혁가 장 칼뱅 Jean Calvin은 현세의 부가 사후 천국에 가는 징표라고 해석했다. 이제 부자가 되는 것이 부끄러운 것이 아니라 오히려 당당하고 자부심을 느끼는 것이 되었다. 하나님으로부터 선택받았다는 상징으로 부를 해석한 것이다. 이런 생각은 특히 당시 상공업이 부흥을 이룬 네덜란드에서 환영받았다. 부에 대한 긍정적인 관념이 자본주의의 발전을 촉발시켰다. 이런 과정을 학문적으로 해석한 것이 사회학의 거두 막스 베버 Max Weber가 쓴 《프로테스탄트 윤리와 자본주의 원리》이다. 오래전 인도의 불교 혁명으로 촉발된 부에 대한 인식 변화가 2,000년이 흘러 16세기 유럽에서 재현된 것이다.

불경은 말한다. "어떤 괴로움이 가장 큰가. 이른바 빈궁의 괴로움이다. 죽는 괴로움과 가난한 괴로움 두 가지가 모두 다름없지만 차라리 죽는 괴로움을 받을지언정 빈궁하게 살지 않으리." 하지만 원시불교와 칼뱅주의는 현대 자본주의에서 보여 주는 돈 만능주의와는 다르다. 그들이 말하는 진정한 돈에 대한 정신은 '배금주의'나 '극단의 이익 추구'가 아니다. 직업을 통해 건강하게 돈을 벌어 물질적 안정을 이루고, 그것을 바탕으로 높은 정신세계를 추구하라는 뜻이다.

그런 흐름을 만드는 중간 연결고리로서 돈을 이야기한다. 석가모니는 물질적 욕망을 부정하지 않았다. 다만 균형감을 가지는 것이 중요하다 말했다. "거문고 줄이 너무 팽팽하면 끊어지고 너무 느슨하면 소리가 나지 않는다."는 이야기로 '중도 中道'의 중요성을 강조했다. 불교는 인생이 덧없고 추한 것이라는 니힐리즘 허무주의과는 다르다. 우리가 삶을 살아가는 데 반드시 필요한 물질적 조건의 중요함을 인정한다. 그리고 그 기반을 충실히 하여 내 생각, 내 행동, 내 관계에 긍정적인 영향을 주라고 한다. 돈과 정신 모두를 잘 소화해야 행복에 다다른다고 주장한다.

07

기대, 비교
그리고 행복

한국 사회의 단면을 보여 주는 몇 가지 통계 결과가 발표되었다. 2023년 UN 세계행복보고서는 한국 사람이 스스로 느끼는 삶의 질이 OECD 38개국 중 거의 꼴찌에 가까운 35위라고 밝혔다. 우리 뒤에 있는 나라는 거의 50년간 내전 상태에 있는 콜롬비아와 최근 경제 붕괴에 어려움을 겪는 튀르키예, 그리고 그리스 세 나라밖에 없다. OECD에서 조사한 Better Life Index에서도 한국은 전반적으로 낮은 등수를 받았다. 이 조사는 건강, 환경, 삶의 만족도, 교육, 직업, 주거, 소득, 관계, 안전, 워라벨, 정치참여 등 11개 각 항목 평가를 하며 38개 회원국의 순위를 정한다. 한국이 높은 순위에 오른 항목은 교육, 안전, 정치참여 부분이다.

한국은 이미 선진국이고 많은 세계인들의 부러움을 사는 나라다. 세계적으로 어느 나라 국민보다 문맹률이 낮고 고등교육을 받는 비율이 높다. 새벽 밤거리를 활보할 수 있는 몇 안 되는 나라 중의 하나이기도 하다. 후발 민주주의 국가로서 빠른 정치적 발전단계를 거쳤는데 시민들의 높은 정치의식과 참여가 큰 기여를 했다. 그 밖에도 우리 스스로 자랑스럽고 만족스럽게 생각할 수 있는 부분은 너무나 많다. 경제성장, 대중문화, 활기와 역동성 등등. 하지만 앞서 말했듯 우리는 행복을 느끼지 못한다. 기본적으로 경제적 여건이 우리 수준에 오르면 당연히 함께 올라가야 할 삶에 대한 만족감은 크게 괴리되어 있다. 세계에서 스스로 삶을 마감하는 비율이 1위라는 사실에 비애감을 느낀다.

또 다른 통계가 눈에 띈다. 미국의 언론 CNBC는 한국이 사치품 시장의 큰손으로 부상했다는 뉴스를 보도했다. 2022년 1인당 사치품 구매액 기준 세계 1위를 달성했다. 이것은 전년 대비 24% 증가한 수치이다. 우리보다 1인당 국민소득이 거의 2배에 가까운 미국이 1인당 280달러를 쓰는 반면 우리는 약 320달러를 쓰는 것으로 나타났다. 한국인의 사치품 구매액이 늘어남에 따라 주요 럭셔리 브랜드들의 매출도 상승하고 있다. 경기침체를 걱정하는 지금 대표적인 럭셔리 브랜드인 루이비통LVMH의 주가는 지난 10년 동안 5배 이상 성장하였다. 한국에서 연일 매진되는 신상품 판매에 힘입어 에르메스는 지난해보다 가격을 15% 인상했고, 샤넬과 프라다는 2022년 한 해 4번, 루비이통, 구찌, 디올은 각각 2번 가격 인상을 시행했다. 인터넷에는 '명품은 오늘 가장 싸다.'라는 말로 우리의 구매욕을 자극한다.

패션 브랜드뿐만 아니라 고급 차 영역에서도 이런 현상이 비슷하게 나타난다. 한국은 독일의 고급 차 브랜드 메르세데스 벤츠의 세계 5위 고객 국가세단 기준이다. 특히 고급 세그먼트에서는 이 경향이 더 강한데, 중형인 E 클래스는 전 세계 1위 판매량, 한 대 2억 원을 호가하는 대형 S 클래스는 전 세계 3위의 판매량을 보인다. 과거 벤츠의 주요 고객이던 일본을 앞지른 결과이다. 미국 경제뉴스 전문방송 CNBC는 '왜 한국에서 사치품 브랜드가 성공하나?'라는 주제로 분석 기사를 냈다. 외모와 경제적 성공이 사회적 지위를 대변한다는 사회 분위기를 중요한 요소로 지적한다. 당장 인터넷에는 차량 계급도, 명품 브랜드 계급도, 시계 계급도를 쉽게 볼 수 있다. 연봉 얼마에 어떤 차를 탈 수 있다는 것이 일종의 공식처럼 회자된다. 유튜브 콘텐츠에는 돈 없이 고급차를 몰 수 있다는 미끼 영상이 판을 치고, 그런 현상을 비꼬고 풍자하기 위해 카푸어의 삶을 묘사하기도 한다.

미국의 투자회사 모건 스탠리는 한국이 세계에서 가장 부를 중요시하는 사회라 발표했다. "부자가 되는 것이 중요하나?" 질문에 한국인은 60%가 그렇다고 대답했다. 비슷한 문화권인 일본45%, 중국50% 보다 더 높은 비율이고, 돈과 사회적 지위가 별개의 가치라고 생각하는 영국, 독일, 프랑스가 20%대 결과가 나온 것을 생각하면 우리의 돈에 대한 강한 관념이 두드러진다. 미국 뉴스 채널 CNBC는 한국을 부의 과시가 용인되는 독특한 사회라 설명한다. 자본주의가 태동한 유럽의 경우 과한 부의 표현은 자기가 속한 커뮤니티에 위화감을 일으키고, 어느 정도 물질적 풍요와 속물적 천박함을 동일 선상에 놓는다. 그들의 경우 남의 시선에 의식하지 않고 내가 편안한 자리와 맞춤한 생활방식을 갖는 것이 행복으로 가는 길이라 생각한다.

한국, 전체적인 경제적 풍요가 커지지만 다수가 느끼는 행복감은 줄어드는 나라. 이 아이러니는 아마도 주변의 시선을 의식하는 우리의 모습에 원인이 있는 듯하다. 내가 바라는 삶을 타인을 모델로 해서 만들고, 그것에 미치지 못하는 동안 끊임없는 갈망에 시달린다. 이런 사회에서 최고의 위치에 서지 않는 한 모든 사람이 불행감에 젖을 수밖에 없다. 특히 경제적 성공이란 잣대는 우리를 정신적으로 끊임없이 채찍질한다. 한 프랑스 사회학자는 "한국인들은 경제적 성공을 위해 막대한 노력을 들인다."라고 지적한다. 근본적으로 행복은 여가 시간에서 나오는데, 한국인들의 열망은 시간이 아니라 돈의 크기에 있기에 행복감의 결핍이 만성적일 수밖에 없다. 왜 여가 시간이 아니라 돈의 크기가 목적인가의 질문에 대한 답은 "시간은 '비교하지 못하는 자원'이기 때문이다."라고 말했다. 지하철, 버스 같은 대중교통에서도 다들 들고 다니는 루이비통 가방이 내게 없기에 더 많이 일해야 하고 그에 따라 나를 위로하고 성찰할 수 있는 시간이 줄어든다.

슬프게도 이런 추세는 계속될 것 같다. 또 다른 통계가 한국의 미래를 짐작하게 한다. 2023년 초 통계청이 발표한 자료에 의하면 한국의 사교육비가 전년 대비 10.8% 증가했다고 한다. 고등학교 학생의 66%가 사교육을 받고 있고, 사교육 참여 학생 평균적으로 매달 52만 원씩을 지출하고 있다. 10% 안팎의 독일, 프랑스 사교육 통계와 극한의 비교가 된다. 출산율이 떨어져 학생 수가 줄어듦에도 불구하고 사교육 시장은 급격히 커지는 것은 학벌이라는 타이틀에 대한 열망이 점점 더 커진다는 것을 의미한다. 한국에서 남들과 비교하여 차별화할 수 있는 가장 센 무기인 학벌을 차지하기 위한 치열한 경쟁이 이루어진다. 바라는 이상과 현실의 간극이 커지면 심리적 긴장감과 불안이 커지기 마련이다. 불행감을 줄이고 삶의 만족도를 키우기 위한 간편한 전략이 이 양극단 사이에 있다. 현실은 쉽게 변화시킬 수 없으니 내가 바라는 이상을 줄이는 것이다.

투자의 세계는 욕망이라는 폭풍의 중심에 있다. 머릿속에 목표가 워런 버핏, 조지 소로스로 상정되어 있다면 결국 패배감을 맛볼 수밖에 없다. 암호화폐로 대박을 터뜨리고, 아파트로 일확천금을 번 내 주변 사람이 나의 현실을 비추는 거울이 되면 결코 행복할 수 없다. 투자 세계에는 온갖 전략이 난무하지만 가장 중요한 요소는 나의 욕망을 객관화하고 제어할 수 있는 능력이다. 나의 면면을 읽고 정의하는 철학적 사고가 되어 있지 않으면 투자로 큰돈을 벌어도 결국 행복하지 않다. 왜냐면 세상 어딘가에는 분명 나보다 더 큰 경제적 성취를 이룬 사람이 있기 때문이다. 우리는 돌아보아야 한다. 조금 천천히 가도 방향만 올바르면 결국 목적지에 가닿을 수 있다. 그리고 무엇보다 중요한 것은 목적지가 아니라 여정 그 자체이다. 나와 세상을 이해하고 그것을 적용하면서 맛보는 투자의 묘미에 대해 고민해 보자.

08

배우 손석구,
돈으로 기회를 만든 이

　　배우 손석구는 최근 몇 년 동안 큰 성장을 하며 연예계 스타로 발돋움하였다. 〈나의 해방일지〉, 〈범죄도시2〉로 큰 인기를 얻었고, OTT 채널의 시리즈물 〈카지노〉에서 대배우 최민식과 출연하며 전성기를 이루고 있다. 그의 연기는 전통적인 방식과는 조금 다르게 느껴진다. 표정이나 대사가 익히 보아온 주류 배우의 그것과는 다르게 독특하고 신선한 느낌을 받는다. 오히려 이 부분이 그의 연기를 두드러지게 하는 매력 포인트가 된다.

　이미 나이가 적지 않은 배우의 갑작스런 출현에 그의 이력이 궁금하여 찾아보았다. 그의 히스토리는 그의 독특한 연기 톤만큼 흥미로운 부분이 많았다. 대전에서 출생하여 중학교를 다니다 미국의 가톨릭계 고등학교에 진학하였다. 이후 시카고 예술대학교의 필름 미디어 연출을 전공하며 다큐멘터리 감독의 꿈을 가졌었다. 대학 생활 중 휴학을 하고 군대에 들어갔다. 이때의 경험이 그가 원래 가졌던 다큐멘터리 감독의 꿈을 바꾼 계기가 되었다. 이라크 자이툰 부대에서 근무하는 동안 여러 주둔지의 모습이 자신이 보았던 다큐멘터리와 너무나 다르다는 데 충격을 받았다. 현실의 문제를 생생하게 담아내는 다큐멘터리라는 장르가 실제로는 작위적인 연출에 너무 많이 기댄다는 실망감에 원래 가진 꿈을 접게 되었다.

병역을 마치고 동생이 있던 캐나다에서 미디어아트를 전공하여 대학을 졸업한다. 이때가 이미 20대 후반에 접어든 나이였는데, 그는 느닷없이 프로농구선수로 진로를 바꾼다. 드라마 〈나의 해방일지〉의 넓은 도랑을 뛰어넘는 장면에서 보여지듯 어릴 때부터 육상 등의 운동에 흥미와 재능이 있었다고 한다. 하지만 신체 조건이 중요하고 어릴 때부터 기량을 키워야 주류 무대에 설 수 있는 프로 스포츠 세계의 벽은 높았다. 프로농구선수의 꿈을 접고 다시 한국으로 돌아와 제조업 기업의 CEO로 활동한다. 지금은 대주주로 물러나 전문경영인을 두고 있는 이 회사는 그가 경영할 때 연매출 55억 원 정도의 건실한 경영 성과를 거두었다고 한다.

안정된 삶에 안착하는 듯 보였지만 그는 또 다른 도전을 감행한다. 우리가 익히 알고 있는 연기의 세계이다. 처음 연기는 2011년 연극을 통해 시작하였고 2016년 한국과 프랑스의 합작영화인 〈블랙스톤〉이란 작품에서 영화 데뷔를 하였다. 그 후 한국 여배우 배두나가 나온 미국 드라마 〈센스8〉으로 인지도를 쌓는다. 이후 여러 작품을 통해 얼굴을 알리다 2022년, 손석구의 해라고 해도 무방할 정도의 두드러진 활약을 펼친다. 〈범죄도시2〉의 메인 악역 강해상 역과 드라마 〈나의 해방일지〉

의 주연 구씨 역을 맡아 연달아 흥행에 성공하게 된다. 결국 인생의 길을 여러 번 바꾼 끝에 자신에게 어울리는 최선의 자리를 찾게 되었다.

그가 만든 성공의 원천은 어디에 있을까? 물론 당연하게 그가 가진 재능과 꿈을 이루기 위한 많은 노력이 가장 큰 부분일 것이다. 하지만 그가 끊임없이 새로운 도전을 하게 한 것은 '경제적 여유'가 근간에 깔려 있다고 짐작한다. 그의 아버지는 고향인 대전에서 꽤 규모 있는 기업을 운영하며 배우 손석구가 가는 길을 지원했다. '돈을 기회로 만든' 배우 손석구는 비슷한 배경의 소공자들과는 다른 길을 걸었다. 사실 많은 이들이 돈을 그렇게 활용하지 않는다. 경제적 풍요 안에 적당히 안주하는 삶을 살 수도 있고, 좋은 차와 좋은 옷을 통해 부를 과시할 수도 있다. 아니면 내가 어떤 사람인지, 무엇에 행복한지 고민 없이 현재의 자리에서 더 큰 돈을 버는 데만 골몰하는 경우도 많이 본다.

철학자 헤겔이 주장한 '유물론 Materialism'은 물질적 하부 토대가 정신의 상부 구조를 만드는 중요한 요소라고 말한다. 헤겔의 계승자인 칼 마르크스는 이 생각을 정치 구조에 적용하여 '공산주의' 철학을 만든다. 냉전의 종식으로 현실 정치 시스템으로서의 공산주의는 붕괴하였지만 세상을 인식하는 생각틀로서 특히 유물론은 여전히 유효하다고 생각한다. '가난한 자가 천국에 드나니.'라는 성경 구절이나 청빈한 삶을 추구한 유교 정신은 물질적 성공을 부정하지만, 유물론은 인간의 삶이 물질적 토대에서 만들어진다 말한다.

어쩌면 유물론은 세상을 이해하는 가장 '현실적인' 사고관일 수 있다. 당장 물질로 이뤄진 우리의 몸을 생각해 볼 수 있다. 일상에서 우리는 몸이 아프고 쇠약하면 좋은 생각과 행동을 만들어 낼 수 없다. 더 좋은 인간으로 발전하기 위해 육체적 건강함은 아주 중요한 요소이다. 빈센트 반 고흐나 베토벤, 도스토예프스키 같은 위대한 예술가들은 육체의 불편함을 극복하여, 심오하고 넓은 정신세계를 만들어 냈지만 이것은 아주 예외적인 경우다. 현실 세계에 많은 사람들은 흉내 내기 쉽지 않다. 보편적인 상황에서는 물질적 기반이 개인의 삶을 발전시키는 부분이 크다.

나의 경우도 비슷하다. 공대를 졸업하고 제조업 기업에서 근무하는 나는 직장생활을 통해 삶의 보람을 느끼지는 못한다. 나의 적성에도 맞지 않고 꿈과도 동떨어져 있다. 하지만 안정된 생계를 제공하는 이 직업에 큰 감사와 만족을 느낀다. 매달 들어오는 현금 흐름으로 의식주를 해결하고, 나를 돌아보고 고민할 수 있는 여유를 만든다. 안정된 직업을 통해 얻은 시간을 활용하여 새로운 도전을 한다. 내 직업과는 전혀 상관없는 경제, 경영, 재무 영역의 공부를 하고, 이것과 관련된 꿈을 꾼다. 대학에서 내 본업과 관계없는 학문을 학생들에게 강의할 정도로 나를 성장시켰다. 그리고 내가 좋아하고 더 성장할 수 있는 내 세계를 구축하는 데 '돈의 힘'을 이용한다.

내 강의를 듣는 어린 학생들에게도 이와 같은 조언을 한다. 부모님으로부터 경제적 지원을 받을 수 있는 대학이라는 울타리 안에서 많은 것을 시도하고 도전하라고. 한국의 공교육 시스템에서 자라 우리 스스로에 대한 탐구가 모자랐으니 열심히 나를 찾아보려는 노력을 하라고. 그 울타리 안에서는 실패하더라도 충분히 패자부활전을 할 수 있다고. 하지만 그 울타리를 나오는 순간 우선 최대한 안전지대 안에 들어가 있으라고 또 다른 조언을 한다. 당장 나와 맞지 않아 불만이 가득한 직장이라도 안정된 현금흐름이 나오는 곳에 들어가 있어야 한다. 엄동설한, 눈보라가 몰아치는 황무지에서 당장 희망해 마지않은 오로라가 아무리

보고 싶어도, 허름하고 누추한 오두막에 잠시 숨을 고르고 에너지를 비축하는 것이 현명한 것이다. 그리고 돈을 모아 세상 모든 사람에게 공평한 자원인 '시간'을 확보해 찬찬히, 조심스럽게 나의 이상향으로 발을 떼는 전략이 필요하다.

배우 손석구가 결국 이름을 알리고 성공을 한 것이 30대 후반이다. 돌고 돌아 결국 자신이 가장 편안하고 행복한 자리에 섰다. 그는 행운아이기에 아버지라는 든든한 물질적 안전판을 가질 수 있었다. 그는 경제적 여유를 낭비하지 않고 꿈을 찾는 시도에 활용하였다. 그 행운을 시기할 필요는 없다. 세상은 언제나 불공평하다. 자신이 발 딛고 있는 지금의 자리에서 배우 손석구의 인생 전략을 교훈으로 삼으면 된다. 불리하면 불리한 대로, 유리하면 유리한 대로. 그리고 헛된 욕망에 사로잡히지 않고 또 다른 한편 쉽게 현실에 안주하지 않으며 나만의 세계를 탐구하는 자세가 필요하다.

09

개그맨 박명수,
욕망의 콘트롤러

TV라는 대중매체가 인터넷에 밀려 어른들이나 보는 미디어가 되기 전 주말에 많은 사람들의 관심을 받았던 TV 프로그램이 〈무한도전〉이다. 2005년 어설픈 포맷으로 시작한 무한도전은 많은 도전과 변화를 거쳐 그야말로 국민 예능의 입지를 얻었다. 매년 연말에 개최되는 MBC 방송연예대상에서 대상, 최우수상, 공로상 등 2006년부터 2018년 종영까지 27개의 수상내역이 이 프로그램의 인기를 보여 준다. 이 프로그램은 한국의 대표 MC인 유재석을 인기 절정의 위치에 오르게 했다. 매주 바뀌는 독특한 구성과 개성 넘치는 캐릭터들이 종횡무진, 좌충우돌 재미를 뽑아냈다.

나는 MC 유재석의 진행능력과 상황을 이끄는 리더십에 감탄하지만, 강력한 웃음 포인트는 2인자 박명수에게 기대한다. 〈무한도전〉이란 프로그램을 통해 코미디언 박명수는 누구도 따라 할 수 없는 독특한 캐릭터를 구축했다. 뭔가 부실하고 소심한 내면을 센 척과 호통으로 면피하려는 모습에 웃음에 터뜨리는 한편, 그의 입장과 비슷한 우리의 초라한 현실을 되돌아보게 한다. 상황마다 터지는 그의 개그뿐만 아니라 특유의 현실적이고 냉소적인 발언은 '어록'으로 불릴 정도로 정곡을 찌르는 힘을 갖고 있다.

"꿈은 없고요. 그냥 놀고 싶습니다."

"고생 끝에 골병 난다."

"일찍 일어난 벌레는 잡아먹힙니다."

"즐길 수 없다면 피해라."

"인생은 짧고… 열심히 해라."

"공부 안 하면 더울 때 더운 데서 일하고, 추울 때 추운 데서 일한다."

이처럼 흐름을 뒤집는 뜬금없는 명언들과 독특한 표현은 부침이 많은 방송계에서 그를 오랫동안 메인스트림에 남게 하는 힘이 되었다.

투자서를 쓰는 지금 그가 말한 명언 중 돈에 관련된 것들에 눈길이 간다.

"돈이 세상에서 제일 중요한 거거든…"

"감사의 표시는 돈으로 하라."

"선배는 입을 닫고 지갑을 열어라."

그의 말처럼 돈으로 할 수 있는 것이 많다고 나 역시 생각한다. 박명수의 말은 아니지만 인터넷에 떠도는 말로 "돈이 전부는 아니지만, 돈만 한 것이 없다."라는 말은 대단히 현실적인 힘을 가진 표현이다. 돈은 누군가에게 사치와 과시의 수단일 수 있지만, 돈의 가치가 가장 빛나는 시기는 따로 있다. 바로 돈이 기회를 만들고 도전을 하게 하는 순간이다. 주변에 재능 있는 많은 사람들이 현실의 벽, 생계의 위기감 때문에 능력을 펼치지 못하는 경우를 본다. 과감하게 변화를 선택해서 실패를 각오한 도전을 하려는 데 가장 필요한 것은 경제적 안전판일 것이다.

다시 개그맨 박명수 얘기로 돌아가서, 그는 밖으로 보이는 쪼잔하고 괴팍한 모습과 달리 현실에서는 넉넉하고 따뜻한 사람으로 알려져 있다. 앞뒤 안 가리고 돈에 매달리는 어록으로 마치 꽁생원으로 보여지지만 그와 같이 일하는 매니저와 의상 코디네이터가 함께한 시간이 무려 20년이라는 데서 그의 진실한 모습을 엿볼 수 있다. 본인이 애써 밝히지 않으려 한 선행의 미담도 흘러나온다.

개그맨 박명수가 가진 내면의 힘을 느낀 프로그램이 그가 게스트로 나온 〈라디오스타〉였다. MC인 김구라와 아웅다웅 말다툼 와중의 대화였다. 김구라가 박명수가 하는 프로그램에서 비중을 언급하며,

"지금 나오는 모든 코너에서 주도적으로 하는 게 없잖아요. 그러다다 도태된다고!"

라고 지적하자 박명수는 마치 남의 얘기 하듯

"그러다 완전 도태되겠죠."

라는 의외의 반응으로 모두를 헛웃음 나게 했다. 주변의 웃음이 그치자 다시 말을 이어 간다.

"지금처럼 항상 대여섯 개의 프로그램을 할 수 있는 것도 아니고 유재석과 프로그램을 안 할 수도 있겠죠. 하지만 연연하지 않습니다. 개그맨을 시작하고 무시와 냉대를 받는 시절도 겪으며 고통을 이겨 내는 법도 알았구요. 그리고 공백기를 잘 활용하는 것도 중요해요. 일이 없다고 자책하는 게 아니라 더 공부하고 노력하면서 다른 것도 해볼 수 있지요. 그런 것들이 쌓이면 다른 영역에서 또 다른 파급효과가 있다고 믿습니다."

울림이 큰 이 이야기 후 다시 별거 아니라는 듯 익살스런 대화를 이어

갔다. '하찮은 형'이라는 별명과는 달리 그의 내면에 있는 그릇의 크기를 짐작게 하는 대화였다.

개그맨 박명수가 말하는 위기를 받아들이는 방법에서 내 안의 '욕망'을 조금은 더 이해할 수 있었다. 쇼 비즈니스의 세계는 일반인이 보기에도 약육강식의 전쟁터이다. 인기를 얻는 아주 소수의 승자들이 대부분의 파이를 가져가는 자본주의의 극단적인 면을 보여 준다. 대중의 변덕스러운 입맛 탓에 흐름은 급변하고 어제의 스타가 오늘 나락으로 떨어지는 일이 비일비재한 곳이다. 욕망을 제어 못 하는 어떤 연예인들이 극단적인 선택을 하거나, 마약, 성매매 같은 일탈의 길에 들어서는 뉴스를 보기도 한다.

철학자 토머스 홉스Thomas Hobbes는 욕망을 인간 본성의 변함없는 사실로 인정하며 앞으로 나아가기 위한 에너지의 원천으로 생각하였다. 반면 바뤼흐 스피노자Baruch Spinoza는 욕망을 인간의 자연적 본성의 굴레로 보았다. 욕망을 옳은 길로 인도하기 위해서는 이성을 활용해야 한다고 말한다. 즉 인간의 욕망이 가지는 명과 암을 명징하게 바라볼 수 있어야 행복을 찾을 수 있다고 철학자들은 말한다. 개그맨 박명수는 자신의 욕망을 잘 소화하는 사람이라 여겨진다. 자신이 천직이라고 생각하는 엔터테인먼트 영역에서 더 많은 것을 이루고 싶어 한다. 본업인 개그에서부터 음악과 사업에도 욕심을 가지고 있다. 하지만 한편으로 지금의 성취가 일시적이라는 것도 충분히 인지하고 있다. 자신이 계속해서 오르막길을 오르지는 못할 것이라는 사실을 인정하며 언젠가 올내리막길도 담담히 받아들일 자세를 가지고 있는 듯하다. 내게 최고의 개그맨으로 박명수를 꼽는 데는 그의 평소 모습이 이런 홀가분한 마음가짐에서 나오는 행복감을 담고 있기 때문이다.

10

욕망의 균형점

　　자극적 내용에 눈길이 가는 유튜브라는 매체에도 세련된 형식과 진지한 내용을 담아내는 콘텐츠가 많이 보인다. 내가 그중 즐겨 찾는 채널이 '조승연의 탐구생활'이다. 여러 권의 책을 낸 작가 조승연은 젊은 감각을 유지하면서도 자신의 경험과 관심 분야를 흥미롭게 풀어낸다. 그의 채널이 보여 주는 주요 주제는 역사이다. 스스로 '역사 덕후'라 자칭하는 그답게 풍부한 역사적 지식을 풀어낸다. 단순히 역사적 서술이 아닌 현실 세계의 다양한 현상과 문제를 역사의 관점에서 비유하고 해석한다. 넷플릭스에서 방영 중인 역사 드라마를 소재로 진짜 역사적 사실을 밝히고, 허구적 이야기들이 가지는 현실적 함의를 옆집 친구처럼 풀어낸다.

　　그의 유튜브 콘텐츠 중 하나에 눈길이 갔다. 한때 그의 롤모델이라고 하는 사람의 슬픈 죽음에 대한 이야기이다. 이야기의 주인공은 앤서니 보데인Anthony Bourdain 이라는 미국인이다. 그는 드라마틱한 인생을 미디어에서 풀어내 일약 스타가 된 인물이다. 젊어서 히피 생활을 한 그는 성공한 뉴욕 맨해튼의 유명 쉐프로 이름을 날렸다. 그가 처음 미디어의 주목을 받게 된 것은 쉐프라는 직업을 그린 리얼리티 프로그램이었다. 작가로도 성공해 그가 쓴 책은 베스트셀러가 되었다. 그의 진정한 성공은 여행 다큐멘터리 〈파츠 언노운Parts Unknown〉, 〈로드러너Roadrunner〉에서 나타난다. 도전적이고 자유로운 그의 성격이 이 다큐멘터리 작품에 그대로 녹아난다. 유명 관광지부터 분쟁지역이나 오지를 여행하며 현지의 음식을 먹고 감상을 이야기한다. 음식을 매개로 현지의 보통 사람들과 솔직하고 진실된 대화를 나눈다. 다른 문화에 대한 열린 자세가 그의 소탈하고 솔직한 성격을 반영한다. 우리가 바라 마지않는 여행자 그 자체이다. 미얀마나 캄보디아 같은 곳에서 역사적 아픔을 겪은 이들과 고통을 나누며 나름의 해석을 하기도 한다. 미국 대통령 최초로 베트남을 방문한 버락 오바마와 허름한 식당에서 식사를 하는 장면은 세계 전역에 그의 얼굴을 각인시켰다. 전통 음식 '분짜BúnChả'를 파는 그 식당은 베트남 여행의 필수 코스로 자리 잡기도 했다.

그는 미디어에서 자유의 상징이 되었다. 현대사회의 열망 중의 하나인 도전과 경험을 온몸으로 보여 주었다. 유명세와 돈은 자연스레 따라오는 것이었다. 어느 언론에서는 그에게 멋진 별명을 붙였다. '완벽에 가까운 인생', '최고의 직업을 가진 사나이'. 보통 사람이 꿈꾸는 그런 삶을 그는 보여 주었다. 세계를 다니며 여행하며, 그가 가진 경험과 지식으로 현지의 사람들에게 다가가고 그것을 방송을 통해 해석했다. 더없이 행복할 것 같은 삶이다. 누추하고 지루한 일상을 사는 많은 사람에게 그야말로 성공의 상징으로 인식되는 사람이었다.

그런 그가 2016년 파리의 한 호텔에서 극단적 선택을 했다. 세상에서 가장 행복한 사람의 죽음! 조승연 작가는 그 뉴스를 들으며 충격과 슬픔에 빠졌다고 한다. 그리고 해석한다. 인간이 가진 가장 큰 이상향은 돈과 권력이다. 하지만 현대사회에서 그것들은 진부하고 오염되었다. 그런 덧없는 욕망의 대안으로 경험과 지식에 대한 욕망을 극적으로 보여 준 것이 앤서니 보데인이라고 본다. 하지만 언뜻 신선하고 진실해 보이는 경험과 지식에 대한 욕망 역시 '덧없는 욕망'이라는 속성을 벗어나지 못한다고 지적한다. 앤서니 보데인의 죽기 직전 행보를 보면, 더 희소하고 자극적인 여행을 추구했다. 하지만 욕망은 끝이 없고 결국은 자기 파괴적인 종말에 다다랐다. 조승연 작가는 다른 이들이 나를 보는 시선, '내가 누군가에게 부러운 사람이 되겠어.'라는 신기루가 자신을 갉아먹는 요인이라고 분석한다. 성공과 행복은 비슷한 듯하지만 양립시키기 어려운 가치일 수 있다. 이것은 미국의 성공한 CEO가 보통 사람들보다 우울증 확률이 5배나 높다는 통계에서도 엿볼 수 있다.

내게는 사업으로 성공한 한 친구가 있다. 10년 전 대학원을 같이 다닐 때는 서로 어리고 가진 것 없지만 미래를 위한 열정과 도전정신을 공유했다. 시간이 흘러 그의 재능 위에 행운이 찾아와 크게 성공한 사업가가 되었다. 서울 강남의 큰 집과 기사 딸린 대형 외제 차를 가지게 되었다. 사업도 궤도에 올라 안정적인 수익 구조 안에 성장을 거듭한다. 많은 사람이 부러워 마지않는 성공을 이루었다. 하지만 둘만의 술자리에서 솔직한 심정을 듣게 되었다. 많은 것을 이룬 것 같지만 주변에 더 큰 성공을 가진 사람을 보면 조바심이 난다. 정신없이 사업에 몰두하다 보면 느닷없는 무력감과 허무함이 몰려든다. 돈이 쌓이는 것이 눈에 보이면 휴식과 여유가 너무나 아까워 그것을 온전히 즐기지 못한다고 한다.

우리 삶에서 돈은, 그리고 그것을 좇는 욕망은 너무나 중요하다. 인생을 활기차게 하는 중요한 요소이다. 하지만 꼭 돈이 그렇게 많을 필요는 없다. 끝없이 커지는 욕망을 온전히 만족시킬 수 있는 돈과 권력은 없다. 마찬가지로 앤서니 보데인이 추구했던 경험과 지식에 대한 욕망 역시 같은 결과를 보인다. 철학자 아르투어 쇼펜하우어Arthur Schopenhauer는 말했다. "욕망은 바닷물과 같다. 마시면 마실수록 오히려 갈증만 늘어난다." 정말 중요한 것은 욕망과 행복의 균형점을 찾을 수 있는 태도이다. 그 미묘한 균형점은 쉽게 얻을 수 있지 않다. 나를 잘 들여다보는 성찰의 시간과 공간이 꼭 필요하다.

LAZY INVESTMENT

II

돈의 원리

01

역사를 통한
돈 이야기

내게는 오랜 인연을 이어 가는 선생님이 계신다. 1991년 처음 뵌 분이니 30년 넘게 내게 관심과 조언을 주고 계신다. 내가 중학교 1학년 시절의 미술 선생님이셨다. 선생님은 내가 가지고 있는 미술에 대한 재능을 알아봐 주시고 학교에 몇 명 없는 미술부에 가입시키셨다. 미술부에 들어가고 매일 아침 한 시간은 미술실에 가 그림을 그렸다. 같은 학교 또래 5명만 있는 미술부는 매일 아침 의무적으로 해야 하는 0교시 자율학습을 면제받는 특권을 누렸다. 긴 시간이 흘렀지만 지금도 그 편안하고 여유로운 장면이 생각난다. 포근한 바람이 부는 나른한 봄날, 학교의 가장 높은 층 복도에 이젤을 세우고, 운동장 넘어 멋지게 가지를 늘어뜨린 버드나무를 그린 기억이 아련한 설렘으로 다가온다.

하지만 2년 정도의 미술부 생활을 보내고 3학년이 되었을 때 그 선생님은 개인적인 이유로 학교를 그만두셨다. 떠나시면서 내게 그림을 그리는 진로를 생각해 보라고 하셨지만 변변찮은 미술학원 하나 없는 시골에서 미술을 계속할 엄두가 나지 않았다. 자연스레 인문계 고등학교로 진학하면서 미술에 대한 관심도 사라졌다. 그 후 오랫동안 미술은 낯선 세계가 되었다. 딱딱하고 상상력이 빈약한 공대에서 공부하고, 제조업 분야의 회사에서 일하면서 미술은 더 먼 세상이 되었다.

시간이 흘러 어느 날 안국동과 삼청동을 오고 가게 됐는데, 우연히 국립현대미술관에 들렀다. 그날 마주친 현대미술 작품들은 난해하고 낯설었지만 먼 기억 저편 미술에 대한 호기심이 의식의 수면 위로 올라온 계기가 되었다. 그 뒤 미술사 책을 찾아 읽고 관련된 영상을 보며 관심이 커져 취미 생활 중 하나가 되었다. 시간이 나면 갤러리나 박물관으로 가 미술작품을 가까이 감상하려고 한다. 자꾸 보니 나름의 취향도 생겨 삭막했던 집 거실의 벽을 멋진 그림들로 채우기도 했다. 이 분야의 전문가는 아니지만 나름 애호가의 수준은 된 것 같은 뿌듯함이 있다.

미술을 즐기는 방법은 여러 가지가 있다. 예술품 그 자체의 느낌을 좋아하는 사람도 있고, 그림이 주는 상징을 모티브로 나만의 해석과 상상을 만드는 이도 있다. 요즘은 일반 대중에게 그림 이해를 돕는 도슨트docent라는 직업도 관심을 받는다. 나는 특히 미술 작품과 그것을 만든 예술가의 뒷이야기에서 흥미를 찾는 편이다. 미술품이 만들어진 그 시대 배경이나 작가의 굴곡진 삶을 더듬어 가며 작품이 어떻게 변화하는지 찾아보는 데 큰 재미를 느낀다. 특히 서양미술에서 르네상스와 대항해시대, 산업혁명과 유럽의 전쟁들, 자본주의와 민주주의가 발전하는 과정 안에서 시각예술이 어떻게 변화하고 발전했는지에 대한 이야기가 매력적이다.

예술품 자체에 집중하는 사람과 달리, 나에겐 그 당시 사회적 맥락을 예술가가 어떻게 자신의 작품에 녹여 내는지가 중요한 관전 포인트다. 재무학 전공자인 내게 특히 미술과 돈의 관계에 특히 관심이 갔다. 유럽에서 자본주의가 태동하던 근대 초기에 미술계의 변화는 대단히 흥미롭다.

중세 유럽은 기독교적인 가치관이 지배하던 시기였다. 유럽의 정치 권력은 파편화되어 강력한 중앙 권력이 존재하지 않고 사회 모든 분야에 가장 큰 영향을 미친 것은 정신세계의 중심, '교황'이었다. 당시 미술계의 주요 고객 역시 교회일 수밖에 없었다. 문맹률이 높고, 성경 해석의 권한을 교회가 독점한 이 시기, 대중의 종교적 헌신을 이끌어 내는 수단으로 교회를 장식한 미술품이 적극적으로 이용되었다. 성경의 이야기를 중심으로 한 성화나 고대 그리스, 로마 신화를 담은 그림은 교회의 권위를 높였다. 그리고 교회가 바라는 정신구조를 사회에 뿌리내리고 전파하는 역할을 했다.

르네상스 3대 화가인 레오나르도 다빈치, 미켈란젤로, 라파엘로 역시 이런 사회 배경 아래 작품 활동을 했다. 하지만 위대한 예술가들의 사회적 신분은 낮았고, 권력에 복종하고 눈치를 봐야 했다. 고집이 세고 신경질적이었던 미켈란젤로가 교황 율리우스 2세의 강압에 못 이겨 시스티나 성당 천장에 몸을 혹사하며 만든 〈천지창조Creazione di Adamo〉가 그 시대 예술가의 낮은 지위를 보여 준다. 경제적으로 이 시기의 미술품 수요처는 교회로 제한되어 있었다. 소비해주는 데가 적으니 미술품의 가격이 낮을 수밖에 없었고, 인류 최고의 예술 천재들 역시 푸대접받고 가난에 고통받기 일쑤였다. 레오나르도 다빈치가 일생 동안 자신의 그림을 원하는 고객을 찾아 이곳저곳 방랑 생활을 한 것도 이런 경제적 이유가 있었다.

시간은 흘러 마르틴 루터 Martin Luther와 장 칼뱅 Jean Calvin에 의해 시작된 프로테스탄트 세력은 교황청과 극한 대립을 하게 된다. 프로테스탄트의 중요한 비판점은 교황청이 성경을 자의적으로 해석한다는 부분이었다. 프로테스탄트는 교황이란 중개자를 통해서가 아니라 모든 인간 스스로가 신의 말씀을 직접 보고 따라야 한다고 주장했다. 그 당시 요하네스 구텐베르크 Johannes Gutenberg가 발명한 금속 인쇄술은 이런 혁명적 사고에 불을 지폈다. 이로 인해 기존 교회가 독점적으로 가지고 있던 성경 해석 권한이 무너진다. 이제 얼마간 돈을 가진 사람들은 성경을 사서 읽으며 신의 말씀을 스스로 깨우쳤다. 성경에 언급이 없는 면죄부와 같은 교회의 부패 행위가 드러나며 네덜란드를 중심으로 한 북유럽에 일대 정신 혁명이 일어났다. 네덜란드의 상업적 부흥은 기존 교회 권력과 스페인 합스부르크 가문의 정치권력에 반기를 드는 중요한 경제적 기반이 되었다.

다시 미술의 이야기로 돌아와, 이 변혁의 시기 미술계는 큰 혼란을 겪는다. 프로테스탄트는 성경이 거부하라고 말하는 '우상숭배'의 대상으로 교회에 걸린 그림과 조각품들을 지적했다. 하나님의 존재는 세상의 모든 것에 깃들어 있고 우리 마음에 있는 것이라 말했다. 그리고 그저 물질일 뿐인 예술품에 기도를 올리고 숭배하는 것은 신을 모욕하는 짓이라 비난했다. 프로테스탄트 세계에서 대대적인 성상파괴운동이 벌어졌다. 기존 성경, 신화 중심의 미술 시장이 붕괴하고 작가들의 주요 고객이 떠나갔다. 안 그래도 한낱 도공으로 대접받던 예술가들은 아예 밥그릇까지 빼앗기게 된 것이다.

하지만 30년 선생이 베스트팔렌 조약으로 마무리되고, 유럽의 새로운 질서가 자리 잡으며 미술 시장의 모습도 변화하게 되었다. 바로 수요처가 바뀐 것이다. 고객이 바뀌었을 뿐만 아니라 수요량이 폭발했다. 미술계의 새로운 고객은 막대한 부를 축적한 상공인들이었다. 신흥 부르주아들은 멋진 그림으로 자신의 호화로운 집을 장식하려 했다. 물론 그림의 주제는 성경이나 신화가 아니다. 훨씬 더 현실의 모습, 우리와 가까이 있는 생활의 장면들이 미술의 대상이 되었다. 종교화 시대에 눈길도 주지 않던 인물, 정물, 풍경이 그림의 주제가 되었다. 당시 도시를 중심으로 장인이나 상인이 조직한 조합인 길드의 단체 초상화가 유행을 이뤄 미술 시장의 큰 고객으로 부상했다. 가장 대표적인 그림이 렘브란트 반 레인Rembrandt van Rijn 의 〈야경The Night Watch 〉이다. 십수 명의 네덜란드 민병대 일원들이 비용을 각출하여 주문한 그림으로, 조직의 단합을 상징하는 일종의 단체 사진이라고 할 수 있다.

　태동하는 자본주의 시스템의 구조 아래 돈이 쌓이고 일종의 마케팅 수단으로 그림이 이용된 것이다. 당시 네덜란드를 방문한 프랑스인은

네덜란드 어디에나 걸려 있는 그림에 놀랍다는 기록을 남기기도 했다. 〈진주 귀고리를 한 소녀〉로 유명한 페르메이르Johannes Vermeer의 또 다른 명작 〈우유를 따르는 여인〉은 빵 가게에서 주문한 그림이다. 향기로운 빵과 신선한 우유를 떠올리며 고객의 관심을 끌기 위한 일종의 광고 포스터였다. 미술에 대한 대중의 관심이 늘고 경제적으로 미술 시장의 크기가 엄청난 속도로 커지며 예술가들의 사회적 지위도 올라갔다. 높아진 사회적 역할만큼 경제적 수익도 늘어났다. 그야말로 자본주의가 만들어 내는 성장의 선순환 구조가 이 시기 네덜란드 미술계에 만들어졌던 것이다.

오늘날 자본주의가 만들어 내는 많은 문제점이 있음에도 불구하고 여전히 뚜렷한 대안적 시스템은 존재하지 않는다. 역사적으로 자본주의는 더 많은 생산성을 바탕으로 인류가 가진 오랜 문제점들을 해결했다. 많은 식량을 만들어 내 기아와 빈곤을 줄이고, 의약품이 일반화되며 질병을 이겨 내게 했다. 인권의 개념을 전파하고 보통 사람에 대한 교육을 기본적 삶의 조건으로 만든 것도 이에 대한 영향이라 할 수 있다. 예술과 같은 정신세계도 자본주의, 즉 돈의 영향을 받았다. 더 좋은 문화와 예술을 더 많은 사람이 향유할 수 있도록 하는 데 '시장'의 힘이 큰 기여를 했다. 돈이 주는 큰 의미이다. 경제적 부가 단지 욕망의 표출 수단이 아니라 우리 각자의 삶을 풍요롭고 의미 있게 하는 중요한 기반이 될 수도 있다.

투자자의
역사적 인식

얼마 전 어느 모임에 가서 《사서삼경四書三經》에 대한 이야기를 나누었다. 모임의 한 분이 이런 말씀을 하셨다. "나는 세상 사람을 《논어》를 기준으로 판단한다. 《논어》를 읽은 사람과 읽지 않은 사람은 다르다." 실제로 사회생활을 하는 데 중국 고전의 교훈은 큰 도움이 된다. 이런저런 관계 속 갈등이 생기거나 내 안의 불안과 갈등이 있을 때 옛이야기들은 중요한 깨달음을 준다. 하지만 사회과학을 전공한 내 입장에서 동양의 고전뿐만 아니라 서양의 정신 역시 중요한 인식의 지평을 열어 준다고 생각한다. 특히 민주주의와 자본주의의 기반 구조 위에서 운영되는 현대사회를 살아가는 데 서구 문명에 대한 지식은 현실의 문제를 파악하고 미래를 예측하는 데 소중한 자산이 된다.

예를 하나 들면, 우리의 일상 속에서 가장 많이 대화가 오가는 단어중의 하나가 '국가國家'이다. 하지만 이 한자어 단어가 18세기 이전 동양의 어떤 문헌에도 존재하지 않았다는 사실을 많은 사람이 알지 못한다. 동양의 고대 세계에서 '나라'를 의미하는 표현은 國 또는 邦 등 단일 한자로 나타났고, 이것은 현대의 '국가'라는 개념과는 일정 정도 거리가 있었다. 우리는 학교에서 국가의 3요소로 영토, 주권, 국민이라고 배우는데, 고대 동양의 나라 개념에는 이런 인식이 없었다. 국가라는 표현은 그런 면에서 순수하게 서구 유럽의 역사적 배경을 가진 근대적 개념이라고 할 수 있다.

우리가 당연히 우리 고유의 문화, 제도라고 생각하는 것들도 따지고 보면 유럽 세력의 확장 영향 아래 형성된 것들이 많다. 문화의 대표적인 부분인 '음식' 역시 그런 역사적 흐름 아래에 있다. 우리는 한국 음식의 특성을 '매운맛'으로 표현한다. 유튜브에 외국인들이 출연하여 불닭볶음면을 먹고 매운맛에 쩔쩔매는 장면을 보며 역시 한국인만큼 매운 음식을 사랑하는 민족은 없다고 생각한다. 하지만 한반도에 이 매운맛이 일반화된 것은 비교적 최근이다. 한국 음식의 매운맛의 원천은 고추인데, 이 작물은 포르투갈과 스페인이 아메리카 대륙을 발견하기 전에 구대륙, 즉 유라시아 대륙에는 존재하지 않았다. 대항해시대의 결과물로 매운맛이 대서양과 유라시아 대륙을 거쳐 한반도에 유입되었다.

최초로 고추가 한반도에 들어온 것은 16세기 말 임진왜란이다. 우리보다 먼저 서구와 접촉한 일본이 한반도에서 전쟁을 일으킨 시기에 우리 땅에 처음 전파되었다는 설이 유력하다. 고추가 조금씩 조선의 음식 문화에 동화되며, 보통 사람들의 식탁에 자연스러워진 것은 아마도 약 250년 전 즈음일 것이다. 따라서 5,000년 한반도 역사에서 매운 음식이 우리 식탁에 정착한 것은 아주 최근의 일이라 할 수 있다. 대표적인 구황작물이고 한국의 시골 풍경에서 빠지지 않는 옥수수, 고구마, 감자 같은 작물도 아메리카 대륙이 원산이다. 우리가 아주 오래전 일을 이야 기할 때 '호랑이 담배 피우던 시절'이라고 하는데, 담배 역시 그 시기에 한반도에 유입되었다는 사실을 생각한다면 길게 잡아 봐야 400년 전을 가리킬 뿐이다.

다시 '국가'라는 단어로 돌아가 보자. 이 단어는 영어의 commonwealth 를 일본이 개별 한자를 조합하여 만든 조어造語이다. 이 개념의 밑바탕 에는 유럽 역사가 길게 깔려 있다. 중세 시대 기독교 봉건 사회를 타파 한 절대왕정 시대, 그리고 그것을 다시 붕괴시킨 시민혁명의 과정이 있 다. 그런 혼란의 과정에서 나타난 르네상스, 대항해시대, 신대륙 개척, 상업-산업혁명 등의 경제사적 이야기들을 이해해야 온전히 국가의 개 념을 파악할 수 있다. 홉스, 루소, 로크, 헤겔 등의 근대 철학자들이 부 딪히고 깨지고 다시 합쳐지는 당시 유럽의 상황에서 '국가'라는 새로운 개념을 창조하여 전에 없던 사회 구조를 건설하였다.

이 새로운 개념이 먼 길을 건너와 동아시아의 일본에 전파되었다. 메 이지 유신으로 변혁을 시도하는 근대 일본 역시 새로운 국가 개념이 필 요하여 나라 國과 집 家, 두 한자를 조합한 단어를 만들었다. 이것은 이 후 같은 한자 문화권인 한국과 중국이 공유하게 된다. 국가라는 단어뿐 만 아니라 정치, 사회, 문화, 예술, 연애, 자본, 민족, 국민 등 우리 일상 에서 빠지지 않는 표현들 모두 같은 흐름에서 만들어졌고, 현재 동아시 아 나라들이 공통적으로 사용하고 있다. 즉 역사적 배경에 대한 인식이 없다면 근대적 개념에 대한 진실한 접근이 어렵다는 이야기이다.

돈에 관련해서도 같은 관점을 가질 수 있다. 돈과 관련된 빠질 수 없 는 사회 구조가 은행, 보험, 채권, 주식 등인데 이것들도 우리는 완성된 제도로 인식할 뿐 이것이 어떤 과정으로 만들어졌는지 간과하는 경우가 많다. 자본주의적 거래 제도들의 형성 과정을 찬찬히 살펴보면 그 안에 지난한 과정과 세력과 세력 사이의 극한 갈등의 결과라는 것을 알 수 있다. 한국 사람은 은행을 일종의 공공재로 인식하지만, 은행이 만들어진 과정은 이익을 위한 민간의 투쟁으로 점철되어 있다. 미국의 중앙은행인 연방준비제도가 엄밀히 규정하면 민간 조직이라는 데 우리는 놀란다. 미국 역사에서 정치권력 주도의 중앙은행은 2번 설립되고 2번 폐지되었다. 그 결과물로 민간은행 조합 개념의 연방준비제도가 설립되었고 지금은 전 세계 경제에 막대한 영향력을 끼치고 있다. 현재 미국 연방준비제도의 주요 주주는 JP모건, 씨티은행, 뱅크오브아메리카, 웰스파고 등 상업은행들이고, 매년 이익에 대한 배당금을 받고 있다.

투자자의 관점에서 경제사에 대한 인식은 큰 의미가 있다. 투자 대상을 선택하는 아주 중요한 지침을 마련해 주기 때문이다. 긴 시간, 많은 투쟁 과정을 통해 만들어진 전통적 자본주의 국가들은 그 구조가 대단히 조밀하게 짜여져 있다. 다양한 이해관계자들이 긴 시간을 통해 도출한 타협과 협력의 산물이라고 할 수 있다. 마치 자연발생적인 생태계가 보여 주는 균형적 메커니즘과 같이 운영된다. 그래서 위기를 맞았을 때 회복이 빠르고 사회 변화에 대한 대응이 유연하다. 경제구조 안의 투명성과 효율성이 시시각각 쌓이는 부조리와 모순을 세척한다.

반면 후발 자본주의 국가들은 긴 진화과정 없이 최종 버전의 경제 제도를 이식한 형태이다. 유럽과 미국이 길고 험난한 과정을 통해 만든 구조가 짧은 기간 정착되었다. 마치 온실 속에서 외래종 작물을 대량생산하는 형태를 상상할 수 있다. 일본, 한국, 대만, 중국 등의 후발 자본주의 국가들은 기존 사회 구조가 위계질서와 상명하복적 성격을 가지고 있어서 새로운 제도를 접목하여 위에서 아래로 적용하는 데 대단히 유리한 토양을 가졌다. 최근 100년간 동아시아 국가들은 급격한 경제 성장의 성과를 보였다. 세계 최강국 미국과 전쟁을 하고 90년대까지 경제 강국으로 부상한 일본, 아시아 4마리 호랑이라 불린 한국, 대만, 홍콩, 싱가포르의 폭발적 성장, 2000년 이후 G2로 거듭난 중국이 기존 유교 질서와 자본주의 간 이종 결합의 장점을 잘 보여 준다.

하지만 투자자 입장에서 짧은 역사 과정을 거친 국가들에 의심의 눈초리가 간다. 투자자와 투자 대상인 기업 또는 국가 사이 금융제도의 효율성과 밀도가 낮다는 데 가장 큰 문제가 있다. 전반적인 경제구조가 도입된 것은 중앙권력에 의한 하향식 방식이었고, 이것은 정치권력의 입김이 투명하고 효율적으로 운영되어야 할 자본주의 경제구조에 비효율을 만들었다. 우리 경제구조의 고질병이라 할 수 있는 관치금융, 정경유착, 회계부정이 장기적으로 경제의 활력을 죽이고 균형을 깨뜨린다.

한때 중국펀드가 유행일 때 이것을 판매하는 금융업자들의 논리는 '중국의 기업이 엄청나게 성장하니 결국 투자 수익도 크게 얻을 것이다.'라는 것이었다. 하지만 그들이 크게 간과하는 부분이 있다. 투자자와 기업 사이에 건전하고 투명한 금융제도가 있어야 한다는 사실이다. 투자자에게 정당한 몫이 돌아가는 구조가 있냐, 없냐는 투자 판단을 하는 데 결코 간과해서는 안 되는 요소이다.

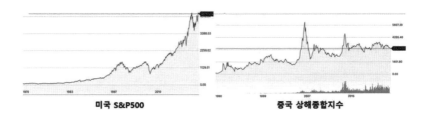

미국 S&P500 · 중국 상해종합지수

중국이라는 국가가 연간 7~14%씩 성장하고, 중국계 기업이 세계시장을 석권하지만 정작 그곳에 투자한 투자자는 초라한 몫을 손에 쥔다. 이것은 중국 전체 주식시장의 성과를 보여 주는 상해종합지수의 장기 그래프에 그대로 나타난다. 정부 주도의 자본시장이라는 인위적 구조의 결과이다. 그 여파로 상해종합지수는 급등과 급락을 반복하면서 2006년 전고점을 17년이 지난 지금도 회복하지 못하고 있다. 상해종합지수 그래프는 모르고 보면 코스닥 작전주를 연상하게 한다. 30년간 고속성장한 국가의 자본시장 성과라고 믿기지 않을 정도이다.

　자산시장의 장기 그래프를 보면, 전통 자본주의 국가와 후발 자본주의 국가의 구분이 아주 쉽다. 미국을 비롯하여 영국, 독일, 프랑스 등의 유구한 시장경제 역사를 가진 국가들은 중간중간 위기가 있을지언정 꾸준한 성장을 이룬다. 반면 일본, 한국, 중국의 경우 이런 안정적인 패턴을 만들어 내지 못하고 있다. 나는 이것의 원인이 '역사적 밀도'에 있다고 본다. 앞으로도 모든 나라에 경제위기는 반복될 것이다. 인플레이션과 경기침체, 생산성 하락 등의 경제적 문제가 언제든 발생할 수 있다. 하지만 이에 대한 대응과 회복은 각국이 가진 역사적 깊이에 따라 달라질 것이라 예측한다.

　최근 주변에 어느 분이 내게 재무상담을 요청했다. 이제 중국의 성장이 꺾이고 세계의 공장 역할을 베트남이 맡게 되면 베트남 투자가 유망하지 않겠냐는 질문이었다. 그에 대한 답으로 스마트폰으로 상해종합지수의 과거 30년 그래프를 보여 드렸다. 역사에 대한 구구절절한 이야기가 숨겨져 있지만 단 하나 직관적인 패턴을 보고 고개를 끄덕이셨다.

03

기축통화 그리고
암호화폐

  2020년 코로나 팬데믹이 전 세계에 영향을 미치며 자산시장은 급격한 변동을 겪었다. 실물경제의 타격에 대한 대응으로 각국 정책당국은 과감한 통화정책과 재정정책을 쏟아 내며 주식시장과 부동산시장은 폭발했다. 투자 세계는 참 알다가도 모를 것이 세계적 전염병이란 치명적 악재가 돌고 돌아 오히려 시장의 부흥을 낳는 극호재로 작용하는 아이러니를 낳는다.

  이 시기 각광받는 또 다른 자산이 암호화폐다. 사람들이 물리적 접촉을 피하며 온라인 기술이 발전하는 와중에, 화폐에 대한 혁신적인 개념을 접목시킨 암호화폐가 큰 관심을 받았다. 암호화폐에 특히 환호한 것은 물리학, 전자, 컴퓨터, 정보 등의 기술 영역이었고, 기존 세계 질서에 염증을 느낀 젊은 세대들이었다. 이런 폭발적 관심에 힘입어 2020

년 9월까지 1비트코인당 10,000달러 언저리였던 가격이 6개월 만에 60,000달러까지 급등하였다. 세간에 코인 졸부들의 소문이 파다해지며 암호화폐 투자 분위기에 기름을 붓는다. 내가 다니는 회사에서도 20대, 30대 동료 중 암호화폐에 투자하지 않는 사람이 희귀할 정도였다. 언제나 그렇듯 투자 대상의 급변동에는 환상적인 스토리텔링과 당위성을 밑받침한 이론이 난무하는데, 이 시기 암호화폐에 대해서도 무성한 이야기들이 만들어졌다. 저명한 물리학자가 공중파 방송에 나와 암호화폐의 원리와 효과를 지지하기도 했다.

블록체인이라는 혁신적인 네트워킹 기술을 현실의 통화제도에 접목한 것이 암호화폐이다. 최초의 암호화폐인 비트코인의 탄생에는 나름의 철학과 이상이 숨어 있다. 지금도 신분이 노출되지 않은 비트코인의 개발자인 나카모토 사토시는 이메일 인터뷰를 통해 비트코인을 만든 배경을 설명했다. 그는 미국 월스트리트 금융업계의 탐욕 때문에 발생한 2008년 글로벌 금융위기의 수습 과정에 정작 문제를 일으킨 금융업자들이 가장 큰 수혜를 얻는 모습을 보며 중앙에서 관리되는 통화제도에 의문점을 가졌다. 이런 모순과 부조리는 중앙은행 중심의 화폐제도가 존재하는 한 반복될 것이라는 생각 아래 통화제도의 권한을 분산시킬 수 있는 경제시스템을 구상하게 된다. 소위 '탈중앙화' 아이디어가 혁신적인 네트워크 기술인 블록체인과 결합하여 비트코인으로 현실화되었다.

우리는 암호화폐의 정체와 미래를 짐작하기 위해서는 인류가 오랫동안 운용해온 화폐제도에 관해 이해할 필요가 있다. 인류역사상 최초로 화폐가 만들어진 것은 기원전 7세기 중동의 리디아 왕국에서부터이다. 인류 문명이 탄생한 메소포타미아 문명의 산물이라 할 수 있다. 그 후

문명의 온기가 지중해 지역으로 옮겨 가며 각 시대 문명의 흐름과 패권의 교체에 따라 중심이 되는 화폐도 달라졌다. 고대 그리스 세계에는 드라크마라는 화폐가, 로마 초기에는 데나리우스 은화, 후기에는 솔리두스 금화가 주로 통용되는 화폐가 되었다. 현재 미국 달러의 표시를 $로 하는데, 로마제국의 금화 솔리두스의 앞글자 S를 차용한 것이다.

시간은 흘러 대항해시대에는 스페인의 페소화, 네덜란드의 상업 권력이 강성해질 때는 길더화, 18세기 절대왕정의 시대에는 프랑스 프랑이 국제 무역 결제에 사용되는 화폐가 되었다. 지역적 화폐 패권은 대영제국의 부상과 함께 전 세계적 기축통화의 개념으로 자리 잡았다. 1688년 명예혁명으로 민간 주도의 금융시장 생태계가 자리 잡고, 1694년 영란은행 설립과 함께 치밀한 금융구조가 뿌리내리게 되었다. 영국의 세계 진출과 함께 영국의 통화인 파운드 스털링이 기축통화의 지위에 올랐다. 18세기 후반 대영제국의 전성기 시기 전 세계 무역 결제의 60% 비중으로 파운드 스털링이 사용되었다.

2차 세계대전까지 통화 패권이 이런저런 화폐로 이동하였지만 기본적으로 금이라는 희소자원과 연동되어 있었다. 돈이 동전 형태일 때는 금 또는 은 자체였고, 지폐로 옮겨가서도 화폐는 금과 교환하는 보증서의 의미를 담고 있었다. 금본위제의 화폐는 통화량이 일정하여 인플레이션 발생이 쉽지 않고 교역국 사이 거래의 환율도 고정되어 안정적인 교환수단으로 활용되었다.

하지만 2번의 세계대전을 거치며 금과 지폐 양의 고정 관계가 점점 깨어지게 되었다. 당장 경제성장과 재정지출이 다급한 각국 정부가 보유하고 있는 금의 양보다 훨씬 많은 지폐를 유통시켰다. 히틀러의 부상, 세계 대공황 등 세계적 사건의 수면 아래에는 '돈', 더 정확히는 '지폐의 양'에 대한 역학관계가 존재한다. 영국의 세계 패권은 2차 세계대전 이후 완전히 미국으로 넘어갔다. 당시 미국의 금 보유량은 전 세계 금의 75.9%에 이를 정도로 막대한 비중을 차지했다. 1944년 미국 뉴햄프셔주 브레튼우즈Bretton Woods에서 각국 대표들이 모여 전후 경제구조에 대한 협의가 이루어졌다. 경제학의 거두인 영국 존 메이너드 케인즈John Maynard Keynes는 새로운 국제 공용 통화를 만들자고 제안했다. 하지만 이미 군사, 경제적 패권을 가진 미국은 달러 중심의 통화제도를 밀어붙였다. 명실상부한 달러 시대의 시작을 의미했다. 브레튼우즈 체제라고 불리는 이 시기 역시 달러는 금과 연동되어 있었다. 금 1온스와 35달러 교환 비율을 약속했다.

하지만 시간이 흘러 유럽과 일본에 대한 경제 지원책인 마샬플랜, 공산주의에 대응을 위한 막대한 군비 지출 등으로 큰 폭의 재정지출이 이루어지고 20년 가까이 지속된 베트남전쟁으로 미국이 보유한 금이 빠르게 줄어들게 되었다. 세계 각국은 미국이 말한 달러와 금의 교환비율 자체를 의심했다. 어느 보고서에 의하면 1971년 미국의 금 보유량이 100억 달러에 불과했으나 전 세계에 뿌려진 통화량은 800억 달러에 이를 정도의 격차가 있었다고 한다. 의심은 행동으로 옮겨져 프랑스와 영국이 달러를 대량으로 팔기 시작했다. 결국 기존 통화제도의 체계를 뒤집는 미국의 조치가 내려진다.

1971년 미국 닉슨 대통령은 더 이상 달러와 금의 교환은 없다는 금태환 정지를 선언했다. 킹스턴 체제라 불리는 이 경제구조는 돈의 의미를 바꾼다. 기존에 금이라는 실물에 기반했던 돈을 순수하게 생각과 신뢰의 산물로 바꾸어 놓았다. '신용화폐'의 탄생이다. 미국이 달러의 패권을 지키기 위한 첫 번째 조치가 사우디아라비아와의 협상이었다. 중동

전쟁 이후 사우디의 안보 불안에 대한 대가로 군사력을 지원하며 사우디가 판매하는 석유의 결제를 오직 달러로 처리하기로 약속했다. 이후 OPEC 회원국 전체로 이 합의가 확대된다. 페트로달러라 불리는 이 현상으로 달러는 금이 아닌 석유와 연결고리를 맺는다. 이후 견고한 달러 패권 시대는 지금까지 지속되고 있다. 전 세계 각국의 중앙은행 외환보유고 약 59% 이상이 달러화로 채워져 있다. 금융과 무역 거래의 38%가 역시 달러로 이루어진다. 유로와 엔화, 위안화가 대안으로 떠오르지만 여전히 강력한 정치력, 경제력, 군사력을 바탕으로 한 달러패권의 견고함을 위협하지 못한다.

암호화폐 지지자들은 금본위제를 포기한 달러 제도에 의문을 제기한다. 실물 가치와 괴리된 달러는 단지 생각의 산물이고 그 근본적인 힘이 되는 내재가치는 없는 것이 아니냐는 의견이다. 어차피 내재가치가 없는 돈의 개념이라면 탈중앙화된 암호화폐가 기축통화가 되는 것이 기존에 반복되어 온 금융위기와 경제패권에 의한 모순을 해소할 수 있는 강력한 대안이 될 수 있다고 말한다.

한때 '월가를 차지하자 Occupy Wall Street' 운동을 벌인 사람들에게 복음과도 같은 아이디어였다. 소수의 경제 권력의 횡포에 분노하고, 세상 모든 사람들이 공평한 권리와 힘이 통화 시스템 안에 녹아들어야 한다는 혁신적이고 민주적인 생각이 담겨 있었다. 암호화폐가 표방하는 '탈중앙화'는 중세 기독교 세계의 부패를 타파한 마틴 루터 95개 조 반박문의 재현이라 할 수 있다. 혁신적인 기술과 혁명적인 생각의 조합인 암호화폐는 특히 젊은 사람들의 마음을 사로잡았다. 이상적 사회에 대한 강한 열망과 더불어 시장에서 보이는 변동성은 투기적 욕망까지 자극했다.

하지만 암호화폐 지지자들이 간과하는 세 가지 문제가 있다. 첫째, 모든 '탈중앙화'가 과연 옳은가 하는 의문이다. 정치의 영역에서 지방분권, 풀뿌리 민주주의로 대변되는 중앙권력의 분산은 현대 민주주의 사회의 지향점이다. 민주 선거의 기본은 모든 사람에게 동일하게 주어진 한 표의 가치에서 시작한다. 부와 권력의 크기와 관계없이 모든 사람이 세계에 대해 동일한 영향력을 가진다는 이상을 담고 있다. 암호화폐의 탈중앙화는 경제 영역에서 민주화를 표방한다.

하지만 '권력분산'이 과연 항상 옳은 결과를 가지고 올까 하는 의문을 가져볼 수 있다. 지구상에는 정치권력이 완전히 탈중앙화된 나라가 이미 존재한다. 아프리카의 콩고와 중미 아이티가 그런 사례이다. 중앙정부의 기능이 완전히 상실되고 내전이 일상적인 상태, 무정부의 극한 혼란 상태를 보여 주고 있다. 중앙권력이 만드는 많은 문제가 있지만 그것이 없어졌을 때 더 큰 혼란이 찾아오는 것은 아닐까? 현재의 중앙은행 중심의 통화 시스템이 일정 부분 문제를 발생시키지만 보이는 문제 하나하나를 수정하지 않고 존재 자체를 부정하는 것은 무모한 일이다. 오랜 역사에서 알 수 있듯이 화폐제도는 강력한 국가권력의 통제 아래에 있을 때 장점을 드러냈다.

두 번째 의문은 신용화폐의 환상이다. 암호화폐 지지자들은 지금의 통화제도 역시 생각과 신뢰의 산물일 뿐이니 암호화폐로 대체되는 것 역시 같은 관점에서 바라볼 수 있지 않느냐고 주장한다. 하지만 이는 중앙은행이 수행하고 있는 중요한 기능을 간과하는 것이다. 2차 세계대전 이후로 거시경제학의 실천적 전략으로, 통화량 조정은 국가 경제의 주요한 정책수단으로 활용되고 있다. 경기의 과열과 침체의 진폭을 줄이기 위해 통화량을 조절하는 기술적 정책을 사용한다.

그리고 금과의 연동성이 끊어졌다고 해서 통화 자체의 내재가치가 없는 것은 아니다. 현존하는 통화의 내재가치는 그 국가가 미래에 받을 세금과 연결되어 있다. 정책당국은 국채를 발행한다. 그 국채를 중앙은행이 매입하고 화폐를 내어 준다. 국채는 국가가 앞으로 세금을 걷어 이자와 원금을 갚겠다는 약속증서이다. 즉 달러, 원화, 유로화가 공허한 빈 공간에서 발행되는 것이 아니라 미래의 세금수입을 기반으로 약속된 것이다. 반면 암호화폐의 내재가치는 진정 우리의 머릿속에만 존재한다. 거래하는 당사자 사이에 '이것이 가치를 가졌다.'라는 상상 이외에 어떠한 내재가치도 가지지 못한다.

세 번째는 암호화폐의 현실적 가치이다. 화폐는 교환, 저장, 척도의 기능을 가지고 있어야 한다. 현실 세계에서 화폐가 존재의 의미를 가지기 위해 이 세 가지 조건을 만족시켜야 한다. 2009년에 최초의 암호화폐 비트코인이 출현하였으니 이미 그 역사가 짧지 않다고 할 수 있다. 하지만 현실 세계에서 화폐의 기능을 하고 있는지는 의문이다. 우선 교환 기능을 살펴보면. 물건을 사고파는 행위에 암호화폐를 활용하는 예를 보기 힘들다. 우리가 주로 돈을 쓰는 마트, 식당, 온라인 마켓에서도 가장 대표적인 암호화폐인 비트코인조차 상용화되지 못하고 있다.

가치의 척도 기능에서도 의문이다. 최근 3년 사이 비트코인의 가격은 폭등과 폭락을 거듭하고 있다. 만일 원화가 이런 패턴이라면 우리는 현실 세계에서 원화를 쓸 수 없을 것이다. 어제 1,000원에 샀던 바나나가 오늘은 3,000원, 내일은 다시 500원이 된다면 달러든, 유로화든 원화가 아닌 대안을 찾을 수밖에 없을 것이다. 많은 저개발 국가들이 자국의 화폐를 포기하고 달러를 통용하는 것과 같은 상황이다. 지금 암호화폐가 가지는 유일한 기능은 가치의 저장 능력이다. 사실상 현재 일반화폐로서 기능은 작동하지 않고 일종의 투자자산으로만 존재 가치가 있을 뿐이다. 내재가치가 없는 암호화폐의 자산 가치 원천은 이것을 거래하는 사람들의 '생각'과 '기대'일 뿐이다.

투자자의 관점에서 기축통화의 역사와 암호화폐의 현실을 반영한 투자 전략이 필요하다. 우선 달러화 자산 투자에 대한 생각이다. 해외 투자, 특히 미국주식에 투자하는 사람들의 고민 중 하나는 환헷지를 해야 할까 말아야 할까이다. 환율의 등락에 따라 기초 자산 가치 변동보다 더 큰 영향을 미치는 경우도 있기 때문이다. 하지만 자산운용의 기간이 5년 또는 10년 이상의 장기 관점이라면 이런 고민은 불필요해 보인다. 현실에 한국 사람은 원화로 된 거래시스템 속에 살고 있지만 시각을 넓게 보면 원화 세계에 사는 사람은 전 인류 중 1% 미만이다. 세상은 기축통화인 달러가 기준인 채로 돌아간다. 외부 환경에 쉽게 영향받아 부침이 심한 한국 경제보다는 훨씬 크고 단단한 미국의 체계에 의지하는 편이 훨씬 안정적인 자산운용을 기대할 수 있다.

암호화폐 투자에 대해서는 대단히 신중해야 한다. 환상적인 기술에 기댄 멋진 아이디어가 신기루처럼 사라진 사례가 투자 역사에 많다. 2000년대 초반 불어닥친 닷컴 열풍이 그랬고, 참여한 모든 사람이 행복했던 서브프라임 모기지가 그랬다. 뭔가 야심찬 철학과 기술을 바탕으로 출현한 암호화폐지만 꽤 긴 시간이 지난 오늘도 정상적인 화폐 기능을 하지 못하고, 단지 투기의 대표적인 이미지로 남아 있다. 도박을 하는 듯한 투기자가 아닌 진지한 투자자라면 암호화폐에 대한 접근은 경계심을 가져야 한다.

04

내 투자가
세상을 밝힐 수 있을까

리얼리티 예능 프로그램은 정해진 여행, 미션, 경쟁 등 포맷 안에서 살아 숨 쉬는 재미를 보여 준다. 시청자는 관찰자로서 출연자들의 행동을 해석하고 카타르시스를 느낀다. 이제 리얼리티 예능 TV 프로그램은 빠지지 않는 대세 장르로 자리 잡았다. 2011년 SBS에서 4년간 방영된 〈짝〉은 기존의 예능 프로그램의 방식을 살짝 비틀었다. 연예인이 아닌 순수한 일반인을 출연시키고, 낯선 남녀가 짝을 찾는 미션의 독특함이 이 프로그램의 포인트였다. 부침이 심한 방송계에서 거의 4년에 가까운 시간 방송을 이어 갔으니 꽤 괜찮은 시청률과 인기를 얻은 프로그램이었다. 2014년 불행한 사건으로 돌발 종영을 하였지만 이후 케이블 채널에서 유사한 포맷의 프로그램이 이어졌다. 일반인 남녀가 만나는 상황에서 보통 사람들의 세상을 보는 방식이 시청자들의 공감을 얻기 때문이다.

여러 가지 포맷의 변주가 이어지다 〈짝〉의 프로듀서가 거의 유사한 형태로 만든 것이 최근 방송되는 〈나는 SOLO〉다. 다른 연애 리얼리티 쇼가 연예인을 지망하는 선남선녀가 본인들의 이름을 알리려 출연하는 것과 달리 우리가 주변에서 흔히 볼 수 있는 일반인들의 모습을 볼 수 있는 데 차별점이 있다. 어느 정도 콘티와 대본이 주어지는 다른 예능 프로그램의 방식을 따르지 않고, 일반인 출연자들에게 상당한 자율권 을 주면서 캐릭터의 개성과 상황적 변화가 큰 재미를 준다. 이 프로그 램의 '16기 돌싱특집'에 나온 영숙과 상철은 방송 당시 큰 화제성을 낳 았고, 이후 유튜브에서 많은 밈meme 을 만들어 냈다.

〈나는 SOLO〉에서 우리와 같은 보통 사람이 생각하는 여러 가치관들 이 녹아난다. 재산, 직업, 성격, 외모 등의 평가 기준들이 출연자들의 머릿속에 오고 가고, 시청자들 역시 내가 생각하는 데이트 상대에 대한 이상형을 고민하게 한다. 오늘을 살아가는 보통 사람들의 생각과 욕망 이 남녀 연애라는 흥미로운 상황 위에 잘 표현된다.

여러 시즌 중 한 방송에서 투자자로서 내 시선을 사로잡는 캐릭터가 등 장했다. 영식이라는 별명으로 나온 한 남자 출연자가 자기소개를 했다.

"대학교에서 경제학을 공부했고, 외국계 회사에서 근무하고 있습니 다. 그래서 주식투자에 관심이 많습니다. 투자수익이 연봉을 웃돌 때도 있습니다. 회사가 연봉도 많이 주고, 보너스도 많이 주지만 주식으로 번 돈이 훨씬 많고 회사는 취미 생활로 다녀요."

주식투자를 하는 사람으로서 대단히 흥미로운 이야기이고 어찌 됐건 많은 사람에게 부러움을 가지게 하는 캐릭터다. 자기소개를 마치고 여 성 출연자들이 상대방 이성에 대한 첫인상 소감을 인터뷰했다. 영식에 대한 주제로 이야기를 나누는 도중 한 여성 출연자는 영식에 대해 부정적인 생각을 말한다.

"주식투자를 천만 원 이상 하는 사람은 싫어요. 노동을 해서 돈을 벌어야지 주식투자 같은 얄은수로 돈을 버는 마인드는 이해 못 하겠어요. 불로소득은 싫어요."

자본주의 세상에서 대부분 돈은 다다익선이라 생각하지만, 자신의 피와 땀을 흘려 돈을 버는 것이 바른 삶이라고 생각하는 사람도 적지 않다. 무언가 가치를 만들어 여러 사람을 이롭게 하는 '직업'의 의미가 단지 돈 그 자체보다 중요하다는 생각이다.

투자를 또 다른 직업으로 생각하는 내게도 비슷한 경험이 있다. 언젠가 교육 콘텐츠로 벤처 기업을 운영하시는 사업가 한 분과 저녁 식사 자리를 하게 되었다. 한국어 교육 콘텐츠를 주업으로 하여, 전 세계를 다니며 힘들지만 보람되게 비즈니스를 하시는 분이셨다. 사업을 하는 데 매출과 이익도 중요하지만, 누군가에게 배움을 선사한다는, 그리고 세계에 한국을 알리는 일을 한다는 데 큰 자부심을 가지고 있으셨다. 좋은 직업의 가치를 실현하는 모습에 마음속으로 박수를 보냈다. 이어 내 투자에 관한 이야기로 대화 주제가 바뀌었다. 정책당국의 방향이 어떻고 시장이 어떻게 반응하고 결국 투자자들의 수익에 어떤 영향을 미치냐는 등의 이야기 속에 앞에 계신 분의 표정이 좋지 않았다. 뭔가 한심하다는 듯, 문제가 있다는 듯의 얼굴이었다. 조심스레 물어봤다.

"제 말에 뭔가 문제가 있는 건가요?"

"아뇨. 열정을 갖고 하시는 일이니 말씀드리기가 망설여지네요."

"괜찮습니다. 편하게 말씀해 주세요."

"그럼 얘기를 드려 보죠. 결국 하려고 하시는 게 투자로 돈을 벌겠다

는 말씀이지요? 눈에 보이는 뭔가를 만들어 내는 입장에서 '투자행위'
란 것이 일종의 도박과 비슷해 보여요. 결국 누군가 잃은 만큼 내가 얻
겠다는 논리 아닌가요?"

사실 이것에 대해 스스로도 고민을 해오고 있었다. 앞서서 〈나는
SOLO〉의 여성 출연자가 말한 것도 비슷한 선상의 이야기일 것이다.
단지 카지노 베팅하듯 주식시장을 기웃거리는 사람이 아니라 긴 안목
을 갖고 평생의 업으로 투자를 생각하는 사람에게 중요한 그리고 근본
적인 질문일 수 있다.

'과연 나의 이익을 늘리기 위한 이 행위가 사회 전체적으로 긍정적인
의미를 가지고 있는가? 아니면 단지 뺏고 뺏기는 제로섬 게임 안의 탐
욕스러운 행태일 뿐인가?'

이 답을 찾기 위해 내가 좋아하는 역사책을 들여다보았다. 그 결과
어느 정도 답이 되는 해석을 찾아내었다. 인류의 역사 시대라고 하면
문자가 발명되고, 도시 문명이 발전한 시기로 거슬러 올라간다. 가장
오래된 문명인 메소포타미아 문명과 이집트문명을 시작점으로 하면 약
7,000년의 시간이 흘러왔다.

경제사에서는 이 긴 시간 동안의 생산성 성장을 분석한 연구가 있다.
문명의 성장에 따라 대도시가 만들어지고 제국이 태동했다. 그 과정에
서 농업혁명이 일어나 인류는 농경정착 생활에 안착한다. 국가와 도시
는 커졌다. 그리고 고대 제국의 대도시에 사는 사람들은 풍요를 누렸
다. 하지만 국가가 안정되는 일시적인 구간을 빼면 반복적으로 기아와
질병에 시달렸고, 계속되는 발명과 활동영역 확장에도 불구하고 생산
성은 증가하지 않았다. 연구에 의하면 인류 역사 대부분의 기간 동안
연평균 GDP 상승은 0.1% 수준이었다고 한다. 오랜 세월 다수의 인류

에게 경제적인 번영은 먼 이야기였다.

경제사 책들은 이 흐름이 바뀐 변곡점을 르네상스와 대항해시대 그리고 그 뒤를 이은 산업혁명으로 꼽는다. 일련의 과학혁명과 사회제도 발전이 비약적인 생산성 향상을 촉발했다. 오랫동안 인류를 괴롭힌 기아와 질병이 점점 사라지고, 보통 교육이 자리 잡으면서 인권이 보편의 가치가 되었다. 고대 시대 극소수의 사람만이 인간다운 삶을 살았다면 근대 이후에는 모든 인간에게 주어진 보편적인 권리가 되었다.

인류사에서 '근대'는 사회적으로, 경제적으로 완전한 전환점인 시간이다. 투자자 관점에서 역시 이 시기의 변화에 주목한다. 근대 이전 돈을 빌리고 빌려주는 행위는 자신의 목숨을 거는 일이었다. 빌린 돈을 기한 내에 못 갚으면 죽임을 당하거나 노예가 되었다. 사업을 일으키는 것에 위험부담이 컸다. 물건을 만드는 공장을 세우는 것에서부터 먼 곳과 상업 거래를 하는 것도 쉽지가 않았다. 그래서 세계는 이어지지 못했고 파편화된 소규모 생산구조 안에 머물러 있어야 했다. 하지만 근대가 시작되며 변화한다. 은행업, 보험업, 증권업이라는 금융 제도가 고안되었다. 금융업의 기본적인 구조는 다수 투자자의 여유자금이 은행, 보험사, 자산시장에 모여들어 대규모 비즈니스를 하려는 사람에게 전달되는 것이다. 과거 돈을 빌려 사업을 하는 것이 목숨을 건 일이었다면 금융 제도의 발전으로 '유한책임'의 구조가 정착하여 기업가 정신 entrepreneurship 이 부흥하게 된다. 이제 사업가들은 큰 위험을 감수하지 않고서도 다수의 투자자들로부터 자금을 수혈받아 야심 찬 프로젝트를 실현할 수 있게 되었다.

이것은 애덤 스미스의 《국부론The Wealth of Nations》에서 나온 자본주의의 근본 힘을 떠오르게 한다. 《국부론》에서 이런 구절이 있다.

'우리가 식탁에서 빵과 고기와 포도주를 먹을 수 있는 것은 제빵업자, 푸줏간 주인, 양조업자의 자비가 아니라 그들이 잘살고자 하는 욕망 때문이다.'

현대의 우리 시각에서 당연해 보이는 이 글귀는 당시엔 혁명적인 사고 전환을 가져왔다. 국부론 이전은 기독교적 가치관이 지배하던 사회였다. 기독교 사회에서 부富는 부끄러운 것이었다. 성경에 기록된 '가난한 자가 천국에 이르나니.'라는 생각이 보편적이었다. 왕과 성직자 외의 보통 사람이 부를 향유하는 것은 큰 부담이 되는 일이었다. 돈을 벌어 좋은 집과 좋은 옷을 누려도 마음 한구석 죽어서 지옥에 떨어지는 건 아닌가 하는 걱정에 사로잡혔다. 다른 한편 가난한 이웃으로부터 부를 탈취하는 것으로 여겨져 악행으로 인식되었다. 하지만 《국부론》은 이런 생각을 바꾼다. 열심히 일해 더 많은 돈을 버는 것이 사회 전체에 기여하는 것이 되고 어떤 선행보다 고귀한 행동이 된 것이다.

같은 차원에서 투자와 금융을 바라볼 수 있다. 금융 시스템이 체계화되고 전 세계로 확산되며 대량생산의 토대가 마련된다. 전 세계가 무역으로 이어지며 전 인류가 더 나은 삶으로 나아가게 된다. 정확히 그 경계선이 금융산업의 태동부터이다. 금융혁명 이후 오랫동안 정체되어 온 생산성이 폭발한다. 인류 전체의 의식주가 안정되고 사회, 문화, 정치의 구조가 발전한다. 인권 개념이 일반화되고 민주주의 가치가 세계로 퍼진다. 제빵업자의 잘살고자 하는 욕구가 세상을 풍요롭게 하듯, 투자자의 돈을 향한 욕구는 금융 시스템을 통해 세상에 많은 혜택을 낳은 것이다.

물론 근대 과학의 발전이 대량 살상무기를 만들고, 기후변화를 유발하는 부작용 또한 있다. 투자행위도 어떤 영역에서는 의도치 않은 문제를 발생시키기도 한다. 2008년 서브프라임 모지기 사태가 대표적인 예이다. 여기에 참가한 많은 사람의 탐욕이 참혹한 결과를 낳고 어떤 이들의 삶을 극한의 빈곤과 절망에 빠뜨리기도 했다. 그래서 투자행위는 경계심을 가져야 한다. 투자의 세계에서는 일확천금에 대한 탐욕은 이 구조를 움직이는 큰 힘으로 작용한다. 하지만 그것의 결과가 자신의 삶을 망가뜨리고 세상을 무너지게 할 수도 있다. 하지만 좋은 투자는 분명 좋은 결과를 만든다. 세상을 더욱 넉넉하게 하고 아픈 곳을 치유하는 효과를 가진다. 세상을 잘 읽고 자신의 욕망을 절제하는 투자자는 부끄러움보다는 자부심을 가져도 좋다.

05

얼마나
잃을 수 있는가?

　　"얼마나 잃을 수 있나?"

　보통의 투자자에게 상당히 낯선 질문이다. 투자의 목적이 수익을 내는 것이므로 이 질문은 괴이쩍다. 누군가 우리에게 이런 질문을 한다면 '고춧가루 뿌리기'로 여겨져 불쾌감을 줄 수도 있다. 보통의 투자에 대한 대화에는 이와 반대되는 질문이 오고 가게 마련이다. "그래서 얼마나 벌었어?"가 초미의 관심사이고 투자 대화의 결론이다. 하지만 "얼마나 잃을 수 있어?"는 투자를 하는 사람에게 꼭 필요한 질문일 수 있다. 곰곰이 생각해보면, 두 질문 사이에는 수익과 손실이라는 차이 외에도 또 다른 양끝단의 차원이 존재한다. 바로 시점이다. '얼마나 잃을 수 있나?'는 미래에 대해, '얼마나 벌었어?'는 과거에 대해 묻고 있는 것이다.

　경제학의 중요한 개념 하나가 '매몰비용'이다. 선택의 기준은 항상 앞을 바라보아야 한다는 의미이다. 이미 지나온 길에서 이익을 보았든, 손해를 보았든, 얼마나 정성을 들이고 애정을 쏟았든 그건 아무런 의미가 없다고 말한다. 경제학은 차갑고 건조한 학문으로 생각되지만, 그 안에는 우리 일상에도 적용할 수 있는 철학적 교훈이 있다. 위의 두 질문 중 과거의 성과를 묻는 '얼마나 벌었어?'는 어쩌면 아무런 가치가 없다. 당장 어제보다 내 지갑이 두둑해지고 자산이 불어나 기분은 좋지만 이 감정 상태는 금세 제로베이스로 돌아간다. 어쩌면 행운의 결과일 수 있는 투자 성과가 이제 응당 가져야 할 기본수준이 된다. 행복했던 기분은 사라지고 더 얻고 싶은 갈망으로 채워진다. 하지만 내가 이미 온 길과 앞으로 갈 길은 다르기에 따뜻하고 편안한 지난 길이 반복되리란 법은 없다. 내일 갈 길 위에 펼쳐질 수 있는 험난한 여정에 대한 준비와 각오가 필요하다.

재무학에서는 투자 대상을 '수익'과 '위험'으로 판단한다. 학문적으로 '위험'은 '변동성'으로 표현된다. 가상의 곧은 직선을 기준으로 자산 가격의 흐름에 오르락내리락의 폭이 크면 변동성, 즉 위험이 크다고 말할 수 있다. 일반적으로 이 '수익-위험' 두 관계를 'high risk high return'으로 표현한다. 하지만 보통의 경우에 상관성이 그렇다는 것이지, '인과적으로' 위험이 수익을 낳는 것은 아니다. 상대적으로 더 낮은 위험으로 더 높은 수익을 만드는 경우도 있다. 예를 들면, 과거 30년간의 미국 주가지수와 중국주가지수 비교다. 중국 증시를 대표하는 상해종합지수와 미국의 S&P500 지수를 살펴보면, 상해종합지수가 상대적으로 높은 변동성_{위험}에도 불구하고 낮은 성과를 보이는 것을 알 수 있다. 그래서 risk와 return이 언제나 등치가 아니기 때문에 그것을 반영한 새로운 지표인 샤프 지수를 만들었다. 샤프 지수는 '성과/변동성'의 구조를 갖는다. 이 지수는 여러 자산 중 비교적 적은 위험을 감수하고 상대적으로 높은 수익을 보이는 자산을 선택하도록 돕는다. 하지만 앞에서 말한 원리가 이런 재무적 평가에 앞서 있다는 사실을 잊으면 안 된다. 위험과 수익 지표 모두 과거의 자료이다. 참고할 수는 있지만 꼭 같은 패턴이 반복되리란 법은 없다. 그래서 투자자가 스스로 반드시 해야 할 질문이 '얼마나 잃을 수 있나?'이다.

어쩌면 지구상에 변화하는 생태계를 생각해 볼 수 있다. 기후가 변하면서 생물은 번성과 멸종을 반복하며 생존을 위해 진화한다. 한때 지구를 지배한 종은 공룡이었다. 개체 자체의 덩치도 크고 지구 전역에 많은 개체가 분포하여 그야말로 지구의 주인이라 할 만했다. 하지만 지구 표면 온도가 떨어지고 식생이 급격히 변화하면서 그 많던 공룡은 자취를 감춘다. 이제 공룡 시대에 작고 비루한 존재였던 작은 포유류가 변화한 환경 속에 번성을 이룬다. 이 작은 포유류가 진화를 거듭하며 인류종이 나타난다. 사회화된 지적 생명이 탄생한 것이다. 약 440만 년 전 현생인류의 조상이 처음 출연한 이후 현생인류와 직계 또는 방계이던 호모종은 약 20종에 이르렀고 마지막까지 현생인류와 경쟁한 것이 네안데르탈인이다. 남아 있는 네안데르탈인의 화석을 분석해 보면 신체 능력이 현생인류보다 우월했다고 한다. 근력과 신체 내구성 측면에서 월등한 능력을 가졌지만 사회적 지능이 더 높은 호모 사피엔스와의 경쟁에서 패배하여 멸종한다. 결국 현생인류, 호모 사피엔스가 지구를 지배하여 현재에 이르렀다. 이런 긴 지구적 차원의 역사에서 흥미로운 교훈을 얻는다. '강한 자가 살아남는 것이 아니라, 살아남는 자가 강한 것이다.'

이런 흐름은 투자 세계에서도 쉽게 볼 수 있다. 특정한 시기, 특정한 자산이 부흥하는 구간이 있다. 한때 지구상에 공룡이 번성하듯 해당 자산시장이 폭발하여 큰 투자 성과를 가져다준다. 과거 1960년대부터 시작된 일본의 경제적 부흥이 그렇다. 태평양 전쟁 후 혼란 시기에 불현듯 한국전쟁이라는 행운이 찾아왔다. 미국의 군수 창고 역할을 하며 전쟁특수를 맞으며 재기에 나섰다. 그 후 오랫동안 일본은 글로벌 경제에서 불패의 강자가 되었다. 냉전 시기 미국의 막대한 지원 아래 근면 성실한 국민성, 타고난 손재주, 장인정신을 녹여 낸 제품을 바탕으로 제조업 강국으로 성장하게 된다. 1970년대 초반 위기의 오일쇼크는 오히려 일본에게 기회로 작용했다. 저비용 고효율 작은 사이즈의 일본 제품이 공산품의 기준으로 자리 잡았다. 이 기간 일본의 연평균 GDP 성장률이 9% 수준이라고 하니 그야말로 용솟음이라 표현할 만했다. 일본의 주요 기업은 시가총액 기준으로 세계 순위권을 다퉜고, 흘러넘치는 부는 자본주의 선배인 서구사회에 대한 '침공'이라 칭할 정도의 위력을 가졌었다. 일본인들은 뉴욕의 록펠러 센터 빌딩을 사고, 컬럼비아 영화사를 인수하였다.

하지만 영원할 것 같던 일본의 번영은 1985년 플라자 합의Plaza Accord를 기점으로 방향을 바꾼다. 플라자 합의 이후 몇 년의 마지막 불꽃 동안 공룡 일본은 더욱더 몸집을 키웠다. 미국의 강제에 따른 환율 변화는 일본인의 구매력을 일거에 높였다. 게다가 수출 경쟁력을 높이기 위한 일본은행의 금리 인하는 자산시장에 막대한 유동성을 공급했다. 주식시장과 부동산 시장에 버블이 만들어지고 가격은 천정부지가 되었다.

하지만 이 화려하고 아름다운 파티는 1991년 끔찍한 종말을 맞았다. 그 후 30년 동안의 긴 침체기, '잃어버린 30년'의 고통이 찾아왔다. 일본이 재기하지 못한 데 몇 가지 이유를 꼽자면 다음과 같다. 첫 번째는 디지털 혁명에 대한 느린 대응이다. 1990년대 후반부터 시작된 IT 혁명은 기존의 시장질서와 생산구조를 바꾸었다. 세계는 정보기술, 인터넷, 지식혁명으로 급속하게 진화하고 있는데, 일본은 여전히 아날로그 제조업 방식에서 벗어나지 못하고 있다.

둘째로 갈라파고스 현상이다. 세계는 빠르게 통합되고 동조화되면서 투명성과 효율성이 높아진 반면 일본은 정치, 경제, 사회 전반에 걸쳐 기득권자들의 담합, 카르텔 구조를 탈피하지 못하고 규제와 장벽, 내부 거래 관행의 늪에서 나오지 못하고 있다.

세 번째 원인은 투자에 대한 부정적 인식이다. 경제성장 동안 일본은 엄청난 자본을 축적했다. 자본주의는 돈이 돌고 돌아 더 큰 파이를 만드는 체계라 할 수 있는데, 사회적 부를 독점한 일본의 고령층은 현금을 깔고 앉아 있는 형태이다. 여유자금은 안전 강박적 관념 아래 국채와 예금통장에서 잠자고 있다. 자금이 목마른 벤처와 청년 기업에 온기가 전달되지 않으니 산업 전체의 변화가 없고 무기력이 지배하는 사회가 된 것이다.

다시 처음의 주제로 돌아가 보자. '얼마나 잃을 수 있나?'는 과거의 영광을 무시하고, 미래에 어느 정도의 도전과 시도가 가능하냐를 묻는 질문이다. 이것은 마치 외줄 위에서 춤을 추는 것과 같다. 욕망에 이끌려 너무 큰 베팅을 하거나 두려움에 사로잡혀 너무 위축되는 양쪽 경계 모두를 피해야 한다. 투자자는 도전적인 정신을 갖되 손실에 따른 회복 탄력성은 잊지 말아야 한다.

시장이 성장하고 환호하는 동안에는 자신이 가진 모든 여력을 쏟아 넣고 싶다. 더 빨리, 더 큰 부자가 되고 싶은 욕망이 부채에 대한 두려움을 삼킨다. 하지만 전설적인 투자자인 어빙 칸Irving Kahn 은 말했다.

"투자는 다른 무엇보다도 지키는 일이다. 많은 이익을 노리지 않는 것이 중요하다. 오직 합당한 수익을 올리고 손실을 최소화할 때만 부자가 된다. 이것은 부자가 되는 것 외에 매일 밤 편안한 잠을 잘 수 있는 방법이기도 하다." 워런 버핏은 많은 자리에서 반복적으로 투자자들에게 조언한다. "성공적인 투자에 필요한 것은 높은 지능지수, 예리한 분석력, 은밀한 정보가 아니다. 가장 중요한 것은 인생을 가로지르는 바른 지적 체계와 그것을 유지시키는 감정 조절 능력이다."

투자 세계는 부침이 많다. 어제의 영웅이 오늘의 역적이 된다. 최근 10년간 한국의 부동산이 그랬다. 이 흐름을 타지 못하면 바보 얼간이가 되었고, '벼락거지'란 말이 생겨났다. 코로나 팬데믹 직후 주식시장 급등락에서도 투자 세계의 열망은 들끓었다. 하지만 어제의 영광은 과거형이 되었다. 부풀어 오르는 부의 크기에 올라타기 위해 감당 안 되는 빚을 낸 사람들은 절망의 나락으로 떨어진다. 결국 견고하게 자신의 위치를 지킨 사람들에게만 최후의 과실이 주어진다. 한때 느린 멍청이로 손가락질받던 사람들이 현자가 되는 곳이 투자 세계이다.

봄·여름·가을·겨울 계절의 순환을 내 투자에 적용해야 한다. 풍요로운 여름 한가운데 가난한 겨울을 망각하는 자는 어리석다. 진정한 투자자는 오늘 내일의 환희가 아니라 먼 계절의 변화를 대비해야 한다. 시시각각 변화무쌍한 자산시장을 분석하고, 계산하고, 전술을 세우는 것은 헛된 짓이다. 투자의 비법은 시장의 정보를 먼저 입수하고, 재무제표를 잘 해석하고, 선행지표를 잘 적용하는 데 있지 않다. 진정한 힘은 인간의 본성과 세상의 흐름을 보는 긴 안목의 인문학에서 나온다. 세상을 구성하는 가장 작은 요소인 '인간'의 감정을 이해해야 한다. 내 안에 휘몰아치는 욕망과 공포. 그것을 잘 들여다보는 것이 투자의 핵심이다.

06

도시의 원시인

　　30만 년 전 아프리카의 사바나는 많은 생물에게 천국과 같은 땅이었다. 이 풍요로운 땅에 진화를 거듭한 인간종이 생겼다. 인간은 육체적인 면에서는 여러 가지 불리한 점이 많았다. 사자의 근력과 이빨도 없고, 가젤 같은 초식 동물들의 순발력도 없었다. 같은 유인원 계통의 고릴라와 비교해도 신체 능력은 초라하기 그지없었다. 하지만 유일한 강점인 지성으로 다른 모든 동물들을 압도하기 시작했다. 집단을 이루고 살며 언어 체계를 정교화하여 세대를 걸친 경험을 누적시켰다. 사회화를 통해 집단의 힘을 키웠다. 도구를 사용하게 되면서 다른 동물들과 대적할 수 있는 무기를 만들어 냈다. 하지만 독특한 종의 장점에도 불구하고 인류 초기 사바나에서 생활은 쉽지가 않았다. 인간 집단은 번성했지만 개별 인간에게는 죽음의 그림자가 항상 따라다녔다.

항상 주변에는 위협이 도사리고 언제 어떻게 비명횡사할지 모를 일이었다. 그런 험한 환경에서 살아남기 위해 독특한 특성이 발현되고 유전되었다.

상상을 해보자. 지금의 수단, 에티오피아인 동아프리카 지역에 와크라는 남자가 살아가고 있다. 100명쯤 되는 부족의 일원으로서 얼마 전 성인식을 치렀다. 이제 다른 부족원들을 부양하기 위해 사냥과 채집을 해야 한다. 물소를 사냥하면 한동안 먹을 수 있는 넉넉한 고기를 얻을 수 있지만 덩치 큰 물소를 사냥하는 데 여러 사람의 협동과 노련한 기술 그리고 운이 필요하다. 보통은 숲에서 자라는 과일과 독이 없는 풀을 채집한다.

어느 날 처음 본 바나나 나무를 발견했다. 숲의 외진 곳에 있어 눈에 띄지 않아 바나나 열매가 주렁주렁 매달려 있었다. 저 바나나를 따면 3일은 끼니를 해결할 수 있을 것 같다. 하루하루 생존의 위협이 존재하는 밀림에서 편안하게 3일을 보낼 수 있는 건 큰 선물이다. 하지만 문제는 바나나 나무의 위치이다. 다른 나무들보다 키가 큰 데다 벼랑 쪽으로 가지가 뻗어 있다. 바나나를 따기 위해 올라갔다가 까딱 잘못하면 벼랑으로 떨어진다. 와크는 어떤 선택을 해야 할까?

원시 세계에서 인간은 이런 선택의 기로에 항상 섰다. 성공하면 3일을 살 수 있지만 실패하면 이번 생은 끝이다. 일종의 도박 상황에서 이기면 작은 것을 얻고, 지면 모든 것을 잃는 게임이다. 전형적인 불공평한 룰에 놓여 있다. 수십만 년 동안 같은 상황에 수많은 와크가 선택을 하게 되었다. 이 긴 과정의 결과는 대를 이어 가며 현대인의 유전자에 인코딩되었다. 무리한 승부를 시도한 어떤 와크는 벼랑으로 떨어져 그의 대담한 유전자를 남기지 못했다. 위험한 도전을 피하고 3일간 허기를 참기로 선택한 다른 와크는 소심한 유전자를 남겼다. 현대인은 소심한 와크의 자손이다. 이것이 심리학에서 말하는 '손실회피Loss Aversion' 경향의 실체이다. 즉 얻은 것의 가치보다 잃어버린 것의 가치를 크게 평가하는 경향을 말한다. 손실회피는 돈에 대한 인간의 행태에 그대로 나타난다. 심리학자들의 관찰에 의하면, 1만 원의 이익이 주는 기쁨과 1만 원의 손실이 주는 상실감의 크기가 상당히 다르다고 한다. 보통 1만 원을 잃어버렸을 때 느끼는 고통은 1만 원을 얻었을 때 느끼는 행복감보다 약 3~4배 더 큰 경향을 보인다고 한다.

오랜 학문 체계에서는 이런 오묘한 인간의 본성을 개별 인간의 어리석음으로 보았다. 특히 서양 철학의 전통에서 인간은 '합리적인 존재'라는 명제를 중심으로 약간 삐딱한 인간의 행태는 개별적 일탈로 간주했다. '합리적 존재'의 사고는 고대 그리스의 철학자들로부터 체계화된다. 소크라테스는 특히 이 사고 관념 아래 그의 철학을 전개했다.

'너와 나, 모두 합리적인 존재이고 세상을 보는 일관된 잣대가 있다. 그러므로 당장은 우리 사이에 이견이 있지만 대화를 통해 합리의 잣대를 맞추어 보면 결국 같은 결론에 이르게 될 거야.'

이런 사고에서 소크라테스는 광장을 누비며 많은 사람에게 쉴 새 없이 질문을 던졌다. 그 유명한 '산파술'의 근간에는 '인간의 합리성'이라는 전제가 깔려 있다. 플라톤, 아리스토텔레스로 이어지는 그리스 철학 역시 세상을 보는 시각은 다르지만 기본 전제를 유지한다. 이후 그리스의 철학 전통은 서구 문명의 축이 된다. 특히 과학혁명으로 생산성이 비약적으로 증대되는 근대에 '합리의 신화'는 철옹성 같은 견고함을 보인다. 천문학, 물리학, 화학 등 자연과학을 이해하며 마치 정밀한 괘종시계의 움직임처럼 이 우주도 변치 않은 원리가 있고, 인간의 이성으로 만물을 이해하고 해석하고 응용할 수 있다는 생각이 지배한다.

하지만 어느 순간 '합리의 신화'는 의심받는다. 1·2차 세계대전에서 이성과 과학의 산물이 대량 살상무기가 되어 수천만 명의 인간을 죽이는 상황을 목도한다. 핵폭탄이 일본의 대도시에 떨어지는 것을 보며 큰 회의감을 가지게 된다. 우리의 '합리'가 지구에서 인간종을 말살하고 세상의 종말을 낳을 수 있다는 의심. 이후 이 의심은 두 방향으로 걸음을 내디딘다.

두 의심은 '합리가 진정 인간을 행복하게 하는가?'와 '과연 인간은 합리적인가?'로 나뉠 수 있다. 첫 번째 의심은 소위 포스트모던이라고 하는 철학 사조를 만든다. 미셸 푸코, 자크 데리다 등의 철학자들은 현대 과학 문명에 이의를 제기한다. 합리라는 사상누각을 버리고 새로운 대안을 고민해 보자고 이야기한다. 두 번째 의심은 주로 심리학자들에게서 제기된다. '합리적 인간'은 우리 머릿속 이상 ideal일 뿐이고 현실의 인간은 완벽한 모델과는 거리가 있지 않을까 하는 의문을 가진다.

주류 경제학은 이성 중심의 합리주의 관점에서 인간을 보고, 세상이 돌아간다고 생각한다. 인간은 이기적이고 자신의 이익을 최적화하기 위해 수없이 많은 선택지 중 최선을 가려낼 수 있는 능력이 있다고 본다. 합리적 인간의 집합인 사회는 개별 인간의 욕구를 방해하지만 않으면 항상 최상의 길을 걷고 결국 우리 모두는 발전하고 행복해질 수 있다는 흐름이다. 그래서 현대 민주주의 사회에서 주류 경제학은 정치적으로 보수적 색채를 띤다. 미국의 보수 정당인 공화당의 경제 정책은 '작은 정부'를 추구한다. 정부라는 인위적 작용을 최소화하면 개별 인간, 개별 기업의 잘살고자 하는 욕망이 톱니바퀴처럼 정밀하게 돌아가 결국 사회 전체를 더 좋게 만들어 낼 수는 믿음을 가진다. 그래서 규제

철폐, 세금감면, 자유시장을 요구한다. 주류 경제학에서는 경기 변동을 잠시 지나가는 작은 파도라고 여긴다. 잠시 어려운 시간이 올 수 있지만, 시간이 흐르면 잘 디자인된 기계처럼 다시 좋은 성능을 보여 줄 것이라 말한다.

1929년부터 10년간 세계를 강타한 대공황이 이런 주류 경제학에 의문을 던졌다. '언제쯤 다시 좋아져?'라는 질문에 '조금만 기다리면…'이라는 궁색한 답변만 할 뿐이다. 영국의 경제학자 존 메이너드 케인스가 새로운 아이디어를 내놓는다.

'아주 장기적으로는 주류 경제학의 이론이 맞을 수도 있지만 정부가 어려운 시기에 뭔가를 하면 이 고통스러운 시간을 줄일 수 있지 않을까?'

케인스는 주류 경제학의 장기 성장에 대한 믿음을 '장기적으로 우리 모두는 죽는다.'라고 꼬집으며, 단기적인 처방으로 정부의 역할을 주문한다. 적극적인 적자 재정, 확장적 통화정책, 서민을 위한 사회안전망과 복지 확대를 통해 움츠러든 시장의 수요를 인위적으로 살리면 경기 변동의 폭과 주기를 조정할 수 있다고 말한다. 그 결과가 프랭클린 루스벨트 이후 자리 잡은 거시경제정책의 발전이다. 지금은 보수정당과 진보정당을 막론하고 일정 부분 이 정책 방향에 대해 수긍하고 있다. 거시경제정책은 자본주의 경제에서 필연적인 경기 변동의 충격을 줄이기 위한 수단으로 활용되고 있다.

주류 자유주의 경제학에서는 이콘econ이란 표현으로 인간을 나타낸다. 완전히 이성적이고 감정이 없는 그야말로 '경제적economical' 행동만을 하는 존재이다. 복잡한 상황에서도 면밀하게 답을 계산해 내고 자기통제와 관련된 문제로 고민하지 않는다. 이런 비현실적인 가정을 바탕으로 주류 경제학의 많은 이론들이 만들어졌다. 1960년대 실상과 다른 가정에 의문을 가지고 만들어진 새로운 학문이 행태 경제학Behavior Economics이다. 심리학과 경제학은 색깔과 지향이 다른데, 이 둘의 결합을 시도한 것이다. 이스라엘의 심리학자 대니얼 카너먼Daniel Kahnemen과 아모스 트버스키Amos Tversky에 의해 시작된 이 학문은 '대충 합리적' 인간이란 개념을 갖는다. 인간은 기본적으로 합리적인 성격을 가지지만 인간종의 진화과정에서 생존확률을 높이려는 일련의 편향Bias이 시시각각 우리 행동에 영향을 끼친다는 것이다. 그리고 개인의 작은 오류들이 모여 큰 경제라는 바다에 거대한 쓰나미를 만들기도 한다고 말한다.

특히 변화의 폭이 크고 주기가 짧은 투자 세계에서 인간의 편향이 극적으로 나타난다. 앞서 이야기한 손실회피가 대표적이다. 주식시장이 부정적인 뉴스로 하락하기 시작할 때 손실을 본 인간은 극심한 불안과 고통에 시달린다. 분명 시장이 과도하게 움직인다는 것을 머리로 이해하지만 마음은 지옥의 불길 속에서 신음한다. 결국 최악의 시기에 소위 손절을 감행한다. 개인의 선택이 모이고 모여 시장은 더욱 큰 파도를 만들어 낸다.

사람이 갖는 시간 지평도 합리성을 제한하고 편향을 증가시킨다. 보통의 사람이 과거를 돌아보고 미래를 기대하는 거리는 3~5년을 넘지 않는다. 모든 지표가 주식시장의 장기 성장을 담보함에도 불구하고 우리 머릿속에는 출렁거리는 당장의 파도만으로 가득 차 있다. 그래서 시장이 과열되어 급상승할 때 매수하고, 급랭되어 낙하할 때 매도하는 패턴을 반복한다. 만일 합리적 인간이라면 하지 않을 행동이 우리의 '제한된 합리'에 의해 압도당한다.

1997년 미국의 〈계간 경제학 저널The Economic Journal〉에 서던 캘리포니아 대학교 교직원을 대상으로 한 연구가 발표되었다. 주식시장과 채권시장에 투자한 연금 계좌를 얼마나 자주 들여다보는가, 그리고 이런 행동 패턴의 차이로 수익은 얼마나 차이가 나는가라는 주제의 연구였다. 보통 주식시장을 1년 단위로 쪼개면 수익률이 50%~-40%로 큰 변동성을 갖는다. 반면 채권은 0%~20% 구간으로 훨씬 안정적인 수익을 만들 수 있다. 하지만 단위를 10년으로 하면 이야기가 다르다. 주식시장은 연평균 5%~15%의 수익성과를 얻는 반면 채권은 0%~5%의 수익으로 주식 투자가 훨씬 우위를 보인다. 연구는 관찰 대상들이 얼마나 자주 수익률을 확인하는가를 기준으로 최종 수익률을 살펴보았다.

짐작하는 바와 같이 매년 수익을 확인하는 사람들은 주식시장의 손실을 견디지를 못하고 채권으로 갈아탔다가 다시 주식시장이 뜨거워지는 시기가 되면 채권을 팔고 주식을 사는 행태를 보이며 긴 기간의 수익률을 잠식했다. 반면 수익률에 신경을 쓰지 않은 주식 투자자들은 시장의 장기 상승 수혜를 고스란히 향유할 수 있었다. 연구 결과는 인간의 내면에 숨어 있는 근시안적 손실회피 성향의 결과를 보여 준다.

이러한 유사한 연구가 이어지고 이에 대한 영향이 각국 정부의 정책을 변화시켰다. 이스라엘 정부는 퇴직 연금 운용에 대한 보고 방식을 바꾸었다. 기존에는 가입자에게 매달 수익률을 알려 주었으나 정책을 바꿔 연말에 한 번만 수익률 고시를 하게 했다. 결과적으로 가입자들이 더 많은 자산을 주식시장으로 옮기고 거래 빈도는 줄어들었다. 당연히 장기 상품인 퇴직 연금의 자산증식 혜택이 가입자들에게 돌아갔다. 이런 현상에 대해 심리학자로서 처음 노벨경제학상을 받은 대니얼 카너먼 교수는 "사람들은 충분치 않은 데이터를 가지고도 기꺼이 극단적인 예측을 하는 경향이 있다. '단기적이고 의미 없는' 일일 정보에 너무 민감하게 반응하기 때문이다."라고 설명한다. 투자자에게 주는 행태 경제학의 교훈이 있다. '인간은 단기적으로 편향의 오류를 범하지만 장기적으로는 합리적 경향을 갖는다.' 결국 현명한 투자자는 먼 미래에 시야를 두는 자세가 필요하다.

LAZY INVESTMENT

III

투자 세계의
신기루들

01

투자에서
행운의 역할

한일 스포츠전은 많은 한국 사람을 흥분의 도가니로 몰아
넣는다. 방송 해설자는 항상 일본에 '숙적'이라는 표현을 쓰며 선수들
에게 필승의 각오를 요구한다. 만일 그 경기가 패배로 끝나면 선수들은
마치 죄인인 듯한 표정을 짓고, 팬들은 분노를 표출하기도 한다. 이웃
나라는 친해지기 어렵다는 말처럼 일본과 우리나라의 오랜 관계가 오
늘날에도 국민 정서에 영향을 미친것이리라.

그래서 전쟁영화 중 일본이 참전하고 패배한 태평양 전쟁을 배경으로
한 작품에 한국 사람들은 유독 카타르시스를 느낀다. 이미 20년도 더
된 영화인 〈진주만〉도 그렇고, 미국의 유명한 배우이자 감독인 클린트
이스트우드가 연출한 〈아버지의 깃발〉, 〈이오지마에서 온 편지〉 같은
일본의 처참한 패배를 그린 영화가 인기를 끌었다.

단순한 오락 영화이든 전쟁에 대한 진지한 영화적 해석이든 우리에게는 숙적인 일본이 무릎 꿇는 것 자체에 만족감이 있다. 나는 같은 소재의 여러 영화 중 〈미드웨이〉라는 미국 작품에 애착이 간다. 이 영화는 기존 할리우드 영화제작 시스템이 만든 상업영화이긴 하지만 역사적 사실을 충분히 잘 고증해 낸 작품이라 역사를 좋아하는 내게 많은 정보와 교훈을 준다.

이 영화는 승리자의 입장만이 아니라 일본 해군의 상황과 시각도 잘 반영되어 있다. 태평양 전쟁은 1941년부터 4년 동안 전개되었는데, 영화는 단순히 하나의 전투만이 아닌 전쟁 자체를 조망하며 역사적인 진실을 잘 표현한다. 태평양 전쟁은 1941년 12월 일본해군의 미국 하와이 진주만 공격으로 시작되었다. 사실 진주만 사건 이전까지만 해도 미국과 일본은 비교적 우호적 관계여서 안심한 측면도 있었고, 일요일 예배시간에 선전포고도 없는 습격이라 미국은 그야말로 뒤통수를 맞은 심경이었다.

진주만 공격으로 미국 해군은 심각한 타격을 받았다. 상당 전력의 전함이 파괴되었고, 일본해군의 무시할 수 없는 군사 기술력과 전쟁 경험에 공포감에 휩싸였다. 이런 패배감을 반전시킨 것이 미국 대통령 프랭클린 루스벨트와 태평양함대 사령관인 체스터 니미츠Chester Nimitz였다. 루스벨트 대통령은 국민의 좌절감과 분노를 정치적으로 잘 활용하여 국민을 응집시키고 군대를 재정비하였다. 니미츠 제독은 위축된 휘하 장교들에게 자신감을 북돋고, 지휘권을 나누어 줌으로써 정신적으로 다시 일어설 수 있는 힘을 만들었다.

미드웨이 해전은 압도적이었던 일본의 기세를 꺾고, 미국에게 재기의 발판을 만든 사건이다. 역전의 드라마가 시작된 중요한 장면이라고 할 수 있다. 당시 양국은 거대한 전쟁의 향방을 가를 중요한 분기점이란 인식하에 전력을 쏟는다. 두 진영 모두 모든 자원을 동원하여 이 전투에서 맞붙는다. 치열한 전투 끝에 일본은 미국에 참패하고 만다. 진주만 공습 이후 반년 동안 일본에 승리를 안겨다 주었던 항공모함 4척이 모두 바다에 수장된다. 재미있는 건 전투의 승패를 가르는 데 '행운'이라는 요소가 크게 작용한 부분이다.

당시에는 적군의 위치를 추적하기 위한 레이더 기술이 변변찮아 정찰기가 넓디넓은 바다 상공을 헤매고 다니며 적 함대를 찾아야만 했다. 1942년 6월 4일 태평양 망망대해 위에서 펼쳐진 치열한 공방전 중 양국의 공격용 비행기들은 상대편의 항공모함을 찾아 긴 시간 순회 비행을 했다. 여러 번의 공중전에서 미국은 노련한 일본 전투기에 의해 많은 손실을 입은 상태였다.

대규모 전투가 시작되고 4시간쯤 지난 오전 10시 5분. 갑작스러운 행운이 미군에게 찾아왔다. 바다 위에서 길을 잃고 헤매던 미국 급강하 폭격기 대대장은 수평선 근처에서 큰 무지개를 발견했다. 연료가 거의 떨어져 가는 상황에서도 그 무지개가 보이는 방향으로 기수를 돌렸다. 뜬금없는 곳에서 나타난 무지개는 일본 구축함에서 공중에 뿌린 물줄기가 만들어 낸 것이었다. 그렇게 찾아 헤매던 일본 함대의 꼬리를 잡은 것이었다.

구축함을 몰래 따라가 결국 함모 전단에 대한 필살의 공격을 단행했다. 미군 전투기를 쫓느라 일본의 전투기들은 넓게 퍼져 있었고, 고고도에서 미국 폭격기를 막을 수 있는 방법은 아무것도 없었다. 공격 시작 3분 만에 일본의 항공모함 3척이 폭격에 직격으로 받아 기능을 상실했다. 피해가 가중된 데는 또 다른 행운이 있었다. 때마침 일본 함대의 격납고에서 무기를 교체하고 있어 단 한 발의 미군 폭탄이 함대를 붕괴시키는 방아쇠 역할을 한 것이다. 단 몇 분 만에 태평양 전쟁의 전세가 뒤집힌 순간이었다.

모든 이야기에서 행운으로 시작된 반전은 흥미진진하다. 특히 호사가들에게 행운은 가장 중요한 이야깃거리이다. 그들은 행운도 실력이라는 말로 누군가의 성공과 실패를 분석한다. 미드웨이 해전의 이런 기가 막힌 행운도 신의 계시나 역사의 필연으로 해석하는 사람이 있다. 하지만 분석적인 사람에게는 행운이 발현된 기반과 상황이 훨씬 더 중요한 요소일 수 있다.

더 근본적인 차원에서 미드웨이 해전을 해석한다면, 양국의 리더십과 조직문화 차이를 들여다볼 수 있다. 체스터 니미츠 제독이 개방적이고 유연한 자세로 조직을 운용한 반면, 야마모토 이소로쿠山本 五十六 제독은 일본 특유의 경직되고 상명하복적인 리더십 스타일을 고집했다. 일례로 미드웨이 해전 직전 일본군 진영에서 다양한 전쟁 시뮬레이션이 이루어졌는데, 한 하급 장교가 미군의 작전 방향을 꿰뚫어 보았다. 가상 전쟁 게임에서 이 하급 장교에게 패배한 상급 장교는 자존심이 상해 시뮬레이션 결과를 무시했다. 위계질서라는 전통적인 관념이 현실의 문제를 압도한 것이다. 결국 분석된 약점이 보완되지 않은 채 실제 전투가 벌어졌고 역사의 큰 물줄기를 가르게 되었다.

어떤 사건이 지나고 그것을 해석하는 데 실력이란 요소와 행운이란 요소가 뒤섞여 있는 경우가 있다. 우리의 투자행위도 그것을 분리해서 해석하기가 대단히 어렵다. 경제학자인 로버트 실러 Robert Shiller 교수는 노벨경제학상 수상 직후 인터뷰에서 이런 질문을 받았다.

"투자와 관련해 우리가 알 수 없는 것 중 당신이 가장 알고 싶은 것은 무엇인가요?"

"결과가 성공적일 때 행운의 정확한 역할이요. 행운을 수치화하는 것은 어렵고 누군가의 성공을 행운 덕분이라고 말하는 건 무례할 수 있지요. 그래서 성공에서 행운의 존재와 작용을 애써 무시하고 그 공을 온전히 실력으로 돌립니다. 우리는 단순한 스토리를 좋아하기 때문이죠. 하지만 단순한 스토리는 즐기기 쉽지만 지독하게 잘못된 방향을 알려줄 때도 많습니다."

투자 세계에서는 단순한 행운을 자신의 엄청난 실력으로 포장하는 경우가 너무나 많다. '몇백억 자산을 일군 투자 고수의 시크릿 가이드' 같은 제목으로 많은 책과 영상, 강연이 넘쳐흐른다. 심지어 금융업계의 스타 펀드 매니저들도 이런 형태의 자기 홍보를 흔히 한다. 과연 그들과 같은 방식으로 우리가 투자한다면 같은 결과를 낼 수 있을까?

나는 그들의 성공적인 투자실적이 거짓이라고 생각하지 않는다. 좋은 시기에 과감한 선택을 하면 분명 수십억 원, 수백억 원의 자산을 일으킬 수 있다. 하지만 그 방법과 결과가 꼭 인과관계에 있다고 생각하지는 않는다. 우리는 현실에서 큰 행운을 경험한 사람들을 실제로 볼 수 있다. 마른 하늘에 벼락 맞을 확률보다 더 희박한 가능성으로 로또에 당첨된 사람이 한 예일 수 있다. 구조적으로 고객에게 불리한 카지노에서 잭팟을 터뜨리는 사람의 이야기도 듣는다. 하지만 우리는 순수하게 그들의 성과가 행운의 결과라고 인정한다.

하지만 이상하게도 투자 세계에서 평균에 많이 벗어난 성공은 행운이 아니라 실력으로 포장되는 경우가 많다. 실력의 외형도 가지각색이다. 차트 분석, 모멘텀 분석, 재무비율분석, 거시시장분석, 산업분석, 금융산업 종사자 등등. 대부분의 이런 방식은 자산시장의 일정한 패턴이 존재하고, 자신들이 수립한 매매 전략을 적용한다면 충분히 자신의 성공을 복제할 수 있다고 말한다. 그 근거로 대단히 복잡한 산식, 그래프, 통계, 전문용어들을 활용하여 마치 엄밀하고 객관적인 과학인 양 설명한다.

카지노에서 가장 인기 있는 게임은 바카라인데, 다른 게임에 비해 룰이 단순하지만 대단히 중독성이 높은 게임으로 알려져 있다. 강원도 정선에서 이 게임을 직업적으로 하는 사람을 '생활 바카라', 줄여서 '생바'라 부른다. 그들은 바카라 게임을 잘 분석하면 지속적으로 돈을 딸 수 있다고 주장한다. 그들이 만들어 낸 분석툴은 일견 그럴듯한 수학과 통계학을 활용하여 전문성의 냄새를 풍긴다. 로또를 즐기는 사람 중에도 비슷한 방식을 쓰는 이들이 있다. 아주 장기간 당첨된 로또 번호를 통계화하여 당첨 확률을 높인다는 생각을 가진 사람들이다. 보통의 상식을 가진 사람에게 이런 방식은 헛된 짓임을 알고 있다. 순수한 확률의 영역에서 결과는 온전히 운의 결과일 뿐이다.

하지만 주식 투자자들은 좀 다른 행태를 보인다. 장기간 그리고 반복된 투자행위에서 평균적인 수익률은 거의 고정되어 있다. 이것은 실증적이고 귀납적인 구조로 확인된다. 수없이 많은 경제학, 재무학, 통계학 연구에서 증명되었다. 투자와 관련된 권위 있는 언론사의 장기 분석 결과도 같은 이야기를 한다. 하지만 투자 업계에서 이 고정된 진실은 부정되거나 감추어진다. 끊임없이 매매를 부추기는 이야기들이 난무한다. '피리 부는 사나이들'은 거래 수수료를 얻기 위해, 명성을 얻기 위해, 유튜브 구독자를 늘리기 위해, 책 인세를 벌기 위해 끊임없이 신기루를 만들어 낸다.

증명된 투자 방식은 시장 평균을 지향한다. 제도가 잘 정비된 자본주의 국가의 시장은 과거 70~80년 기간 안정된 성장률을 보였다. 단순히 안정된 것이 아니라 장기 수익에서 놀라운 성과를 증명한다. 이런 추세가 미래에 반복될 것이라는 사회과학적 연구도 누적되어 있다. 자산시장의 성격상 시시각각의 변화가 있지만 길게 보면 상당 수준의 수익률을 기대할 수 있다는 말이다. 그래서 투자의 대가들은 장기투자와 'Buy and Hold'를 반복적으로 강조하는 것이다. 하지만 우리가 고정된 확률 구조 속에 살고 있음에도 불구하고 너무나 많은 바람잡이들이 투자 세계에 존재한다.

이런저런 방법을 사용하면 시장수익을 넘을 수 있고 일거에 거대한 부를 만들 수 있다는 환상을 심어 준다. 그 증거로 자신의 성공담을 들려준다. 하지만 다시 얘기하지만 그 성공의 큰 몫은 '행운'에 의지했을 가능성이 크다. 그 행운이 반복될, 특히 당신에게 재현될 가능성은 크지 않다. 우리는 결국 정규분포의 세계에 살고 있고, 긴 시간 반복된 시도는 결국 평균에 수렴하리라는 사실을 알아야 한다. 동전을 10번 던져 앞면이 10번 나오는 상황은 희박하지만 가능한 상황이다. 하지만 1만 번 던지면 결국 50:50으로 회귀하게 된다. 평균 수렴의 명제이다. 간과하지 말아야 할 것은 현실 투자 세계에서 행운을 좇으며 매매를 반복하면 시도할 때마다 비용이 들어 전체 수익률을 훼손하게 된다는 사실이다. '주식은 도박이다.'라는 말은 미혹된 투자자에게 피할 수 없는 현실일 수 있다.

02

주식 투자,
전문가가 무기력한
특별한 세계

회사에 같이 입사해 17년 동안 가까운 관계를 유지하고 있
는 형이 있다. 부드럽고 온화한 성격이라 모두와 관계가 좋다. 또 호기
심도 많아서 회사 외에 다른 활동에도 관심이 많다. 한때는 온라인 쇼
핑몰을 운영할 때도 있었고, 유튜브에도 관심을 가진다. 대학에서는 기
계공학을 전공하고 회사에서도 엔지니어로 일하고 있어서 기본적으로
세상을 분석적이고 계량적으로 보는 경향이 있다. 오랜만에 만난 어느
날 서로의 투자에 대해 이야기했다. 당연히 이 형은 자신의 분석적 세
계관을 살려 투자에 접근했다. 자신이 최근 몇 년 동안 관심을 갖고 깊
이 공부하고 있는 코딩, 통계 프로그램으로 주식시장을 분석하는 중이
라 한다. 이야기 중 비밀스러운 목소리로 내게 말한다.

"내가 필승의 매매 전략을 개발했어. 그 방식으로 꽤 높은 수익률을

기록 중이야. 분석 수준을 높이면 승률을 더 높일 수 있을 거야."

"형, 요즘 주식시장이 대세 상승기잖아. 지금은 거기 돈 넣은 누구나 수익을 얻고 있어. 진짜 실력은 내리막에서 보이는 거야."

"당연히 하락장에 대비해서도 적합한 전략을 설계하고 있지. 걱정 마. 툴이 완성되면 네게도 비법을 알려줄게."

그 이야기가 있고 여섯 달 뒤에 형을 다시 만나게 되었다. 그동안 주식시장의 온도가 달라져 있었다. 미국의 금리 인상 여파로 급락장이 펼쳐진 것이다. 이런저런 일상대화 중 다시 투자에 대한 얘기가 나왔다. 형의 시무룩한 표정을 보니 그동안 투자결과가 짐작되었다.

"형, 실망하지 마. 미국 골드만삭스, 메릴린치도 시장을 이겨 내기가 어려워. 다만 그런 방식의 투자는 하지 말아. 주식시장은 분석을 해서 결과가 나오는 데가 아니야. 내가 지금껏 공부한 바로는 거기는 테크닉이 아니라 태도가 제일 중요한 열쇠로 작용하는 데야."

세상을 살면서 누구나 느끼는 이치가 있다. '똑똑하고 부지런한 사람이 성공한다.', '더 많은 지식과 경험, 자원을 가진 사람이 더 좋은 결과를 낸다.' 그래서 우리는 오늘도 힘겨운 하루를 이겨 내는 것이리라. 오늘 더 많은 것을 쌓으면 내일 내 삶이 나아지고 남들에게 더 좋은 무언가를 줄 수 있다고 생각한다. 높은 성취를 가진 사람들을 그 직업 영역의 '전문가'라고 불린다. 우리는 생활에 필요가 생기면 전문가에게 일을 맡긴다. 그러면서 더 빠르고 더 정확하고 더 높은 성과를 기대한다. 대부분의 영역에서 전문가들은 우리의 기대를 만족시킨다. 몸이 아프면 의사를 찾아가고, 집을 지으려면 건축가를 찾아간다. 자동차가 고장 나면 당연히 카센터의 엔지니어에게 수리를 요청한다. 하지만 내가 찾은 딱 한 군데 예외가 있다. 바로 금융 영역, 투자 세계이다.

보통 사람인 나는 서울대 의대를 나온 외과 의사보다 심장 수술을 잘할 확률이 거의 0에 가깝다. 경력 30년의 건축업자보다 집을 잘 지을 수도 없다. 인공위성을 하늘에 띄우는 과학자를 이긴다고 한다면 대단한 허언증 환자로 비춰질 것이다. 하지만 유일하게 그 법칙이 적용되지 않는 곳이 투자의 세계이다. 투자에 대해 아무리 많은 지식을 갖고 있고, 오랫동안 경력을 갖추었다고 우월한 수익을 보장하지 않는다. 평생을 가정주부로 산 사람이 20년 경력의 애널리스트를 이기는 것이 가능한 영역이다.

　많은 투자 전문가들이 있다. 기존 제도권 금융산업에 종사하는 사람들, 투자 자문사를 운영하는 기업인, 엄청난 투자 성과를 만든 개인투자자, 재무학을 연구하는 학자, 투자를 주제로 하는 저자와 유튜버까지. 그야말로 투자의 전성시대이다. 기술적으로 인터넷, 모바일 기술의 확장으로 금융 소비자들은 더 쉽고 빠르게 투자 세계에 접근하며 투자 전문가에 대한 관심과 수요도 함께 늘어 간다. 보통 사람들은 이런 금융 전문가들에게 조언을 구하고 기꺼이 비용을 지불한다. 하지만 우리가 모르고, 전문가들이 애써 숨기려고 하는 사실이 있다. 첫 번째는 투자 성과가 지능, 정보, 자원, 규모와 상관없이 운에 크게 좌우된다는 것이다. 두 번째, 투자는 과학과 지식으로 포장한 전문성이 기능하지 않는다는 사실이다. 앞서 얘기한 사례와 같이 투자를 수학과 통계를 기반으로 하는 분야라는 생각은 오류이다.

　과학은 인간에게 많은 것을 가능하게 했다. 인류가 만든 과학기술은 수억 킬로 떨어진 명왕성까지 탐사선을 보내는데 거의 오차가 없다. 100년 전에는 원인조차 알 수 없었던 질병이 약 한 알로도 고쳐진다. 치밀한 도시계획에 의해 수천만 명이 밀집된 도시가 매끈하고 원활하게 기능한다. 과학은 세상을 더 잘 이해하게 하고, 변화를 더 잘 예측하게 하고, 더 많은 편리를 가져다준다. 하지만 요상하게도 금융, 투자세계에서 과학의 기능이 잘 발휘되지 않는다. 세계적 경제 파도에 항상 사후약방문을 쓸 뿐이다.

느닷없는 코로나 팬데믹의 2년 동안 금융 세계는 변화무쌍하였다. 폭락과 폭등이 오락가락했다. 세상 어느 투자 전문가도 이 흐름을 예측하지 못했다. 세계적 전염병의 종료, 엔데믹 상황 역시 마찬가지다. 인플레이션과 금리 인상의 흐름에서 전문가들의 예언은 틀리기 일쑤다. 일반적으로 국가 경제의 호재인 '고용률 상승'이 오히려 주식시장을 늪으로 빠뜨린다. 경제 변수 간의 작용이 한 방향이 아니라 왔다 갔다 하며, 변수들이 생겼다 없어지기를 반복한다. 어쩌면 전 세계 인구 80억 명이 모두 변수일 수 있다. 과학의 예측능력은 변수의 고정을 기본으로 하는데, 금융 세계는 전혀 그러한 법칙이 적용되지 않는다.

투자 전문가들은 각자의 전략을 제시한다. 완전히 다른 색깔의, 다른 차원의 전략이 합을 겨루고 있다. 시장의 심리가 그래프, 즉 차트로 표현되고 일정한 패턴을 가졌다고 기술적 분석가들은 주장한다. 과거의 패턴 속에 미래의 지평이 나타나고 치밀한 해석을 통해 수익을 올릴 수 있다고 한다. 재무제표의 수치를 기반으로 하는 기본적 분석가들은 기업의 실질 가치와 시장가격의 괴리를 이용하면 수익을 얻을 수 있다고 주장한다. 유망산업과 신흥국의 미래가 큰 성과를 가져다준다고 말하기도 하고, 시장에서 소외된 기업에서 금맥을 찾을 수 있다는 역발상 투자 방식도 있다. 인수합병의 이슈가 거대한 수익을 얻을 수 있는 짧고 강렬한 순간이란 이야기도 있다. 달리는 말에 올라타야 한다는 모멘텀 투자 방식과 시장 간 정보 비효율을 활용한 차익거래의 공간을 주장하기도 한다. 그야말로 백가쟁명의 상태이다. 각자 논리의 방향이 완전히 다 다르고, 과정과 해법이 모두 제각각이다. 그리고 중요한 점은 모든 방식의 결과가 썩 효과적이지 않다는 것이다.

안타깝게도 투자 전문가들, 특히 거대 금융기업들은 우리의 믿음과 달리 투자자의 수익에는 별 관심이 없다. 아니, 관심이 없다기보다는 그럴만한 능력과 역량이 없다. 그럴듯한 전문용어를 쓰고, 성과가 두드러진 구간만을 추출하여 대단한 능력을 가졌다고 마케팅할 뿐이다. 그들의 주요 수입원은 투자수익률이 아니라 고객들의 거래 수수료이다. 금융업자와 금융고객의 관계는 대단히 비대칭적이다. 거대한 투자금을 운용하지만 위험은 금융업자가 지지 않는다. 투자자의 돈이 반 토막, 1/4토막이 나더라도 손해는 온전히 금융고객이 질뿐이고, 손실의 구간에서도 금융업은 안전하게 수수료 수익을 챙긴다. 기본적으로 금융업의 적극적 운용으로 확실한 수익을 낸다면 기꺼이 위험을 감수하고도 내 돈을 맡기겠지만 결코 금융업자가 높은 투자수익을 만든다는 증거는 없다.

미국의 대표적 경제 미디어 그룹 블룸버그는 이에 대한 장기 분석 기사를 냈다. 세계 정상급 펀드 매니저가 S&P500을 이길 확률은 5년 대결 시 15%에 불과하며 10년 대결 시 9%에 불과하다고 밝힌다. 기간이 10년보다 더 길어질 경우, 당연히 시장수익률을 이기는 비율은 더욱 줄어든다. 이와 유사한 결론이 월스트리트저널, 파이낸셜 타임스 등 주요 경제 전문매체의 기획기사에 이어졌다. 학계에서도 유사한 연구가 많은데, 결론은 어떠한 투자 전략, 투자 테크닉도 장기적인 초과성과를 만들어 낼 수 없다고 말한다. 이런 기조에 적극 호응하는 워런 버핏이 버크셔 해서웨이 연례 오찬에서 다음과 같이 발언했다.

"이건 아주 기초적인 것처럼 보이지만, 어떠한 기부기금이나 연금펀드, 거부들도 이를 믿으려고 하지 않는다. 똑똑한 사람들, 일반적으로 부자들인데, 그들은 자문가를 고용하지만, 세상의 어떤 자문가도 '그냥 S&P500 인덱스펀드를 사서 50년 동안 기다려라.'라고 말하지 않는다. 그런 식으로 자문가 행세를 할 수는 없다. 그런 식이면 매년 수수료를 받지 못하기 때문이다. 그래서 자문가들은 당신에게 세상의 모든 이유를 들이대고서는, '올해는 내가 생각하기에 우리는 해외 주식에 더 집중해야 한다.', 혹은 '이 매니저가 공매도에 아주 뛰어나다.'라고 말한다. 그들은 그렇게 다가와서 수 시간 동안 얘기하고, 당신은 그들에게 엄청난 수수료를 지불한다."

오래 관계를 이어 온 어느 증권회사 상무님이 이런 질문을 하셨다.

"그래서 투자하는 데 시장분석은 뭘 기준으로 해? 주요 정보 분석을 어떤 식으로 하고 있어?"

나는 간단하게 답했다.

"저는 투자하는 데 분석하지 않아요. 분석을 아무리 해도 시장을 이기기 힘들다는 거 아시잖아요. 그냥 여유자금으로 계속 지수상품을 사서 오래오래 가지고 있는 거죠."

상무님이 답했다. "그래. 그게 최선이지. 세상 사람들이 그 사실을 다 알면 우리 회사는 먹고 살 일을 걱정해야겠네."

시시때때로 변화하는 세상을 짐작하는 것은 쉽지가 않다. 특히 투자 세계는 부침이 엄청나게 커서 나아갈 방향을 예측하는 것이 불가능에 가깝다. 이런 카오스적 상태에서 그럴듯한 전문지식과 말솜씨를 가진 투자 전문가는 마치 선지자와 같이 느껴진다. 역사적으로 혼란의 시대에 발호하는 신흥종교의 숫자가 급증하는 것처럼 급등과 급락이 일상적인 투자 세계에 전문가들이 활개를 친다.

　앞서 말했듯, 투자 세계는 과학의 기준으로 미래를 예측하는 것이 불가능한 공간이다. 이곳에서 중요한 것은 지식, 정보, 전략, 분석이 아니라 세상을 보는 자세이다. 출렁거리는 내 계좌의 수익률을 초연히 인정하는 태도가 중요하다. 자본주의의 확대재생산 원리에 의해 결국은, 긴 시간이 지나면 적지 않은 수익을 가져다준다는 믿음으로 내 일상생활에 집중하는 자세가 필요하다.

　세 번째 챕터부터 투자 전문가들이 제시하는 각 전략에 대해 설명하고, 그 허상이 어떤 것인지에 대해 설명한다.

03

기술적 분석 _{차트 분석} 의 허상

어릴 적 기억이다. 어느 초여름, 초등학교 저학년이던 나는 밖에서 신나게 놀았다. 요즘 아이들은 하지 않는 땅따먹기, 구슬치기, 오징어 게임을 아침부터 시작해 동네 한 바퀴를 자전거로 돌고 늦은 점심을 먹었다. 지치도록 놀다 밥까지 든든히 먹으니 오후에 접어들어 졸음이 밀려오기 시작했다. 더위를 쫓기 위해 선풍기를 내 쪽으로 돌려놓고 꿀맛 같은 잠을 자고 있던 중 밖에서 일을 보시고 돌아온 어머니가 나를 서둘러 깨우셨다. "미쳤냐? 선풍기 바람을 얼굴 쪽으로 하고 자게. 그러다 숨 막혀 죽는다는 말 못 들었어?"

그때는 출처가 어딘지도 모를 이 이야기를 믿는 사람들이 많았다. 선풍기 바람을 맞고 자면 체온조절기능에 이상을 초래하거나 호흡곤란을 유발한다는 식의 그럴듯한 과학적 이유를 대기도 했다. 당시 주요 언론에서도 이와 관련한 기사를 발견할 수 있다. 예를 들어, '통풍 안 되는 좁은 방에서 선풍기 틀고 자다 산소결핍으로 절명 동아일보, 1972.7.18.', '선풍기 켠 채 자다 사망 경향신문, 1989.6.28.' 등의 제목을 단 기사를 들 수 있다.

인터넷에는 한국인들만 믿는다는 소위 'K-미신'이란 웃음 코드가 있다. 선풍기 킬러설을 비롯하여, 빨간펜 데스노트설, 휘파람 뱀 소환설, 닭 날개 바람설, 양송이버섯 무안단물설 등등. 이제는 피식하며 헛웃음 나게 하는 이야기들이다. 하지만 새로운 형태의 미신들이 과학이라는 포장에 담겨 널리 퍼진다. 특히 물건을 팔고 돈을 버는 데 아주 유용하게 이용된다. 과학 저술가인 박재용 작가는 저서 《과학이라는 헛소리》를 통해 세상을 현혹시키는 유사과학을 소개한다.

대표적인 몇 사례들을 소개하면, 첫 번째는 '효소'와 '콜라겐'이 몸에 좋다는 논리. 우리의 내장 속에 각양각색의 효소가 만들어지고 있고 이런 물질은 신진대사를 증진시키는 역할을 한다. 그래서 효소를 먹으면 건강에 도움이 된다며 각종 상품을 판매하지만 정작 몸에 유익하게 작용하지 않는다고 한다. 종별로, 내장기관별로 다양한 효소가 작용하기 때문에 판매되는 특정 효소가 원하는 효과를 볼 가능성은 적으며 특히 단백질이 기본인 효소는 소화 과정에서 대부분 다른 성분으로 변형된다. 콜라겐 역시 비슷한 대사과정을 거치는 것으로 알려져 있다.

또 다른 예는 MSG 논란이다. 1993년 한 식품회사가 '우리는 화학적 합성품인 MSG를 넣지 않았습니다.'라는 카피를 사용하면서 MGS에 대한 부정적 인식이 확산되기 시작했다. 이미 미국에서 1960년대 과학적 논란이 있어 세계보건기구와 UN 식량농업기구까지 나서 연구를 하였고, 최종적으로 유해성이 없다는 결론이 났지만 여전히 우리는 여전히 MSG가 건강에 좋지 않다고 생각한다.

또 다른 예로 유기농 음식을 들 수 있다. 세계적 권위를 자랑하는 과학 전문학술지 〈네이처〉는 '유기농 작물이 건강에 이롭다는 주장은 충분히 입증되지 않았다.'라고 언급했다. 이에 대해 찬반양론이 있는데, 유기농 작물이 해충에 대적하기 위해 좋은 항상화 물질을 만들어 낸다는 측과 반대로 독성 살충 물질을 만들어 내 인체에 더 해롭다는 주장이 엇갈린다. 농생물학자들은 농약과 비료 사용으로 농산물이 오염되기 어렵고, 유기농 작물이 영양학적으로 더 뛰어나거나, 품질과 맛이 더 좋다는 근거는 전혀 없기 때문에 단순히 가격을 올리는 마케팅 수단으로 활용된다고 주장한다.

나는 투자 세계에서 차트를 분석 대상으로 하는 기술적 분석이 유사과학과 같은 선상에 있다고 생각한다. 일반적으로 기술적 분석은 '과거 주식의 가격이나 거래량 같은 데이터를 이용하여 주가 변화의 추세를 발견해 내어 미래의 주가를 예측하는 방식, 주로 차트를 이용하기 때문에 차트 분석이라 불림.'으로 정의된다. 기술적 분석은 기본적으로 시장 참여자들의 심리에 기반한다. 개별 투자자들의 욕망, 공포, 기대, 좌절이라는 심리가 차트에 드러나며 이것이 일정한 패턴을 보인다는 것이다. 주가는 항상 반복되는 속성이 있기 때문에 출렁이는 가격변동의 환경에서 적절한 매매 시점을 맞추면 일정한 수익을 볼 수 있다는 논리이다.

기술적 분석의 역사는 오래되었다. 지난 140년 동안 변화와 발전을 이어왔고 지금도 많은 투자자들에게 전략적 지침으로 여겨진다. 1932년 로버트 레아Robert Rhea가 집필한 《다우 이론The Dow Theory》이 대표적인 기술적 분석 이론서이다. 〈월 스트리트 저널The Wall Street Journal〉의 창업자인 찰스 다우Charles Henry Dow가 1884년 다우존스 산업평균지수를 발표했고, 주식시장 전체의 움직임인 이 지수를 통해 시장 참여자들의 행태를 연구할 수 있는 기반이 마련되었다.

다우 이론이란 말은 찰스 다우 사후에 알려졌다. 찰스 다우의 후임 편집장들은 다우 이론의 개념을 정리했고, 이후 분석가들에 의해 이론이 더욱 정교화되었다. 하지만 이 이론은 이후 수십 년 동안 다양한 형태로 변형되고 파생되어, 과학적 의미에서 증명된 단일 이론이 성립되지 않았다는 데 일단 의심이 간다. 차트 분석가들은 각자의 분석툴을 제시하고, 각 전략의 우수성과 정확성을 제각각 주장했다. 각기 다른 방향의 이론들은 일관된 예측능력에 대한 합의에 닿지 못했다. 대부분 차트 분석은 후행적 해석이 주류를 이룬다. 결국 코에 걸면 코걸이, 귀에 걸면 귀걸이의 해법만 난무하고 있다.

같은 전략에서도 분석 기간을 달리하면 전혀 다른 해석과 예측을 보인다. 일주일짜리 단기 차트와 한 달, 일 년 기간을 분석한 그래프의 풀이법이 완전히 다른 경우도 흔하다. 기술적 분석의 가장 큰 맹점은 지나간 발자국으로 미래의 변화를 예측한다는 사고관이다. 이를테면 자동차의 백미러만 보고 운전을 잘할 수 있다는 허망한 믿음이다.

기술적 분석은 확률적으로 보면 60~70%는 합리적일 수 있다. 주식시장의 긴 흐름을 보면 약 70%는 박스권 안에 있으니, 변화의 주요 동력이 시장 참여자들의 심리인 동안에는 나름 승기를 잡을 수 있다. 하지만 나머지 급변동 구간에 대한 효력은 미미하다. 예를 들어 코로나 팬데믹 2년 동안의 급락과 급등 상황을 돌아보면 알 수 있다. 세상 아무도 예측 못 한 세계적 전염병이 경제 영역에 큰 영향을 미쳤는데 이것을 과거 패턴으로 짐작할 수 있을까?

세계적 경제위기에서 각국의 과감한 재정, 통화정책이 어떤 방향이냐에 따라 항공모함의 방향이 좌우를 오고 가는데, 과연 배 후미에 보이는 물보라가 무슨 소용이 있겠는가? 기술적 분석은 짧은 매매행위가 필수적이다. 하지만 몇십 년 관점에서 주식시장을 보면 결정적 상승기에 꾸준히 시장에 머물러있지 못하면 시장이 선사하는 큰 과실을 배분받기 어렵다. 결국 기술적 분석은 진부한 패턴 안의 전투에서는 이길 수 있지만, 긴 호흡의 전쟁에서는 속수무책 당할 수밖에 없는 투자 전략이다.

다른 식으로 기술적 분석을 생각해 볼 수도 있다. 사람들의 행동이 일정한 패턴을 이룬다는 건 최근 IT 산업의 기술적 기반이다. 페이스북은 사용자들이 하는 사이버 세계에서의 활동을 분석하여 미래의 행동을 예측한다. 각 개인이 무엇에 관심이 있고 어떤 심리적 경향이 있는지를 발견하여 그에 적합한 광고를 보여 주며 막대한 수익을 얻는다. 세계적 음악 스트리밍 업체인 스포티파이는 개인의 취향에 맞춰 음악 레퍼토리를 추천한다. 넷플릭스 역시 학습된 알고리즘을 통해 개별 고객의 입맛에 맞는 영화를 소개한다.

빅데이터 핸들링 기술의 고도화에 의해 새로운 기업 활동이 생겨나고 글로벌 거대 기업들이 성장하고 있다. 신생 자동차회사인 테슬라의 오토파일럿 기능은 데이터 기술의 정수이다. 이미 판매된 수백만 대의 테슬라 자동차에서 수집된 정보를 3,000여 개에 달하는 위성을 통해 테슬라 본사의 정보처리센터에서 분석한다. 실시간 도로상황뿐만 아니라 사람의 운전행태 등 어마어마한 데이터가 슈퍼컴퓨터 도조 DOJO의 머신러닝을 통해 최적의 자율주행 기술을 보여 준다.

다시 주식시장 이야기로 돌아가 보자. 데이터를 분석할 수 있는 기술을 활용해 운전자가 필요 없는 자동차까지 만드는 세상인데, 이것이 자본시장에 왜 적용되지 않는 것일까? 차트 신봉자들이 말하는 천상의 기술이 이미 인간의 손에 쥐어졌는데 페이스북, 넷플릭스, 테슬라는 왜 더 쉽게 돈을 벌 수 있는 금융업에 이 기술을 적용하지 않을까? 금산분리법에 의해 산업 자본이 금융자본에 접근하지 못한다고 할 수 있지만, 이 정보기술을 월스트리트의 공룡, 골드만삭스나 JP모건이 이용 안 할 이유가 없지 않은가?

그 이유는 자산시장이 양자역학이 말하는 불확정성 원리 Uncertainty Principle가 지배하는 미시세계와 비슷하기 때문이다. 우리가 미래를 알기 위해서는 차원과 변수가 어느 정도 고정적이어야 하는데, 미시세계에서는 차원과 변수 각각이 서로에 영향을 미치며 변화의 결과를 단지 확률적으로만 짐작할 뿐이다. 과거의 많은 데이터가 미래를 예측하는 데 절대적 기준이 되지 못한다는 의미이다. 양자역학의 복잡계 이론 Complex Theory은 무수한 구성 요소가 상호 간섭하면서 새로운 패턴을 만든다고 하는데, 이것이 바로 주식시장의 차트, 기술적 분석의 근본적 한계적 상황을 잘 설명한다고 할 수 있다.

요즘은 대학생들도 주식을 할 만큼 자산시장에 접근이 쉬워졌다. 하지만 많은 이들이 모르고 있는 사실이 있다. 어쩌면 누군가는 애써 외면하고, 다른 누구는 용을 쓰며 감추려 하는 사실이다.

'장기적으로 누구든 시장을 이길 가능성은 제로에 가깝다.'

시장을 이기고 부자가 될 수 있다는 가장 매혹적인 방식이 '과학'의 포장이고, 그럴듯한 수학과 통계, 그래프가 여기에 이용된다. 여기에 헛된 시간과 에너지를 낭비하지 말아야 한다.

04

가치투자의
한계 1

워런 버핏의 명언. 투자의 첫 번째, 돈을 잃지 마라. 두 번째, 첫 번째 원칙을 무조건 지켜라. 대단히 이해하기 쉬운 말이지만 현실 투자에서 무엇보다 어려운 명제다. 그래서 워런 버핏은 처음 주식 매수에서 안전마진Margin of Safety 을 확보하라고 말한다. 안전마진이란 심플하게 '아주 싼 가격'을 의미한다. 미래의 주가 변화에서도 이 가격 아래로는 떨어지지 않는다는 의미에서 '경제적 해자moat'라고 일컫기도 한다.

하지만 곰곰이 생각해 보면 어느 정도 넌센스적 표현이다. 시장에서 거래된다는 것은 누군가는 그것을 진짜 가치보다 싸다고 생각하여 사는 것이고, 반대로 파는 사람은 비싸다고 여기기 때문에 이루어지는 것이다. 그래서 가치투자의 어려움이 있다. 이론은 아주 단순하지만 시장의 많은 시각과 판단 중 오직 진실한 가치를 짐작할 수 있는 나만의 통찰력과 심미안을 가지고 있어야 한다는 의미이다.

미래의 진짜 가치를 바라본다는 의미에서 '가치투자'는 '기본적 투자'의 다른 이름이다. 기술적 분석이 시장의 단기 심리 흐름을 간파해서 수익을 모색하는 매매기법이라면, 가치투자는 조금 더 긴 호흡의 자세가 필요하다. 시장에서 매겨진 가격과 진실한 기업 가치가 만나는 점까지는 시간이 필요하기 마련이다. 그래서 가치투자자는 시장을 보는 두 가지 전제를 가진다. 시장은 어느 정도 비효율적이라 오늘의 주가와 진짜 제값이라고 할 수 있는 내재가치가 엇나갈 수 있다는 첫 번째 가정. 그리고 시간이 흘러 시장의 비효율이 줄어드는 순간 주가와 내재가치가 같아진다는 두 번째 가정이다. 즉 '싸게 사서 제 가격에 판다.'가 가치투자자의 기본적인 마인드이다.

시장의 비효율은 여러 요인에 의해 발생한다. 크게는 거시경제 요인에서 시작된다. 얼마 전 우리는 코로나 팬데믹에 의해 시장이 큰 폭으로 움직이는 상황을 보았다. 세계 경제의 생산성과 별개로 시장의 심리가 흐름을 좌우하는 상황이었다. 전염병이라는 거대한 충격파가 사람들의 입과 입을 지나며 쓰나미처럼 자본시장에 영향을 주었다. 이런 쓰나미는 비단 최근 팬데믹 뿐만 아니라 역사적으로 반복되고 있다. 2000년대 초반 IT버블이 그랬고, 2008년 글로벌 금융위기가 그랬다. 거시경제환경에서 벌어지는 일정 크기의 작동오류는 금융시장으로 옮겨가 엄청나게 증폭되어 가격과 가치의 커다란 괴리를 만든다.

이때 가치투자자는 내재가치라고 할 수 있는 큰 구조의 거시경제 지표들에 주의를 기울여 보아야 한다. 국민소득, 통화량, 물가, 금리, 환율, 국제수지, 성장률 등이 그것이다. 거시경제분석 바로 아래에는 산업분석이 있다. 해당 산업의 진짜 가치를 판단하기 위해 산업의 생명주기, 수요와 공급, 경쟁상황 등 구조적 특성을 파악한다. 가장 아래 수준의 가치투자 방식이 기업분석이다. 기업분석은 양적 분석과 질적 분석으로 나뉜다. 양적 분석은 공개된 정보를 바탕으로 한다. 대표적인 분석 자료는 기업이 사업보고서에 담는 회계자료, 즉 재무제표이다. 각종 재무 지표들을 꼼꼼히 파악하고 회계자료에 숨겨져 있는 힌트들을 숫자로 표현하는 과정이다.

질적 분석은 기업의 숨겨진 이면을 보는 방식이다. 직접 기업을 방문하여 이 회사가 정상적으로 돌아가고 있는지, CEO의 마인드는 어떤 것인지를 판단한다. 이것은 보통 일반 투자자에게는 기회가 오지 않고, 대형 펀드를 움직이는 소수의 사람들에게 가능한 분석법이다. 일반적으로 양적 분석이 주요 흐름이고, 기업을 더 자세히 뜯어볼 수 있는 금융기관이 추가적으로 질적 분석을 하게 된다.

시장의 주류를 이루는 가치투자자들은 재무제표상의 수치들로 현재 시점의 기업 가치를 판단한다. 가치투자의 매력은 계량화된 분석 방식이 있다는 것이다. 즉, 나와 남을 설득할 만한 숫자로 표현할 수 있다는 장점이 있다. 이것은 저것보다 싸다 또는 비싸다를 구구절절한 설명을 거치지 않고 최종적인 숫자 하나로 단순하고 직관적으로 설득할 수 있다. 대표적인 지표인 PERPrice-Earning Ratio을 예를 들어 간단히 그 숫자의 구조를 뜯어보면, 분자에는 주가시가총액가 오고 분모에는 기업의 실질가치라 여겨지는 순이익이 온다. 당연히 순이익을 의미하는 숫자는 기업이 발표하는 회계자료에서 온다. 다른 지표인 PBRPrice-to-Book Ratio은 분자에는 주가시가총액, 분모에는 재무제표의 순자산으로 표현한 비율이다.

가치평가 지표들을 하나씩 살펴보자. 우선 PER. 기본적 분석을 위해서는 우선 회계에 대한 이해가 필요하다. PER 계산을 위해 손익계산서의 여러 계산 과정을 통해 PER의 분모가 되는 순이익을 산출한다. 최종값인 '순이익'을 산출하기 위해 많은 중간 과정을 거친다. 기업의 기간 매출액을 기본으로 영업비용, 금융비용, 감가상각, 세금, 배당금 등이 마이너스 계정으로, 기타 이익 등이 플러스 계정으로 해서 순이익이 가장 나중에 보여진다. 보통 바로 직전 회계연도의 손익계산서를 쓰지만 경우에 따라 다음 회계연도를 예상하여 '예상 순이익'을 활용하기도 한다.

공식으로써 PER을 해석하면, 이 기업이 몇 년 동안 지금과 같은 수익을 냈을 때, 현재 시장에서 거래되는 주식의 총가격 시가총액을 만들어낼까 하는 문제이다. PER으로 싸다, 비싸다를 판단하기 위해서는 당연히 비교 대상이 필요하다. 보통은 직관적으로 판단하기 쉬운 숫자인 10을 염두에 둔다. 이를테면, 10보다 한참 낮은 PER 기업은 시장에서 저평가되었다고 보는 것이다.

하지만 개별 산업 영역에 따라 기준이 되는 PER이 각기 다르다. 식품이나 유통, 건설 등과 같은 전통산업에 속한 기업의 평균 PER은 6~8 정도로 낮을 수 있고, IT나 바이오와 같은 신생산업 또는 고성장이 기대되는 산업은 평균이 20이 넘을 수도 있다. 그래서 PER을 보고 기업을 선택할 때는 해당 산업 평균 PER과 비교해서 확연히 낮은 기업을 선택하는 방식이 기본이다.

PER을 활용한 기본적 분석을 더 정교화하기 위해 여러 필터를 사용하기도 한다. 필터란 PER 외에 다양한 조건을 추가하여 선정 방식을 좀 더 정교화하는 것을 의미한다. 필터의 예를 들면, 부채비율 100%

미만, 영업이익률이 AAA 회사채 수익률의 2배 이상, 최근 10년 순수익 성장률 7% 이상, 최근 10년 중 이익 감소년도 2년 이하 등이다. PER 도 낮아야 하지만 앞서 나열한 여러 조건을 모두 만족하는 기업으로 선택지를 좁히는 과정이다.

많은 기관과 투자 주체들은 분석의 수준을 높이기 위해 훨씬 다양한 필터들을 적용한다. 거름채의 구멍을 작게 만드는 것으로 비유할 수 있다. 설득력을 높이기 위해 과거 주가 흐름에 대한 광범위한 표본의 통계분석을 활용한다. 과거 이런저런 조건을 통과한 기업들의 주가가 실제로 높아졌는지 관찰해 보는 식이다. 실제로 동일 조건에서 많은 기업의 주가가 상승된 것이 역사적으로 증명된다면 스트라이크와 볼을 판단하는 좋은 선구안이 마련된 것이라 할 수 있다.

결론적으로 말하면, 가치투자는 적절한 조건을 대입하면 분명히 좋은 투자 성과를 낼 수 있는 방법이다. 미국 주식시장의 과거 데이터가 그것을 증명한다. 1950년~2020년까지 약 70년간의 표본을 가지고 분석을 했을 때, 저 PER 주식이 고 PER 주식보다 더 높은 투자 수익을 얻는다는 매우 강력한 증거를 찾을 수 있다. 70년간을 10년 단위로 쪼개서 분석했을 때도 모든 기간에 동일한 현상을 발견할 수 있다. 이것은 미국 주식시장뿐만 아니라 대부분의 선진국 주식시장에 적용된다. 하지만 확률적으로 위험을 줄이고 더 확실한 수익을 얻기 위해서는 가치투자의 속성에 대한 이해와 섬세한 선별 과정을 거쳐야 한다.

05

가치투자의
한계 2

　　우선 가치투자에 성공하기 위해서 PER의 속성에 대한 이해가 필요하다. 우리가 저 PER와 고 PER을 나누는 것은 대단히 상대적인 개념이다. 많은 투자 조언들은 단순히 PER이 5 이하이니 저평가되어 있고, 대단히 매력적이라 말하기도 하지만 그러한 절대적 수치로 접근하는 것은 위험하다. 일반적으로 대부분 기업의 PER 분포는 8~20 정도이다. 하지만 고성장 기업의 경우 100을 초과하는 경우도 많다. 한때 전기차의 선두주자 테슬라가 주식시장에서 승승장구할 때 PER이 1,000을 넘어갈 때도 있었다. 하지만 PER 계산 자체가 불가능해 가치투자 대상에서 완전히 탈락하는 경우도 있다. 적자 기업인 경우 주당순이익이 마이너스 숫자로 나오기 때문에 PER 산출이 불가능하다. 한국의 이커머스 업체인 쿠팡은 공격적인 시장 진출로 꽤 오랫동안 적자 상태에 있어 PER 산출이 어려웠다.

상대적 개념의 PER의 기준으로 유용한 것은 업종별 PER 평균이다. 산업별로 PER 평균값은 대단히 차이가 나는데, 에너지, 철강, 전력, 의류, 은행과 같이 전통산업에 속하는 기업들의 PER 분포는 대략 6~12 사이에 있다. 반면 정보통신, 반도체, 이커머스, 바이오 등 고성장 산업으로 분류되는 업종의 PER 분포는 20~100 사이이다. 따라서 선택하고자 하는 기업의 업종 평균 PER을 기준으로 비교해야 한다. 또 가끔 해당 업종에서 아주 두드러지게 높은 PER을 보이는 소수의 기업이 있는 경우, 전체 평균이 올라가 PER 통계의 왜곡을 가져오기도 한다. 전설적인 농구선수 마이클 조던 한 사람의 엄청난 소득 덕택에 마이클 조던이 나온 고등학교가 졸업생 평균 소득에서 미국 최고를 기록하는 현상을 떠올릴 수 있다. 그래서 업종 PER 평균값보다는 PER 중앙값을 이용하기도 한다.

상대적 개념의 PER은 시간이 흘러가며 기준점이 변화하기도 한다. 예를 들어, 1970년에는 시장 전체 PER이 낮은 시기였다. 당시 중동전쟁 이후 석유파동에 의해 전체 기업의 가격이 낮아진 시기이기 때문이다. 반면 2000년 직후 정보통신 혁명으로 신생산업이 부흥을 이룰 때 시장 전체의 PER은 급격히 높아졌다. 이 당시 중앙은행의 금리 인하와 기술개발에 의한 생산성 향상에 대한 기대로 많은 기업들의 가격이 높아졌기 때문이다. 그래서 시기별로 기준점이 되는 평균 PER 또는 중앙값 PER의 차이는 50% 이상 차이가 난다. 업종별로 기준 PER이 차이가 나는 것은 PER 결정요소인 자기자본비용, 기대성장률, 예상 배당성향 등이 서로 다르기 때문이므로 이에 대한 고려가 필요하다.

반드시 인식해야 할 부분은 PER을 이용한 가치투자는 기본적으로 단기투자에 유용하지 않다는 것이다. 이것은 PER을 만드는 각 수치들을 생각해 보면 확연하다. 우선 PER을 이루는 분자와 분모의 시점이 상당히 다르다는 것을 알 수 있다. 분자에 오는 주가 또는 시가총액은 바로 오늘, 지금 이 순간 보여지는 숫자이지만, 분모에 오는 순이익은 적어도 두 달 전 기업의 모습을 담고 있다. 순이익 지표는 재무제표에서 나오고, 재무제표는 기업이 공개하는 사업보고서에서 나온다. 그런데 이 사업보고서의 작성 기준 시점과 공개 일자가 두 달에서 세 달 가까이 차이가 난다.

예를 들어, 삼성전자의 연례 사업보고서는 보통 매년 3월 초에 공개되는데, 여기에 포함되는 정보의 시점은 전년도 12월 31일을 기준으로 한다. 즉, 사업보고서가 공개되는 날 PER을 계산하더라도 분자와 분모의 시차가 최소한 2개월 차이가 난다는 얘기다. 이것은 PER이 재무적 필요에 의해 인위적으로 만들어진 지표이기 때문이다. 자연과학이나 공학적 시각에서 보면 대단히 이상한 방식이다. 이를테면 체지방률을 측정하는 데 분모가 되는 체중은 두 달 전 기록을 쓰고, 분자가 되는 체지방 무게는 오늘 것을 쓰는 꼴이다. 주식시장의 변화가 거의 초 단위로 이루어지는 세계라는 것을 고려하면 2개월 이상이란 시간은 거의 '영원'과 같다고 할 수 있고, 결국 이 PER 지표는 태생적으로 한계를 가진 것이라 할 수 있다.

또 하나 고려해야 할 점은 많은 저 PER 기업들이 모두 가치투자에 적합한 것은 아니기 때문에 섬세한 필터링 작업이 필요하다는 사실이다. 심각한 저성장주, 부실기업, 회계조작 기업, 고위험주를 걸러 내는 과정이 있어야 한다. 일반적으로 투자 세계에서 쓰는 필터가 몇 가지가 있다. 첫 번째 제외 대상은 회계 기록상의 이익 수정이 빈번한 기업이다. PER의 분모에 해당하는 순이익은 손익계산서의 최종 지표로 순이익을 계산하기 위해 많은 플러스, 마이너스 요소들이 중간에 작용한다. 회계자료에 대해 잘 모르는 사람들은 재무제표가 대단히 엄격한 기준을 적용한 규격화된 보고서라 생각한다. 마치 전자제품 매장에서 삼성, LG, 소니 텔레비전이 거의 유사한 규격과 사용방식을 공유하는 것처럼 각 회사의 재무제표가 표준화된 생산 과정을 거친다고 여긴다.

하지만 현실은 이것과 상당히 다르다. 회계문서를 만드는 데 회계사에게 대단히 큰 재량권이 주어지고, 특히 손익계산서의 최종값인 당기순이익은 큰 폭으로 변신이 가능하다. 예를 들어, 회계 작성 중간 마이너스 값인 감가상각의 경우, 내용 연수를 변경하면 완전히 다른 숫자로 변형이 가능하다. 소위 '회계 마사지'가 많은 기업들은 투자 대상에서 제외하는 것이 좋다. 이익 수정을 많이 하는, 특히 수정 후 이익이 급감하는 기업은 우선적으로 피해야 한다.

두 번째 필터는 매출성장과 이익성장이 따로 노는 기업을 제외해야 한다. 예를 들어, 몇 년 동안 매출성장이 매년 5% 수준인 데 반해 이익은 지속적으로 20%를 초과하는 기업은 대단히 의심스럽다. 이것은 일회성 비용 또는 이익을 해를 반복하며 재무제표에 산입하는 것으로 의심할 수 있다. 자산을 매각하거나, 근로자의 대규모 인력감축을 시행하면 당연히 당해 이익은 늘어나지만 장기적으로 성장 동력은 사라지게 된다. 일시적으로 근사한 PER 값을 갖게 되지만 이것은 불행한 투자결과를 낳을 가능성이 크다.

세 번째 필터는 일반적으로 재무학에서 '위험'이라고 표현하는 지표들이다. 재무학에서 위험은 손실의 가능성이 아니다. 기준이 되는 지표S&P500, 코스피 지수의 흐름과 얼마나 거리가 떨어져 변화무쌍하게 움직이는가를 위험으로 인지한다. 예를 들어, 코스피 지수가 최근 5년 동안 꾸준하게 6%씩 성장을 했는데, 해당 기업은 어느 해는 10% 플러스 성장, 또 다른 해는 5% 마이너스 성장하는 식으로 들쭉날쭉 하다면 '위험이 크다.'라고 말하는 것이다.

위험을 표현하는 지표는 표준편차와 베타가 있다. 표준편차와 베타는 약간의 통계학적인 이해 과정이 필요하지만 저 PER 기업 선정을 위해서는 단지 업종 평균 표준편차와 베타의 비교만으로 충분하다. 내가 선정한 기업의 표준편차와 베타가 기업이 속한 업종의 평균보다 일정 정도 낮으면 후보군에 포함시키면 된다. 보통 베타는 1.5 미만, 표준편차는 최근 5년간 업종 평균의 60% 미만이라면 의미 있는 후보로 선발할 수 있다.

정리를 해보면, PER 지표로 가치투자를 하기 위해 우선 업종 평균 또는 중간값 PER보다 현저하게 낮은 기업을 선정한다. 위험에 대한 고려도 필요하다. 베타와 표준편차 역시 업종 평균과 비교하여 충분히 낮은 기업을 꼽아야 한다. 그리고 또 다른 위험지표인 부채의 크기도 보아야 하는데 최근 5년간 부채비율이 60%를 초과하는 기업은 제외한다. 애널리스트가 작성 보고하는 과거 그리고 향후 추정 기대성장률도 좋은 필터가 된다. 향후 EPS주당순이익 기대성장률이 5%를 초과하는 기업을 선정하도록 한다. 회계 마사지가 과도한 기업은 제외해야 한다. 최근 5년간 발표된 재무제표를 파악하여 어느 정도 일관된 흐름을 가지고 있는지를 확인해야 한다. 이 과정은 시간이 많이 들고, 검증에 얼마간 어려움이 있다는 것을 인지해야 한다.

무엇보다 중요한 것은 인내심이다. 저 PER 기업의 시장가치가 제 자리에 돌아오는 데는 상당한 시간이 걸리기도 한다. 짧게는 몇 개월에서

10년 이상 시장의 가격 조정 기간이 필요하다. 단기적 관점에서 가치투자에 접근하면 실패할 확률이 높다. 가치투자자에게는 기술적, 정량적인 부분보다 장기투자자로서 어울리는 자세와 태도라는 정성적 재능이 필요하다. trader가 아니라 investor의 정체성을 가지는 것이 우선 과제이다.

06

가치투자의
한계 3

        PER과 함께 대표적인 가치투자 지표가 PBR이다. PER이 주식의 가격 대비 기업의 이익 수준을 비교한다면, PBR은 기업이 가지는 순자산 가치를 비교하는 차이가 있다. 재무제표는 크게 손익계산서와 재무상태표로 나누는데, PER은 손익계산서의 숫자를 활용하고, PBR은 재무상태표의 숫자를 이용한다. 쉽게 이해하기 위해 가정하면, 어떤 기업이 갑자기 망했을 때 빚을 다 갚고 남은 자산의 크기가 시가총액보다 큰지 작은지를 보는 방식이다. 빚이 없는 기업이 남긴 공장의 땅, 건물, 설비를 팔아 챙길 수 있는 돈이 주식시장에서 거래되는 주식의 총액보다 높으면 저평가 상태에 있다고 생각할 수 있다. 수식으로 표현하면, PBR의 분자에는 시가총액, 분모에는 순자산 즉, '총자산—부채'가 온다.

PBR에 의지하는 가치투자자는 두 가지 믿음이 있다. 첫째는 주식시장은 변덕스러워 기업의 제 가격보다 낮게 평가받는 때가 있다는 것. 둘째는 장부에서 표현되는 '순자산'은 청산 후 진짜 기업의 가치일 수 있다는 생각. 잠시 재무상태표를 살펴보면, 좌변에는 각종 자산이 나온다. 자산이라는 큰 테두리 안에는 고정자산, 유동자산, 재무적 투자, 무형 자산 등이 있다. 우변에는 크게 부채와 자기자본이 있다. 부채 안에는 금방 갚아야 하는 유동 부채, 좀 느긋하게 갚아도 되는 일반 부채 등이 있고, 자본에서 부채를 뺀 곳에 PBR에서 주목하는 자기자본, 즉 순자산이 있다. 자기자본이라함은 순자산의 회계적 추정치라고 할 수 있다. 기업을 처음 설립할 때 일정 크기의 최초 자본이 있다면 시간이 흐르면서 이익과 손실에 의해 그 크기가 바뀌고, 배당을 지급하면 자기자본은 줄어들게 된다. 대규모 손실이 나서 자기자본이 마이너스가 되는 경우도 있는데 이를 자본 잠식이라고 한다.

미국 시장을 기준으로 저 PBR 전략은 일반적으로 유효하다고 할 수 있다. 1970년부터 2020년까지 70년간 주식시장을 장기 추적하면 저 PBR 투자의 성과가 시장수익률보다 연 4.5%가량 높다는 강력한 실증적 증거가 존재한다. 결론부터 얘기하면, 저 PBR 전략은 저 PER 전략과 마찬가지로 초과 수익을 낼 수 있는 몇 안 되는 전략이다. PBR 역시 PER과 같이 상대적 개념으로 접근해야 한다. 무엇을 기준으로 저평가이냐, 고평가이냐가 결정된다. 역사적으로 시장에서 거래되는 모든 기업의 평균 PBR은 약 3 정도이다. 하지만 이 수치는 극소수의 아주 높은 PBR 기업에 의해 왜곡된 결과이기 때문에 PER과 마찬가지로 중앙값을 활용하는 것이 낫다. 역사적 PBR의 중앙값은 1.3 정도이다. 아주 쉽게 얘기하면, 어느 기업의 PBR이 1.3보다 낮다면 저평가되어 있고,

언젠가는 가격이 높아질 것이라 기대할 수 있다.

　PBR 계산에도 업종에 대한 고려가 필요하다. 기업이 속한 산업별로 그 속성에 의해 PBR의 편차가 크다. 낮은 PBR 수준을 보이는 대표적인 산업군으로 에너지, 해운, 전력, 철강산업을 꼽을 수 있다. 이 산업군의 중앙값 PBR은 0.3~1.0 정도 범위에 있다. 반대로 높은 PBR 수준을 나타내는 산업으로는 정보통신, 생명공학, 의료, 가정용품, 음료 등이고 4~8 정도의 중앙값을 보인다. 높은 PBR 값을 보이는 이유는 생명공학, 제약의 경우 주요 자산이 회계장부에 표시 안 되기 때문이다.

　예를 들어, 연구개발비는 비용으로 처리되지만 실제로는 막대한 수익을 만드는 자산의 성격을 가진다. 가정용품과 음료 기업의 경우는 브랜드라는 무형 자산이 강력한 기업 경쟁력의 원천이지만 장부상에는 정확히 반영이 안 되는 특성에 기인한다. 그래서 청산가치는 훨씬 높으나 재무상태표에 기록된 숫자는 아주 작게 표시된다. 유명한 사례로 1988년 담배회사인 필립모리스가 식품산업 진출을 위해 크래프트 푸드를 인수할 때, 브랜드 가치의 위력을 엿볼 수 있었다. 당시 장부상 크래프트 푸드의 가치는 25억 달러에 불과했으나 인수가격은 5배가량 높은 130억 달러에 이르렀다. 브랜드 가치가 반영된 결과이다. 결국 PBR 계산의 측면에서 보면 상당한 오차가 있다고 할 수 있다.

　즉 PBR을 중심으로 가치투자를 하기 위해 첫 번째 기술적 단계는 해당 기업이 속한 산업의 평균 또는 중앙값 PBR과 비교하는 것이다. 이 과정에서 상당히 많은 기업이 제외되기도 하는데 주식시장에 상장된 기업 중 약 20% 정도는 순자산 가치가 마이너스 상태라 PBR 계산 자체가 불가능하다. 이런 기업의 경우, 처음부터 제외하고 접근하는 것이 방법이 될 수 있다.

산업 중앙값 PBR보다 낮은 PBR을 가진 기업이라 하더라도 모두 투자 대상이 될 수 있는 것은 아니다. 저 PER 전략과 마찬가지로 섬세한 선별 과정이 필요하다. 우선 한 주당 가격이 2~3달러보다 낮은 기업을 제외해야 한다. 단위 가격이 너무 낮은 경우 저 PBR 전략의 이점을 상쇄시킬 정도의 위험성이 존재하기 때문이다. 너무 낮은 단위 가격의 주식의 경우 우선 높은 수수료를 지불하게 하여 거래 비용이 과다하다. 그리고 보통 기관투자자들은 단위 주가가 일정 수준 밑으로 내려가면 이유를 불문하고 그 주식 모두를 처분하는 태도를 보이는데 이렇게 되면 제 가격을 찾을 수 있는 기회는 영영 사라지게 된다. 그리고 이렇게 낮은 단위 가격의 주식은 보통 거래량이 너무 작아 사고팔 때 거래 가격에 웃돈을 줘야 거래가 성사된다. 상당한 마찰비용이 생긴다는 의미이다.

저 PER 전략과 마찬가지로 위험에 대한 고려도 필요하다. 이것은 저 PER 전략과 유사하다. 위험하고 불안한 기업을 선별할 수 있는 세 가지 필터가 있다. 첫째는 시장지수의 변화도와 비교한 베타이다. 시장지수의 변화 정도를 1이라고 하면 해당 기업의 베타는 1.5 미만으로 기준 설정할 필요가 있다. 해당 기업 주가 자체의 변화 정도를 표시하는 표준편차는 업종 평균의 80% 미만 수준을 지켜야 한다. 기업의 파산할 확률에 큰 영향을 미치는 부채비율도 중요한 지표이다. 일반적으로 저 PBR 전략에 쓰이는 부채비율 기준은 70%이고, 이보다 낮은 기업을 투자 후보군으로 올려야 한다. 이렇게 필터를 적용하면 대단히 많은 수의 기업이 탈락된다. 저 PBR 전략에서는 알짜배기이지만 시장에서 평가 못 받는 기업과 진짜 쭉정이 기업을 선별하는 섬세한 과정이 필수적이다.

그리고 현재 낮게 평가받는 기업이 시간이 흘러 제 가격을 찾기 위해 적정 이상 수익성을 가지고 있어야 한다. 수익성을 측정하는 데 ROE를 활용한다. ROE는 Return On Equity의 줄임말로, 자기자본 수익률로 해석된다. PBR의 분모가 되는 book value가 자기자본, 즉 equity와 거의 유사한 개념이다. 즉 부채를 제외한 진짜 내 돈이 투자되어 얼마만큼의 수익을 내는지를 ROE를 통해 알 수 있다. 보통 PBR이 낮은 기업은 ROE가 낮은 것이 일반적이다. 시장이 침체된 기간에는 저 PBR 기업의 70%가 ROE 마이너스 상태인 경우도 있다. 수익성에 대한 필터로 ROE 10%를 경계로 하는 방식이 많이 쓰인다.

미국의 주식시장에 대한 장기 분석에 따르면, 저 PBR 전략은 분명 유효한 성과를 나타낸다. 이런 현상은 미국뿐만 아니라 유럽, 일본, 한국 등 주요 선진국 자산시장에서도 유사한 패턴을 보인다. 다만 경기 변동 구간에 따라 성과는 큰 차이를 보인다. 특히 시장이 전반적으로 침체 국면에 있을 때 저 PBR 전략이 빛을 발한다. 반대로 이야기하면, 대세 상승기에서는 저 PBR 전략의 효과가 떨어지거나 오히려 부작용을 낳기도 한다. 이것은 저 PBR 전략 역시 장기적인 관점에서 접근해야 한다는 교훈을 알려 준다. 단기 매매 전략으로서 저 PBR 전략의 유효성은 거의 없다. 앞서 얘기한 것과 같이 경기 변동 주기를 예측하는 뾰족한 방법은 존재하지 않기 때문이다.

당장 오늘의 경제 뉴스를 보아도 어느 전문가는 어두운 내일을 이야기하고, 또 다른 전문가는 상승장을 말하는 혼란의 세계이다. 세상 어떤 사람도 경기 변동의 타이밍을 반복적으로 정확히 예언할 수는 없다. 가치투자전략과 매매 타이밍 분석이 결코 함께할 수 없는 이유이다. 시장 전체적으로 지금 이 순간이 싼지 비싼지 판단할 어떤 수단도 없다. 골드만삭스, JP모건과 같은 세계 최고의 금융 기관에게도 미지의 대상일 뿐이다. 결국 PER, PBR 더 나아가 PSR Price Selling Ratio, 주가매출비율 등을 활용한 가치투자전략은 아주 긴 호흡의 자세가 관건이다. 테크닉이 아니라 태도가 최종 열쇠가 된다. 투자하고 보유 기간이 5년, 아니 10년 이상을 생각하지 않으면 돼지 목에 진주목걸이가 될 가능성이 크다. 공부도 그렇지만 투자도 머리가 아니라 엉덩이로 한다는 생각으로 투자를 시작해야 한다.

07

성장주 투자의
함정 1

'창조적 파괴Creative Deduction' 1942년 오스트리아의 경제학자 조지프 슘페터Joseph A. Schumpeter에 의해 시작된 이 개념은 자본주의의 지속적 성장 원리를 밝히고 있다. 주식 투자 영역에서 '창조적 파괴'는 '성장주 투자' 전략의 근간이 된다. 기술 혁신, 제도 개선이라는 충격파가 기존의 생산 양식과 패턴을 무너뜨리고 완전히 새로운 시장 환경을 만들어 낸다. 창조적 파괴는 생산성을 비약적으로 증가시킬 뿐만 아니라 세상 모든 사람의 삶의 방식도 바꾸는 원동력으로 작용한다.

역사적으로 대표적인 창조적 파괴는 포드 자동차의 모델 T 생산 체계에서 나타난다. 기존 자동차 생산 방식은 장인과 같은 엔지니어들이 부품 하나하나를 제작, 조립하는 과정을 거쳤다. 그래서 시간도 오래 걸리고 생산하는 양도 제한적이었다. 물론 이런 과정을 거친 자동차의 가격은 보통 중산층이 엄두를 못 낼 정도로 고가였다. 당시 포드 자동차 한 대 가격이 오늘날 화폐가치로 약 1억 원에 육박해서 소위 있는 사람들만이 누릴 수 있는 사치품이었다.

헨리 포드Henry Ford 는 기존의 자동차 생산 방식을 파괴하는 시도를 한다. 공장에 커다란 컨베이어 벨트를 걸고 근로자들을 구역별로 배치한다. 컨베이어 벨트가 천천히 돌아가면서 엔진 조립 구역에서는 엔진만 조립하고, 문짝을 맞추는 구역은 그 작업만 하는 식이다. 새로운 제작 시스템이 도입되며 생산량은 비약적으로 늘어난다. 그와 더불어 생산 단가도 크게 감소하여 자동차라는 제품의 사회적 위치가 달라진다.

이러한 방식으로 생산된 모델 T의 가격은 지금 가치로 약 3,000만 원 정도로 내려가 보통 사람도 충분히 소유할 수 있는 제품이 되었다. 더욱 많은 사람이 자동차를 소유함으로써 미국 사회도 크게 변화한다. 도시 곳곳을 연결하는 고속도로가 마련되고, 주거지역이 교외의 넓은 지역으로 확장된다. 일상적으로 쇼핑할 수 있는 공간이 넓어지며 소매, 유통 산업 역시 부흥을 맞는다. 헨리 포드의 창조적 파괴 시도로 미국, 더 나아가 세상 모든 사람들의 생활양식과 활동 공간이 큰 변화를 맞게 되었다.

이런 현상은 그 이후에도 끊임없이 반복된다. 영국의 경제학자 존 메이너드 케인스John Maynard Keynes 가 말한 '야성적 충동Animal Spirits '이 많은 기업인들의 창조적 파괴 욕구에 불을 지른다. 퍼스널 컴퓨터, 인터넷, 스마트폰 같은 혁신적 상품은 포드의 사례와 마찬가지로 세상을 뒤바꾸는 전환점이 되었다. 주식시장 역시 창조적 파괴가 가진 영향이 그대로 반영된다. 현재 미국 주식시장의 시가총액 상위 기업들의 절반 이상이 혁신 기업이다. 퍼스널 컴퓨터와 스마트폰을 만든 애플, 유통구조를 바꾼 아마존, 인터넷 세상을 연 구글과 페이스북 같은 기업들은 세상 사람들의 삶의 방식을 바꾸었을 뿐만 아니라 자본시장에서 엄청난 가치를 가진 기업으로 성장했다.

이런 현상은 투자자들에게 너무나 큰 매력으로 다가온다. 2004년 창업한 페이스북 현재 메타은 2012년 나스닥 시장에 처음 상장되었다. 2012년 상장가가 38달러, 2021년 고점이 384달러였으니 10년도 안 된 시간 동안 10배 이상의 상승을 보였다. 페이스북은 워낙 규모가 큰 회사라 10배 정도의 상승일 뿐이고, 규모가 이보다 작은 혁신 기업의 경우, 몇십 배 또는 몇백 배의 상승을 이뤄 내기도 한다.

성장주 투자는 그야말로 꿈에 대한 투자라 할 수 있다. 투자자로서 세상의 변화에 동참한다는 자긍심과 짧은 시간에 부자가 될 수 있다는 기대가 공존한다. 과학자, 언론인, 공학자, 투자해설가들의 전문적 설명들을 이해하며 지적인 성취감도 얻는다. 혁신상품의 기반이 되는 최신 기술에 공감하고 완전히 바뀌는 미래를 예언할 수 있다는 기대감이 성장주 투자에 심리적 원동력으로 작동한다. 성장주 투자가 자본주의 시스템에 미치는 순기능은 분명히 존재한다. 기술 개발자와 기업 운영자에게 단기간 많은 자금을 공급함으로써 훨씬 더 빠르고 넓게 혁신기술이 인류 전체의 생산성 향상에 도움을 준다.

인류역사상 발명, 발견, 혁신, 아이디어, 도전의 가치는 인류의 오랜 고통이었던 기아와 질병을 몰아내고 더 많은 사람들이 안정적이고 풍요로운 삶을 살아가도록 만든 중요한 요소이다. 종이와 인쇄술 더 나아가 인터넷 기술의 발전은 세상 사람들에게 문명적, 문화적 혜택을 골고루 나누고, 인간사회가 가진 모순과 위선을 깨부수는 기능을 발한다. 창조적 파괴는 그 자체로 환상적이고 멋진 작용을 한다고 할 수 있다.

하지만 투자자로서 창조적 파괴를 보는 시각은 달라야 한다. 성장주 투자에 대해 차근차근 따져봐야 할 것이 있다. 기업인 입장에서는 내가 만든 상품과 서비스가 고도화되고 세계로 확산하는 것이 중요하지만, 투자자 입장에서 가장 중요한 포인트는 '수익'이 되어야 한다. 성장주를 투자했을 때 투자한 기업이 성장하는 것과는 별개로 나의 투자 성과가 어떤 흐름을 보이는지는 완전히 다른 차원의 문제일 수 있다.

이때 우리가 기억해야 할 투자 격언이 있다. "자기 주식과 사랑에 빠지지 말라!" 주변에 많은 투자자들은 혁신 기업의 멋들어진 스토리와 서사에 매료된다. 일론 머스크Elon Musk가 걸어온 역경과 극복 과정, 미래에 대한 환상적인 비전에 기대 테슬라 주식을 매입한다. 완전히 새로운 생명공학기술과 엘리자베스 홈스Elizabeth Holmes의 개인적 매력에 이끌려 '테라노스Theranos Inc.'에 투자한다. 기업이 성장하고 세상을 바꾸는 만큼 내 자산도 커지게 될 것이라는 기대를 담아 과감한 투자를 실행한다.

결론부터 말하면, 성장주 투자는 유효하지 않다. 그 이유 또는 증거를 하나씩 살펴보자. 일단 성장은 망상에 불과한 경우가 너무나 많다. 1970년 이후 미국 주식시장에 상장된 기업은 10,000개가 넘는다. 기업 공개를 하고 상장을 하는 시기에 웅대한 미래를 그리며 투자자들을 모집하지만 성공의 길로 접어드는 기업은 극소수에 불과하다. 앞서 말한 애플, 아마존, 구글, 페이스북은 아주 희귀한 성공 사례일 뿐이다. 대부분의 상장 기업은 고만고만한 성장을 이어 가고 그나마 10년 넘게 생존하는 기업은 매우 드물다.

새로운 산업이 창조되면 투자자들도 몰리지만 그보다 훨씬 더 큰 비중으로 경쟁 회사들이 생긴다. 혁신산업 안의 신생기업의 경우, 초기에 현금흐름이 원활하지 않아 매출, 이익이 없는 긴 터널을 지나야 한다.

극렬하게 험난한 경쟁 환경을 지나고 아주 희소한 숫자의 기업만이 생존하여 시장을 주도하게 된다. 끊임없이 성장하는 기업은 극소수에 불과하다.

그리고 창조적 파괴는 단발에 끝나지 않는다. 한때 혁신기술은 또 다른 창조적 파괴에 의해 역사의 뒤안길로 사라지기 일쑤다. 변화무쌍한 시장 환경은 끊임없는 창조를 만들고, 한때 주도권을 가졌던 기업은 흥망성쇠를 거듭한다. '성장은 가치를 높인다.'라는 명제는 사실이지만, 다른 한편으로 '성장에 과도한 대가'가 따른다는 사실을 잊으면 안 된다. 현재 시점의 성공스토리는 투자자에게 '생존자 편향'을 불러일으킨다. 지금 투자시장에서 번쩍번쩍 빛나는 기업들을 기준으로 투자 세계를 바라보게 한다. 많은 개인투자자들이 이미 어둠 속에 사라진 산더미 같은 낙오자가 내가 투자한 기업의 미래일 수 있다고 생각하지 않는다.

성장주 투자가 위험한 두 번째 이유는 성장이 모두 같은 것은 아니라는 사실이다. 기업의 성장이라는 것은 표면에 나타나는 현상일 뿐이다. 그럴듯하게 보이는 빙산의 수면 밑에 성장의 진짜 모습이 숨겨져 있다. 재무학에서는 가치를 창조하는 성장과 가치를 파괴하는 성장으로 나누어 분석한다. 재무지표상으로 '자본비용과 투하자본이익률의 비교'로 성장의 진짜 모습을 가늠한다. 매출액이 성장하고 시장 점유율이 높아짐에도 불구하고 자본비용이 투자자본이익률을 초과하는 경우 꼬리를 먹는 뱀과 같은 형상이 된다.

예를 들어, 인터넷과 코로나 팬데믹으로 성장한 이커머스 시장을 볼수 있다. 전체 시장은 확장일로에 있고, 시장 발생 초기 고만고만한 규모의 기업들이 나름의 경쟁력으로 시장을 분할하던 시기가 있었다. 시간이 흘러 춘추전국시대는 지나고 소수의 빅 플레이어만 남겨진다. 하지만 진짜 진검승부는 이때부터다. 극한의 경쟁 구도로 들어가며 최종적으로 독과점 구조를 꿈꾸며 유혈 경쟁을 벌인다. 이런 경우 수년 동안 적자가 쌓이기도 한다. 하지만 투자 세계에서 바라보는 가격은 완전히 다른 흐름을 보인다. 멋진 미래에 대한 환상에 의해 주가는 계속 올라간다. 이런 극한 경쟁의 패자는 당연히 나락으로 떨어지지만, 승자라고 해서 달콤한 과실을 모두 얻는 것은 아니다. 소위 '승자의 저주'에 의해 재무성과가 극히 악화되는 경우도 기업 역사에서 쉽게 찾을 수 있다.

세 번째 요소가 성장주 투자에 가장 위험한 지점이다. 단 한 문장으로 이 현상을 설명할 수 있다. '아무리 매력적인 성장주라도 너무 비싸면 소용없다.' 언제나 성장에 대한 비전은 버블을 만들기 마련이다. 세상을 바꿀 만한 기술, 변화에 대한 예언, 신세계에 대한 환상은 자본주의 역사 곳곳에서 많은 사람들을 현혹한다. 그때마다 소위 전문가들은 '이번에는 다르다.'를 외친다. 이런 이유, 저런 이유를 대며 오늘의 변화는 과거의 슬픈 결말과는 다르다고 단언한다. 수없이 반복된 이야기임에도 불구하고 피리 부는 사나이를 따라가는 사람은 언제나 생긴다.

미국 연방준비제도 前 의장, 앨런 그린스펀Alan Greenspan은 2002년 한 연설에서 다음과 같이 말했다. "버블인지 아닌지를 사전에 알아내기는 사실상 어렵다고 본다. 안타깝게도 거품의 붕괴만이 거품의 존재를 입증할 수 있을 뿐이다. 버블이 붕괴해야만 버블이 있었음을 알 수 있다." 현재 진행 중인 성장 기업에 대해 역사적 원리를 적용하는 데는 많은 장애물이 있다. 각종 언론매체와 투자기관의 의견은 확증편향을 가중시킨다. 너도나도 성장주가 가진 잠재력에 대한 그럴듯한 분석을 떠들며 감정적으로 부추긴다. 문제는 그런 마음의 움직임이 감정 또는 심리가 아니라 이성적이고 합리적인 판단이라 여기는 행태이다.

이 틀 안에 들어가 있는 당사자들 모두 서로가 서로를 속이는 환상의 굴레에 들어가 있다. 예일대학교 로버트 실러Robert Shiller 교수는 다음과 같이 비판한다. "언론매체 스스로 시장에서 벌어지는 일들을 객관적으로 바라보는 나름 공정한 관찰자라고 주장하지만, 실상은 언론매체 자체가 시장 상황을 구성하는 한 요소이기도 하다. 투기적 버블은 대체로 대규모 집단이 비슷한 생각을 하고 언론매체가 그러한 생각을 전파할 때 나타난다."

08

성장주 투자의
함정 2

　기술적으로 성장주 투자를 성공시키기는 어렵다. 그나마 성장주 투자의 성공 확률을 높이는 몇 가지 기법이 있다. 전설적인 투자자 피터 린치Peter Lynch가 우리에게 힌트를 주었다. 그는 '가격이 합리적인 성장주Growth At a Reasonable Price'라는 개념을 언급했다. 줄여서 GARP라는 개념 안에는 '성장'과 '낮은 가격'이라는 조건이 합쳐져 있다. 우선 미래의 지속적 성장에 대한 예측이 필요하다.

　크게 두 가지 영역에서 성장 예측을 할 수 있다. 첫째는 기업실적의 과거 수치로 미래를 엿보는 정량적 분석법이다. 이익의 기대성장률 추정을 과거 흐름을 보고 추정하는 방식이다. 일반적으로 과거 5년 동안 ESPEarning Per Share, 주당순이익 성장률이 연평균 15%를 초과하는 기업이 가능성 영역 안에 있다. 앞서 이야기한 꼬리 먹는 뱀도 피해야 하는데 자기자본 비용, 즉 이자 비용을 차감한 ROE Return On Equity, 자기자본이익률가 플러스 값을 보여야 한다. 불안 요소에 대한 고려도 필요하다. 가치투자와 유사한 필터가 적용된다. 변동성을 보여 주는 표준편차는 80% 미만, 벤치마크와의 차이를 보여 주는 베타는 1.25 이하의 기업을 선정해야 한다. 도산 가능성을 짐작할 수 있는 부채비율은 70% 이하로 기준을 마련해야 한다.

둘째로 전문가의 힘을 빌린 정성적인 분석이 있다. 투자기관의 애널리스트들이 정기적으로 내놓는 투자보고서를 자세히 분석할 필요가 있다. 개인투자자들과 달리 기관의 애널리스트들은 투자 대상을 관찰할 수 있는 여러 수단을 가진다. 소위 기업실사라고 하는 방식인데, 기업을 직접 방문하여 R&D 진행 상황, 효율적 조직구조, 생산성을 가진 기업문화 등을 밀착적으로 관찰한다.

필요한 경우 최고경영자와 면담하여 그 기업이 가진 비전과 철학을 통해 기업 성장성을 점칠 수도 있다. 산업 환경에 대해서도 더 많은 정보와 높은 분석 수준을 발휘할 수 있다. 해당 혁신기술에 대한 학계, 산업계 전문가들의 자문을 구할 수 있고 경쟁사의 활동을 분석하여 향후 시장이 어떻게 재편될지에 대해서도 예측한다. 경험과 노련함을 가진 애널리스트라면 표면적으로 보이는 현상뿐만 아니라 내면에 숨겨진 섬세한 지점들을 잘 낚아 낼 수도 있다.

다만 안타깝게도 앞서 말한 정량적, 정성적 방식은 기업의 과거 또는 현재에 기댄 미래 예측이다. 논리학에서 중요한 미래 예측 도구인 귀납법은 과거의 패턴이 미래에도 반복될 것이란 전제를 깔고 있다. 하지만 귀납법이 성공하기 위해서는 아주 장기간 패턴 분석이 필요하다. 사과가 위에서 아래로 떨어지는 현상은 인류가 수십만 년 동안 반복해서 보았기 때문에 내일도, 모레도 반복될 것이 거의 확실시된다. 하지만 투자분석은 일반적으로 제한된 구간의 기록을 활용하기 때문에 미래 예측 가능성은 현저히 떨어질 수밖에 없다.

특히 성장주는 짧은 기간 고성장을 추구하기 때문에 장기 관찰이 기본인 귀납법 적용과 완전히 상충되는 개념이 될 수도 있다. 많은 통계가 이런 현상을 증명하는데, 한 기간에 고성장한 기업이 다음 기간에 계속 고성장을 이어 간다는 실증적 증거는 어디에도 찾아보기 어렵다. 오히려 과거와 미래 두 기간의 성장률 상관관계가 마이너스인 경우가 많다. 이 말은 어느 기간 빠르게 성장하는 기업은 곧 빠르게 쇠락하는 경향을 보인다는 말이다.

투자 세계는 일반적으로 정규분포의 전형성을 보이고, 투자 성과는 평균에 수렴하는 경향이 있다는 것을 기억해야 한다. 세계적인 경영 컨설팅 회사인 매킨지McKinsey&Company 의 리처드 포스터Richard Foster 와 사라 캐플런Sarah Kaplan 은 40년간 미국의 1,008개 주요 기업의 흐름에 대해 쓴 《창조적 파괴Creative Deduction》에서 다음과 같이 언급했다. "장기적 관점에서 미국 기업의 탄생과 생존, 사멸 과정을 연구한 결과를 보면, 계속해서 시장 평균을 웃도는 실적을 내는 엘도라도이상향 기업은 존재한 적이 없다. 그러한 이상적 기업이 존재하리란 생각 자체가 오류이다."

이것은 미국 증권시장의 장기 분석에서도 그대로 나타난다. 1950년부터 2020년까지 성장주의 대표주자인 정보통신주와 성숙기에 접어든 전통주 간의 수익률 비교를 비교해 보았다. 20세기 성장주였던 AT&T, GE, IBM 등의 기업들과 함께 21세기의 성장주인 애플, 마이크로소프트, 시스코, 구글, 페이스북, 넷플릭스 등의 기업들이 한쪽 그룹이고, 식품, 철강, 철도, 에너지, 금융 등 전통산업에 속해 있는 기업들을 다른 한편으로 모아 비교 분석을 했다. 분석은 10년을 단위 구간으로 쪼개고 시가총액 상위 100개 기업을 각각 선정하여 시행하였다. 결과는 앞서 언급한 것과 동일하게 혁신산업 기업들보다 전통산업에 속한 기업들이 훨씬 안정적인 투자수익을 보인다. 현재 시점에 혁신 기술주가 자본시장을 주도하고 있지만 투자자들이 이 기업들의 성공을 예견하는 시점에 이미 상당히 높은 가격을 형성하는 반면 전통주들은 오랫동안 상당히 낮은 가격 수준과 꾸준한 성장이라는 장점이 복합적으로 작용하여 장기투자 성과를 올리는 요인이 된다.

특히 장기투자 성과를 보이는 기업들의 공통분모가 있는데, 그것은 꾸준하고 적정 수준의 배당금 지급이다. 미국 와튼스쿨 명예 교수인 제러미 시겔Jeremy J. Siegel은 그의 저서 《장기투자 바이블 Stocks For The Long Run》에서 배당금 기업의 가치를 언급한다. 이 원칙의 근거는 주식의 장기 수익은 해당 종목의 '실제 이익성장률'이 아니라 '실제 이익성장률과 기대한 성장률 간의 차이'에 있다고 말하며, 투자수익의 중요한 시그널이 바로 배당이라 주장한다.

그것의 대표적인 예가 지금은 알트리아Altria로 이름을 바꾼 필립모리스Philip Morris이다. 담배와 식품이라는 전통 영역에서 확고부동한 위치를 점한 필립모리스는 실제 이익성장률과 기대 이익성장률 차이가 최고이고, 배당수익률이 최상위에 있었다. 결과적으로 오랜 시간의 흐름 안에서 필립모리스가 투자자에게 가져다준 성과가 크게 만족할 만한 수준이었다는 것이다. 워런 버핏이 말한 '넓은 경제적 해자moat'를 선명하게 확보한 기업은 필수 소비재 생산, 유명 브랜드 그리고 꾸준한 배당이라는 공통점이 있다.

혹자는 1967년 이후 배당이 전혀 없는 워런 버핏의 버크셔 해서웨이

Berkshire Hathaway 는 어떻게 보아야 하느냐 질문한다. 이것은 일반적 성장주의 무배당 정책을 쓰는 기업과 보이지 않는 질적 차이가 있다. 보통 성공한 혁신 기업의 경우, 이익을 주주들에게 나누어 주기보다 더 큰 성장 동력을 확보한다는 명목하에 무의미한 비용으로 소비하는 경우가 많다. 임원에 대한 과도한 보상이나 멋들어진 건물 신축을 미래 확장에 대한 명분으로 포장한다.

반면 버크셔 해서웨이는 이익의 내부유보 과정이 대단히 조심스럽고 효율적이다. 워런 버핏 개인이 보여 주는 절제력과 솔직함이 이익금 활용에 그대로 나타난다. 버크셔 해서웨이는 경기 상승기에 꾸준히 현금을 확보하여 불황 시 가능성 있는, 그리고 꾸준한 수익을 만드는 기업을 싼값에 인수하는 데 이용한다. 수익과 성장의 놀라운 선순환 구조 안에 있다고 할 수 있다.

역사적 관점에서 도전과 진보를 바라볼 수 있다. 대항해시대를 연 엔리케, 콜럼버스, 바스코 다 가마 등의 야심가들을 우리는 기억한다. 그들의 모험심에 의해 세상은 넓어지고, 새로운 질서가 만들어졌다. 먼 시간이 흘러 우리는 그들을 기억하고 그들의 도전을 찬미한다. 하지만 우리가 간과하고 있는 것이 있다. 성공한 소수의 모험가들 뒤에 가리워진 많은 희생들이다. 신세계를 향한 100척의 배 중 99척은 어두운 바다 아래로 가라앉았다.

영웅의 관점에서 성공한 소수는 빛나는 존재지만 내가 꼭 그 영웅이 될 필요는 없다. 이미 새 길을 연 그들의 뒤를 따라가도 충분히 넉넉하고 안전한 삶을 영위할 수 있다. 투자의 세계도 마찬가지이다. 자본주의 역사에서 기술 혁신과 진보는 시시각각 벌어지지만 결국 그 열매를 맛보는 것은 다수의 소비자이지 소유자나 투자자가 아니다. 다시 한번 말하지만, 투자자의 관점은 기업가와 다르다. 세상을 변화시키는 것이 기업가의 목표라면, 투자자는 그것과는 별개로 '수익'이 가장 중요한 가치이다.

09

성장주 투자의
함정 3

워런 버핏의 버크셔 해서웨이에 대해 전설적인 이야기가 많다. 역사상 가장 뛰어난 투자자로 명성을 얻은 워런 버핏의 성취가 고스란히 이 회사에 녹아 있다. 워런 버핏의 투자 방식은 가치투자로 표현되지만, 버크셔 해서웨이의 시작과 오랜 시간 커지는 과정을 보면 성장주 투자자에게도 의미하는 바가 크다. 버크셔 해서웨이는 자본시장에서 '시작은 미약했지만 끝은 창대하리라.'라는 성경 말씀이 그대로 현실화된 대표적인 종목으로 꼽힌다. 원래는 속옷을 만들던 섬유회사였으나 1962년 워런 버핏이 인수하여 이후 인수합병을 반복하며 대기업으로 성장하였다. 버크셔 해서웨이는 최근 20년간 꾸준히 세계 시가총액 상위 10위 안에 들어가는 안정적인 대형 기업이다.

워런 버핏이 인수할 1962년 당시 주당 가격이 19달러였으나 근 60년

이 지난 2023년 말 주당 가격은 54만 달러를 넘는다. 우리 돈으로 한주에 7억 원을 호가한다고 할 수 있다. 어지간한 개인투자자가 아니면 한주도 사기 어려운 고가의 주식이 되었다. 인수 당시 그저 그런 회사가 지금은 세계에서 주당 가격이 가장 높은 기업이 된 것으로, 기업의 성장으로 투자자가 얼마나 돈을 벌 수 있는지를 선명하게 보여 준다. 버크셔 해서웨이는 초기 투자자들이 거의 매도를 안 하는 것으로도 유명하다. 1962년 회사를 인수할 당시 워런 버핏은 자신이 사는 동네 이웃들에게 투자를 받았다. 시골 마을 오마하의 소아과 의사, 회계사, 변호사 등 이웃 중산층들이 워런 버핏의 매력에 기대 초기 자금을 투자했다. 시간이 흘러 그들의 투자금은 25,000배 넘게 성장하였고 우리 돈으로 조 단위 부자 패밀리를 만들었다. 한때 시골의 평범한 중산층이 가능성 있는 주식 매입으로 거대 저택과 개인 제트기를 소유할 정도의 큰 부자가 된 것이다. 많은 투자자들이 주식 거래를 하며 꿈꾸는 이상향을 현실에서 보여 준다.

투자하는 사람들은 대부분 버크셔 해서웨이 초기 투자자와 같은 그림을 꿈꿔 본다. 허름한 차고에서 시작한 마이크로소프트, 아마존, 애플의 성장 가능성을 회사 설립 초기에 알아보고 투자했더라면 환상적인 현실을 가질 수 있을 텐데. 지금이라도 그런 기업들을 잘 선별해서 포트폴리오에 넣으면 나의 30년 뒤, 40년 뒤에 웅대한 투자 성과를 만들어 낼 수 있지 않을까. 이러한 투자기법이 성장주 투자 중에서 좀 더 모험적인 방식으로 적용된다.

앞서 말한 일반적인 성장주 투자는 이미 상장되어 어느 정도 가능성과 미래 성장성을 엿볼 수 있는 종목에 투자한 방식이라면, 지금 이야기하는 것은 비상장 기업, 기업공개 단계의 기업, 완전히 소외된 기업에 대한 분석과 포트폴리오 구성을 하는 형태이다. 보통의 성장주 투자의 가장 큰 맹점은 미래 성장 가능성을 웃도는 현재 시장 가격이다. 이미 높은 가격에 사기 때문에 투자결과가 초라할 가능성이 상당히 큰 것이다. 좀 더 모험적인 성장주 투자는 가격이 올라가기 전, 아예 숨겨진 원석을 선점하여 미래의 성장에 따른 과실을 온전히 누려 보자는 생각으로 시작한다.

이 생각을 현실화하기 위한 몇 가지 기술적인 방법이 고안되었다. 우선 독자적인 분석 기법을 활용하여 소외된 기업의 진짜 가치를 알아내는 것이다. 이것은 특히 혁신산업으로 분류되는 정보통신, 생명공학, 의료에 대한 전문지식을 바탕으로 한다. 기관투자자를 비롯한 일반 투자자들에게 생소한 기술적 지식과 전문성이 있다면 다이아몬드가 되는 원석을 찾을 수 있는 중요한 심미안으로 작용한다. 기술적 자문을 전문으로 하는 컨설팅 회사를 활용하기도 한다.

다른 방법으로 비상장 기업을 투자 대상으로 하는 헤지펀드 또는 사모펀드에 투자하는 방식이다. 아무래도 혁신기술과 투자행위는 어느정도의 시차가 있을 수밖에 없다. 헤지펀드나 사모펀드의 투자 전문가들이 이 간극을 메울 수 있고 어느 정도 법적, 세금 프로세스에 대한 수고를 아낄 수도 있기 때문이다. 마지막 방법은 투자 대상군을 만들어 분산투자하는 방식이다. 오늘 아무리 좋은 혁신기술과 아이디어를 갖고 있더라도 이것이 기업화되고 수익을 만들어 내기 위해서 수없이 많은 난관을 이겨 내야 한다. 하지만 가능성 있는 회사를 포트폴리오로 구성하면 그중 하나의 유니콘 기업이 거대한 성공을 거두고 나머지 낙오자들의 희생을 만회할 수 있다는 생각이다.

이에 관련하여 장기 재무학 분석이 이루어졌다. 미국 증권시장에서

1927년부터 2010년까지 거래된 모든 종목을 시가총액을 기준으로 10 등분 하여, 가장 큰 상위 10%와 가장 작은 하위 10%의 연수익률을 비교하였다. 분석 수준을 높이기 위해 매년 시가총액 기준 순위를 다시 매겨 상위 10%, 하위 10%를 새롭게 설정하는 방식을 반복하였다. 연구 결과에 따르면, 대형주 포트폴리오를 유지할 때 연평균 수익률이 약 10% 정도 나온다. 반면 소형주 포트폴리오는 약 20%로 나와 소외주 성장 전략의 효과가 월등한 것으로 밝혀졌다. 이 분석 결과는 표면적으로 시장에서 외면받는 주식이 강력한 투자 대안이 될 수 있다는 사실을 밝히고 있다. 하지만 이 투자 방식의 눈부신 장점 이면에 커다란 위험이 도사리고 있다는 사실을 간과해서는 안 된다.

우선 첫 번째 난관은 포트폴리오 구성이다. 전체 시장의 10% 포트폴리오라고 하더라도 수백 개 기업이 해당된다. 여기에는 평균의 함정이 숨어 있다. 소형주 포트폴리오 중 극소수의 기업이 엄청난 성장을 이뤄 거인으로 성장한 반면, 나머지 난쟁이 기업들은 부실한 성적을 거두거나 상장폐지로 완전히 시장에서 퇴출되는 결과를 보인다. 현실적으로 투자자는 수백 개에 이르는 소형주 10%의 기업 모두에 대해 동일한 비중으로 투자할 수 없고 선별 과정을 거쳐야 한다. 이 선별 과정이 조금만 삐끗해도 막대한 손실을 가져올 수 있다는 이야기이다.

가장 큰 문제는 종목 선별에 대한 현실적 수단이 마땅치 않다는 것이다. 소외된 종목의 경우 극히 적은 정보만이 공개된다. 상장 기업의 경우 회계 공시 의무가 있지만 비상장 기업 또는 IPO Initial Public Offer 기업의 경우 감독 대상도 아니고 공시를 할 의무도 없다. 회계 공시를 하더라도 규정된 회계 규정을 따르지 않는 경우도 많다. 공시 의무 대상인 상장 기업의 경우에도 금융기관에서 만드는 기업분석 보고서가 전혀 없는 경우가 많다. 증권사 또는 투자은행의 애널리스트들이 모든 상장사에 대한 분석을 하는 것은 아니기 때문이다. 어쩌면 분석을 안 하기 때문에 가격이 올라가지 않은 측면도 있다. 어찌 됐든 투자자는 칠흑 같은 밤길에 전조등 없이 깜깜이 운전을 할 수밖에 없는 상황이다. 섬세한 선별 능력이 없다면 결국 쭉정이로만 구성된 달걀 바구니를 가질 가능성이 크다.

두 번째 난관은 대상 기업의 현재 능력이 확인되더라도 미래 성장이 필연적인 것은 아니라는 것이다. 우리는 지금 공룡으로 성장한 마이크로소프트, 구글, 넷플릭스를 보며 혁신산업의 오늘을 바라본다. 하지만 이런 기업들이 오늘의 자리에 있기까지 얼마나 많은 고난과 투쟁을 겪었는지에 대해서는 잘 알지 못한다. 더구나 극히 소수의 기업이 성장하는 동안 그 수면 아래 산처럼 쌓인 패배자들의 시체는 간과하기 일쑤이다. 성장성과 비전을 가진 기업 100개 중 1개꼴로 상장에 성공하고 이후에도 약속한 미래를 현실화하는 기업은 극히 희소하다. 우리는 아마존의 30년 전 차고 사진을 보며 웅대한 미래를 꿈꾸지만, 같은 시절을 보낸 수천, 수만의 차고 야심가들의 초라한 현실에 대해서는 알지 못한다.

세 번째 어려움은 과도한 거래 비용이다. 시가총액 소형주는 주식 단가 역시 낮은 수준에 머물러 있다. 보통 주당 10달러 이하로 거래되며, 거래량도 현저하게 적다. 우선 단위 거래에 따른 세금이 일반적인 주식에 비해 훨씬 높게 매겨진다. 세금 문제보다 더 큰 장애물은 유동성 부족에 따른 가격 손실이다.

여기서 두 가지 측면의 손실 가능성이 있다. 일단 내 자신의 거래가 시장가격을 불리하게 만드는 부분이다. 유통량 자체가 적기 때문에 소수의 매매행위가 상대적으로 가격에 큰 영향을 미친다. 투자자가 일정 사이즈의 매수 신청을 하면 이 시도에 의해 가격이 올라가고, 반대로 매도 신청을 하는 순간 내 행위에 의해 가격이 떨어진다. 또 다른 거래 비용은 호가 차이에 있다. 매매 시스템상 보이는 시장가격에 매매 신청을 해도 거래량이 적어 거래 상대를 찾기가 힘들기 때문에 소위 가격 프리미엄이라는 웃돈 지불을 각오해야 한다. 사고 싶은 가격보다 얼마간 더 높게, 팔고 싶은 가격보다 얼마간 더 낮게 매매 신청을 해야 거래가 성립될 가능성이 크다. 이러한 거래 마찰은 어렵게 얻은 수익을 과도하게 훼손하게 된다.

위와 같은 어려움 때문에 실제 투자 세계에서 모험적인 성장주 투자가 성공하기는 대단히 어렵다. 장기간 통계 분석상 분명 이점이 있지만 좀 더 미시적으로 보면 위험이 곳곳에 숨어 있다. 큰 바다를 항해하면 평화로운 순풍의 시기도 있지만 폭풍우가 몰려오는 험난한 시간도 버티어 내야 한다. 큰 파도가 출렁거려도 큰 배는 잘 견디기 마련이지만 통통배는 쉽게 좌초할 가능성이 크다.

자본주의 시스템의 필연적인 경기 변동 사이클 관점에서, 작은 기업이 반복적으로 불어닥치는 경기침체의 폭풍우를 견뎌 내고 대양을 건너는 것은 쉽지 않은 일이다. 이런 어려움에도 불구하고 굳이 이런 모험적인 투자를 감행하고 싶다면 엄격한 투자 기준 설정이 필요하다. 일단 주식 단가가 너무 낮은, 또는 시가총액이 작은 기업은 피해야 한다. 적은 유동성이 주는 마찰을 회피하기 위해 주당 가격이 최소한 5달러 이상을 투자 대상으로 설정해야 한다. 일시적인 악재에 의해 주가가 떨어지는 것에 대한 헤자를 마련할 필요가 있다. 가격 지표상 안전 마진도 염두에 두어야 한다. PER 10보다 낮은 기업을 투자 대상에 올리는 것이 좋다.

10

모험의
모멘텀 투자

인터넷에 떠돌아다니는 재미있는 글을 읽다가 인간 심리의 정곡을 찌르는 내용에 놀랄 때가 있다. 짧은 글임에도 서사와 반전으로 재미와 감동 모두를 즐길 수 있어 자주 찾아보는데, 최근에 본 글 하나가 기억에 남는다. 이 글의 핵심은 글 자체가 아니라 거기에 달린 댓글들에서 나온다. 일단 본문은 단순한 질문이다. "누군가 당신에게 1억 원을 준다. 하지만 1억 원을 받으면 당신이 세상에서 가장 싫어하는 한 사람이 100억 원을 받는다. 당신은 이 제안을 수락할 것인가, 거절할 것인가?" 여기에 네티즌들이 쓴 다양한 댓글이 달리는데, 놀랍게도 싫은 누군가가 잘되는 꼴은 못 보기 때문에 1억 원을 포기한다는 댓글이 눈 딱 감고 1억 원을 받는다는 응답보다 훨씬 많다.

그리고 그 많은 댓글 중 가장 의표를 찌르는 댓글이 하나 있는데, "내가 제일 싫은 사람은 우리 와이프이다. 그럼 우리 집은 101억을 벌겠군!"이다. 그야말로 방심한 뒤통수를 얻어맞는 듯한 충격을 주는 아이디어였다. 많은 댓글에서 한국 사람의 공통된 정서인 '사촌이 땅을 사면 배가 아프다.'라는 심리를 엿볼 수 있다. 아마도 한국 사람뿐만 아니라 세상 많은 이들에게도 적용되는 심리가 아닌가 한다. 어떤 상황에도 이익을 좇아야 하는 '이성적 인간'과는 거리가 먼 이런 행태가 현실 세계에서 의외의 큰 변화와 파장을 일으킬 때도 있다.

투자 세계에도 이와 비슷한 현상이 종종 벌어진다. 분명 합리적이고, 과학적인 사고방식으로는 일어나서는 안 되는 현상이 인간의 인지 편향에 의해 반복적으로 발생한다. 모멘텀 투자가 그런 현상의 예라고 할 수 있다. 실증적으로는 분명히 관찰되는 현상이지만 그 근원에 뚜렷한 인과관계를 찾기 힘든 움직임을 이용해 투자를 하는 방식이다. 모멘텀은 원래 물리학 용어인데, 현상적으로 '관성에 기댄 투자'라는 의미를 담고 있다. 소위 대세 상승, 대세 하락이라고 하는 시점에 자주 보인다.

이 현상의 심리 근원에는 '시기심과 질투'가 자리 잡고 있다. 내 주변 누군가가 투자를 하고 큰 수익을 벌어 가고 있는 흐름에 나는 위기의식을 느낀다. 투자를 안 하면 얻고 잃는 것이 없지만 상대적으로 가난해지고, 심지어 내게 있는 무언가를 빼앗기는 느낌마저 든다. '벼락 거지'라는 신조어가 만들어진 배경이다. 이것이 조바심에 찬 투자행위를 유발하고, 주변의 더 많은 사람들이 이런 감정에 휩싸여 시장 전체가 더 큰 투자 붐을 만든다. 튤립버블, 남해회사버블, IT버블 등 자본주의 역사에서 종종 보인 버블의 근원을 찾아보면 모두 이런 인간의 나약한 심리를 찾을 수 있다.

모멘텀에 대한 심리학적 해석은 '대세에 편승하라.'라는 군집 행동 그리고 '분명히 이유 있는 변화'라고 믿는 자기실현적 예언이다. 그리고 구조적인 몇 가지 분석을 가미하기도 한다. 첫째, 경제학 해석의 큰 기둥인 '효율적 시장가설Efficient Market Hypothesis'의 일부 부정이다. 효율적 시장 이론에서는 완벽히 합리적 의사 주체인 이콘econ 이 사는 세계에서 새로운 정보는 순식간에 딱 그만큼의 가격변동을 낳는다고 말한다. 하지만 현실에서 어느 정도 시차와 불균형 구간이 존재한다. 투자자는 새 정보를 학습하지만 생각보다 느리게 배운다. 새 정보가 시장에 나오면 그것에 대한 인지, 해석, 판단 과정을 거치는데 거기서 시간차가 발생된다.

그리고 인간의 최근 정보에 더 큰 비중을 두는 인지편향도 영향을 미친다. 인간의 기억력의 한계, 망각에 의해 과거보다는 최근 변화에 대해 더 큰 믿음을 가지게 되고 행동으로 나타난다. 입에서 입으로 전달되는 정보가 부풀어오는 경향도 크다. 특히 투자 세계에 깔려 있는 자칭 전문가들의 말은 그럴듯한 포장을 입혀 투자자 행동에 대한 굳은 신념을 갖게 한다. 애널리스트, 언론인, 경제 유튜버의 휘황찬란한 전문용어는 변화의 근거보다는 심리적 기대에 편승하는 측면이 크다. 더구나 언제 어디서나 들여다볼 수 있는 스마트폰은 정보 과잉으로 작용하고 우리 머릿속에 혼란을 가중시킨다. 그리고 이 정보의 번잡함을 스스로 대단히 이성적인 지식자산으로 여기며 자기 확신을 강화한다.

모멘텀 현상이 두드러지는 때가 실적발표나 인수합병 이슈가 공개될 때다. 시장에서 판단하는 기대치에 비해 발표 실적이 높거나 낮으면 주가가 일시적으로 크게 변동하고 이 현상이 짧게는 며칠 길면 몇 주에 걸쳐 같은 방향으로 변화하는 경향을 보인다. 기대보다 높으면 어닝 서프라이즈, 낮으면 어닝 쇼크라고 불리는 실적발표 반응은 보통 작은 기업에서 더 격렬하게 나타난다. 또 저 PER, 저 PBR 등 가치주가 성장주에 비해 변화 정도가 더 크다. 여기서 기준이 되는 기대치는 전년 동기 이익으로 추정하거나 애널리스트의 예측치를 활용한다. 재미있는 것은 주가 변화가 실적발표 이전에 이미 시작된다는 것이다. 사실 법적으로 엄격히 제한되는 내부자 거래나 정보 유출이 현실 투자 세계에서 일정 부분 영향을 미치는 것으로 추정된다.

심리적 요소에 의해 시장이 과잉 반응하는 대표적인 사례가 주식 분할과 배당 증가이다. 합리적으로 생각해 보면 이런 뉴스는 사실 주가의 큰 변화를 이끌어 내는 원인이 될 수 없다. 주식 분할의 경우 기업이 만들어 내는 이익이나 현금흐름과는 전혀 무관하고 단지 겉모양만 바꾸는 것이라 할 수 있다. 하지만 일반적으로 주가는 하락 방향으로 크게 출렁인다. 배당금 증가 역시 재무적으로 작은 임팩트에 불과하지만 주가가 변화하는 폭이 작지 않다. 특히 배당금이 삭감되는 경우 시장은 장기적으로 이익 창출에 문제가 있다고 판단하여 큰 하락 반응을 하는 경우가 많다. 더구나 이런 변화 시기에 많은 거래량이 동반되면 상승 또는 하락은 그 폭과 기간 모두에 더 큰 영향을 미친다.

모멘텀 투자는 순전히 투자 심리를 이용한 방식임에도 불구하고 기술적 해석이 난무한다. 이동평균선이라는 추세선부터 상대 강도, 거래량 등 계량화된 지표들로 '과학적 포장'을 씌운다. 여기에는 상당히 많은 모델들이 있으며, 예측 수준을 높이기 위해 훨씬 더 많은 지표들을 활용하기도 한다. 모멘텀 분석가들은 자신의 이론을 증명하기 위해 실증적 증거를 보여 준다. 특정 종목, 특정 구간의 차트를 사례로 들며 많은 이론을 만들어 낸다. 하지만 안타깝게도 전체 시장을 포괄할 수 있는 일관된 이론은 아직까지 그 누구도 발견해 내지 못했다. 단지 주장만 난무하고 잠시 잠깐 매혹에 빠진 추종자들의 무리만 있을 뿐이다.

역사적으로 볼 때, 모멘텀 현상은 분명히 존재한다. 실적발표나 인수합병 소재가 공개되면 주가의 흐름은 변화를 보인다. 하지만 이에 기대어 투자를 하기엔 큰 약점이 있다. 바로 각 케이스에 따라 시간 지평이 천차만별이라는 것이다. 모멘텀은 순식간에 방향을 바꿀 수 있다. 상승에 베팅한 투자자가 아주 순간의 타이밍을 놓치면 이익이 사라지거나 오랫동안 회복이 안 되는 손실 구간에 빠질 수 있다.

다음 챕터에 나올 역발상 투자가 모멘텀 투자의 완전한 거울이다. 모멘텀 투자가 '변화에 편승한다.'라는 생각을 기반으로 한다면, 역발상 투자는 '거품은 반드시 꺼진다.'라는 믿음에서 시작한다. 기술적으로 출렁이는 가격 변화 중 어느 시점을 공략한다는 차이만 있을 뿐이다. 두 전략 모두 결국 매매타이밍이 투자수익의 생명줄이란 말이다. 반전에 반전이 거듭되는 변덕스러운 변화 패턴에서 이익을 보기 위해 투자자는 빈번한 매매전략을 쓸 수밖에 없다. 모두가 알다시피 잦은 매매는 거래 비용의 증가가 필연이다. 모멘텀 투자가 장기적으로 성공하기 어려운 아주 중요한 이유이다.

미국 시장을 대상으로 한 재무학 연구는 위험천만한 모멘텀 투자에 몇 가지 가이드라인을 제시한다. 최소한 후보군 선정에 다음의 몇 가지 조건은 만족해야 실패확률을 줄일 수 있다고 말한다. 첫째, 최근 분기 EPS 예상치가 0.25달러는 넘어야 하고 최근 3년간 이익이 지속된 회사를 찾는다. 기본적으로 최소한의 이익을 내는 회사 그리고 어느 정도 규모를 가진 회사라야만 한다.

두 번째로 어닝 서프라이즈를 타겟으로 한 투자의 경우, 여러 애널리스트의 전망치가 너무 차이가 나서는 안 된다. 애널리스트들의 전망이 중구난방이라면 그야말로 카지노 베팅과 다름없다. 애널리스트 전망치의 표준편차가 5% 이내에 있어야 한다. 그리고 발표된 이익실적이 시장의 예상보다 40% 이상이 되어야 한다. 어느 정도 시장 반응을 일으킬 강도가 있어야 모멘텀 효과가 발생되고 일정 기간 추세를 보일 수 있다. 마지막으로 낮은 PER을 들 수 있다. 이미 시장이 과대평가하고 있는 종목이라면 어지간한 이익발표로 충분한 모멘텀을 만들어 내지 못한다. PER 기준은 보통 20 이하로 본다.

'모멘텀'은 물질의 운동량을 뜻하는 물리학 용어이다. 언뜻 보면 대단히 과학적 접근방식으로 보여지지만 인간의 인지편향에 의지한 방식일 뿐이다. 심리학이 많은 임상실험과 신경정신학 연구로 발전을 이루고 있지만 여전히 인간의 정신세계는 미지의 영역이다. 우리 일상에서 작은 사건이 내 기분을 바꾸는 경우를 직접 겪지 않는가? 개인의 심리변화는 집단 심리로 옮겨 가며 증폭되고 역사 속에서 세상을 바꾸는 동력으로 작용하기도 한다. 문제는 그것의 크기와 지속기간을 예측하기가 너무나 힘들다는 것이다. 여전히 미지의 영역 안의 작은 증거를 갖고 미래를 예언할 수 있다고 하는 사람들은 스스로 자기기만에 빠진 경우가 많다. 단기적으로 시장은 술 취한 사람의 걸음걸이 모습과 같다. 랜덤워크 패턴에서 일정한 법칙을 찾으려는 시도는 덧없는 노력에 불과할 때가 많다.

11

역발상 투자의
난관

    인생은 새옹지마란 사실을 중년에 접어드니 실감하게 된다. 20대에 승승장구하던 친구가 나락으로 떨어져 허우적거리기도 하고, 별 볼 일 없어 보이던 녀석이 어느새 사회적 성취를 얻고 좋은 인격을 만든 모습을 보기도 한다. 율곡 이이 선생은 인생의 3대 불행으로 소년등과, 중년상처, 노년빈곤을 꼽으셨는데 인생의 굴곡에 대한 통찰이 담겨 있는 말이다. 특히 인상적인 것이 처음 나온 소년등과다. 여기에는 섣부른 성공이 가져다주는 위험을 경계하라는 교훈이 담겨 있다. 당장 내 삶을 돌아보아도 한때 견디기 힘든 고난에 절망하고 낙심했지만, 그것을 인내하고 성찰하는 과정을 통해 다시 성장의 기회로 만들 수 있었다.

    영화나 소설에서 역전과 반전은 단골 소재이다. 우리는 진부하다고 말하면서도 그런 드라마에서 위안과 응원을 얻고는 한다. 투자 세계에도 이런 인생의 굴곡을 활용한 전략이 있으니 바로 '역발상 투자'이다. 투자 역사에서 가장 빛나는 역발상 투자자는 전설의 존 템플턴이다. 존 템플턴Sir John Templeton 은 과거 IMF 외환위기 시기 한국에 투자하여 큰 수익을 얻은 것으로도 유명하다. 1997년 국가 부도를 맞은 한국은 그야말로 절망의 늪 속에 있었다. 직전 700원이었던 원 달러 환율이 6개월도 안 되어 2,000원에 육박했으니 세상이 당시 한국을 얼마나 위태롭게 보았는지 짐작할 수 있다.

존 템플턴은 이런 경제 공황 상태의 한국에 자그마치 1,000만 달러를 투자했다. 삼성전자와 한국전력 등 한국의 주요 기업 주식을 거의 헐값에 매수했다. 지금은 모두 알고 있듯이 한국 경제가 역전하고 재기하는 데 힘입어 당시 투자한 존 템플턴은 천문학적 수익을 거두게 되었다. 존 템플턴의 역발상 투자는 '최적의 매수 타이밍은 시장에 피가 낭자할 때'라는 말로 표현할 수 있다.

시장 전체뿐만 아니라 개별 종목에도 위기 신호가 찾아오면 시장가격이 과도하게 급락하는 경우가 생기고 여기서 수익을 위한 틈새가 만들어진다는 것이 역발상 투자의 아이디어이다. 역발상 투자에 대해 보통 알려진 두 가지 주장이 있다.

첫 번째는 동트기 직전이 가장 어둡다는 사실이다. 악성 뉴스가 확산되며 모두가 공포에 떨며 값진 원석에 헐값이 매겨지는 순간이 있다는 것이다. 두 번째 주장은 저가주가 더 싸다라는 생각이다. 아무래도 소형주, 소외주의 경우 외부 환경에 더 크게 영향을 받게 된다. 일시적으로 부는 바람에 가지가 꺾일 수 있지만, 바람이 잦아지면 더 빠르게 성장할 수 있다는 기대가 담겨 있다.

역발상 투자는 앞서 얘기한 모멘텀 투자의 쌍둥이 형제 같은 모양이다. 다만 그 방향이 다를 뿐이다. 이미 모멘텀 투자에서도 언급한 '효율적 시장Efficient Market'이 이야기의 시작이 된다. 효율적 시장 관점에서는 기업의 현금흐름, 성장률, 위험 등 기업 가치에 영향을 미칠 수 있는 새 정보가 공개될 때 즉각적이고 정확한 크기의 가격 반응이 나타난다.

하지만 현실에서는 새 정보 자체가 세상 아무도 예측 못 한 사건일 수도 있고, 그 임팩트에 대한 사람들의 반응이 과도하게 나타남에 따라 시장가격은 '이성적 상태'에서 이탈하게 된다. 자연과학적 사고관에서는 원인과 결과의 고리가 명확하고, 영향 정도 역시 예측 가능하다. 그러나 인간 세상에서는 80억 사람 하나하나가 잡음을 일으키는 변수로 작용하게 된다. 사소한 한 사람의 행동 하나가 태풍을 일으키는 나비의 날갯짓이 될 가능성이 상존한다. 중국 우한의 전통시장에서 시작된 유전자 변이는 별것 아닌 사건일 수 있었지만, 이것은 짧지 않은 시간 세상에 큰 고통과 변화를 가져오지 않았는가?

일시적으로 효율적 시장이 무너지는 데 가장 중요한 원인을 인간 심리에서 찾을 수 있다. 행태경제학Behavioral Economics에서는 이에 대해 세 가지 요소가 작용한다고 본다. 첫째는 최근 정보에 더욱 민감한 심리 경향이다. 인간이 삶을 살아가는 데 망각이란 기능은 심리적 안정을 찾는 데 대단히 중요한 부분이다. 억압적이고 고통스러운 기억이 희석되어야 상쾌한 오늘 아침을 맞을 수 있다. 하지만 망각은 현실을 있는 그대로 보지 않게 하는 역기능도 있다. 충격파가 오랜 기간 반복적으로 영향을 미칠 때 우리는 그 존재 자체를 간과하게 된다. 담배와 술을 쉽게 끊지 못하는 이유이다. 북한의 반복된 전쟁 위협에도 한국인의 일상은 바뀌지 않는다. 반대로 최근 벌어진 사건에 대한 강한 선명도 때문에 불필요한 과잉반응이 나타나기도 한다.

두 번째 행태경제학적 해석은 군중심리다. 공포심은 강한 전염성을 갖고 있다. 특히 전문가와 언론은 과학이라는 포장지를 씌워 공포의 강도를 증폭시키고 널리 전파한다. 당장 우리가 얼마 전에 겪은 코로나 팬데믹의 상황을 기억할 수 있다.

자본시장에서 과잉반응이 나오는 세 번째 원인은 기술적으로 복잡한 정보이다. 어닝 시즌의 서프라이즈 또는 쇼크는 변화의 내용이 비교적 단순하다. '예상보다 실적이 좋다, 좋지 않다.'라는 정보는 이런저런 해석이 필요하지 않다. 하지만 상당히 복잡한 형태의 정보가 공개될 경우 해석 과정에서 심리적 증폭 작용이 커진다. 예를 들어, 혁신기술 개발, 기업공개, 인수합병 등의 이슈는 그 자체로 복잡성을 내포한다. 특히 실현 가능성이 큰 변수의 경우 투자 전문가와 언론은 확대경을 들이대며 과대평가를 일삼는다. 세상을 바꿀 혁신적인 기술이 출현했다는 호들갑은 끊임없이 반복된다. 최근 등장한 암호화폐, 전기차, 자율주행, 인공지능, 메타버스, 연료전지 등의 혁신기술이 세상을 바꾸는 것은 맞지만, 그들이 말하는 혁명적 변화는 시간이 걸리기 마련이다. 변화는 생각보다 느리게 이뤄지고 기존 질서와 긴 교차 과정을 거치는 것이 보통이다.

이상에서 언급한 세 가지 이유로 인해 자본시장은 효율적 시장의 모습과 약간 괴리되어 있다. 이 간극에서 모멘텀 투자와 역발상 투자의 아이디어가 생겨난다. 특히 초기 주가 흐름이 극단적일수록 이후 조정 과정도 격렬하게 벌어지기 때문에 그 틈에서 투자수익의 가능성이 좀 더 커진다. 모멘텀 투자와 역발상 투자의 근본 원인은 같지만 방향은 정확히 반대이다. 그것은 두 전략의 시간 지평의 명확한 차이 때문이다. 재무학에서는 주가 흐름에 대한 '계열 상관serial correlation'을 분석하여 각 전략 유효성을 밝힌다. 계열 상관이란 한 기간의 주가 흐름이 다음 기간 주가 흐름과 어떤 관계를 가지는지를 찾아보는 분석법이다.

이를테면, 사건이 벌어진 첫날 주가가 급등했을 때, 다음 날의 반응에 어떤 영향이 있는지, 그리고 일정한 법칙이 있는지를 확인한다. 다음 날 상승이 이어진다면 플러스 상관성, 투자자의 이익 실현에 의해 하락 경향을 보인다면 마이너스 상관성, 반응이 케이스별로 오락가락하면 상관성이 없다고 판단하는 식이다. 미국 재무학계에서는 미국 증시뿐만 아니라 주요 선진국 증시에 대한 장기 분석을 시행하여 일정한 패턴을 발견하였다.

분명히 계열 상관에 대한 경향이 관찰된다. 다만 시간 지평을 어떻게 잡느냐에 따라 상관성의 플러스, 마이너스가 갈린다. 보통 6개월 이하의 표본을 대상으로 하면 플러스의 상관성이 있다. 즉 하나의 사건에 의해 주가가 급등하면 6개월 이내 짧은 기간 동안은 상승을 이어 가는 경향을 확인하였다. 주가 급락 역시 동일한 패턴으로 하락추세를 만들어 낸다. 하지만 시간 지평을 6개월을 넘어 1년~5년으로 설정하면 상관성이 마이너스로 역전한다.

강한 상승을 이룬 종목은 긴 호흡에서 하락 반전하는 현상을 보인다. 전략적으로 단기간 플러스 상관성을 이용하면 모멘텀 투자, 장기간 마이너스 상관성을 이용하면 역발상 투자로 구분할 수 있다. 문제는 시간 지평의 구분이 케이스마다 상당히 다르다는 것이다. 모멘텀이 아주 짧은 기간 발생됐다 사라질 수도 있고, 반등 현상이 수년 동안 발생되지 않을 수도 있다. 역전 타이밍은 시대와 경기 싸이클에 따라 크게 다르다. 물가와 금리 급변 구간, 혁신산업에 의한 생산성 증가 기간, 코로나 팬테믹 같은 의외의 사건 등 큰 흐름에 따라 차이가 있고, 경기과열과 침체 구간마다 타이밍의 편차가 크다. 특히 마이너스 상관성에 주의를 기울여야 하는 것이 '평균의 함정'이다. 극소수 대역전주가 나오면 다수의 약세 종목 실적을 가리는 경우가 생긴다.

역발상 투자의 기본 개념은 과도하게 하락한 주식 가격이 시간이 흘러 제 가격으로 돌아온다는 전제에서 시작한다. 문제는 주가 하락 자체가 진정 과도한 시장 반응인지, 시간이 지나면 회복할 수 있는 체력을 가지고 있는지가 관건이다. 주가를 하락시키는 사건의 근저에 기업의 진짜 체력에 영향을 미치는 요소가 있는지를 확인해야 한다. 경영진의 부도덕, 경쟁력 상실, 시장 점유율 하락 등 구조적 문제가 깔려 있으면 주가 회복을 위한 에너지 자체가 없다고 봐야 한다. 특히 주가 하락 정도가 심해서 소위 동전주가 되면, 기관투자자 포트폴리오 규정상 자동 매도할 수밖에 없다. 이러면 위기가 새로운 위기를 만들어 내고 최종적으로 큰 가격 충격으로 발전한다. 패자부활전의 기회가 영원히 박탈될 수 있다.

역발상 투자를 하기 위해서는 치밀한 전략이 필요하다. 우선 주가 쇼크의 근본 문제에 대한 해결 가능성을 보아야 한다. 수익성을 개선할 수 있는 경영진 교체, 구조 조정 등의 개선 활동을 체크해야 한다. 재무적 관점에서 몇 가지 필터를 적용해 볼 수 있다. 최근 분기 실적이 흑자 또는 전 분기보다 증가한 영역이익은 좋은 시그널이다. 주당 가격이 5달러 이하로 떨어지면 소위 동전주로 분류되어 가격 자체가 재기 불능의 상황을 만든다. 더구나 투자자 입장에서도 동전주의 매매에 상대적으로 큰 거래 비용을 지불해야 하기 때문에 수익의 일부를 반납할 가능성이 크다. 따라서 주당 가격이 5달러 이상 종목을 후보군으로 설정한다.

위험에 대한 대비도 필요하다. 변동성 측면에서 표준편차가 80% 미만, 베타가 1.25 미만 종목을 선정해야 하며 재무적 위험지표인 부채비율은 50%보다 작아야 한다. 모멘텀 투자가 매매타이밍이 생명이라면 역발상 투자는 인내심이 관건이다. 언제 끝날지 모르는 긴 터널에 대한 마음의 준비가 필요하다. 종목 투자뿐만 아니라 국가 단위 역발상 투자 역시 얼마나 버틸 수 있냐가 최대 관전 포인트이다. 한국 증시는 위기 때마다 쇄신의 고통 끝에 재기할 수 있었지만 이런 패턴이 꼭 필연은 아니다. 미래에도 반드시 반복되리라는 법은 없다. 옆 나라 일본이 겪은 잃어버린 30년을 보면서 인내심의 크기가 생각보다 훨씬 더 클 수도 있을 것이며, 그것을 이겨 내겠다는 각오가 있어야 성공할 수 있다.

전문가에게
물어봐?

　　사회생활을 하면서 내면의 생각과는 다른 말을 해야 할 때
가 있다. 당장 내게 영향력을 미칠 수 있는 직장상사나 고객에게는 특
히 그렇다. 앞에서 말하는 사람에게 부정적 감정이 들고, 그의 말에 동
의하지 못해도 우리는 미소 지으며 고개를 끄덕인다. 정직이 최선의 미
덕이라고는 하지만 사회생활에서 어느 정도의 연기력은 필수다.

　특히 큰 이득이 걸려 있으면 그 이면에 다른 모습이 숨어 있더라도 진
실과는 다른 이야기를 할 수밖에 없다. 나 역시 그런 상황에서 얼굴의
한쪽을 가린 가면을 쓰고 살아가며, 그것이 꼭 나쁜 것이라고 생각하지
않는다. 남에게 피해를 주지 않는다면 부드럽고 긍정적인 표현이 서로
의 마음에 상처 주지 않고 무난한 관계를 이어 가는 데 도움을 주기 때
문이다. 다만 대화의 주제에 결정적 이익이 걸려 있다면 경계하는 마

음을 가지려고 노력한다. 상대방의 주장에 귀를 기울이지만 거래의 성격에 따라 내 손해가 생기는 경우도 있기 때문에 조심스럽게 판단을 유보하기도 한다. 우리가 이런저런 문제를 맞닥뜨렸을 때 찾는 전문가들에 대해서도 비슷한 마음의 준비를 한다. 고가의 가전제품을 구매하려 매장에 방문했을 때 제품에 대한 판매원의 칭찬 일색을 의심해 봐야 한다. 그 제품이 숨겨진 결함이 있거나 나의 이용 환경과 다르다면 두고두고 후회할 가능성이 있기 때문이다. 그래서 매장에서 제품을 직접 만져 보거나 다시 집에 돌아와 인터넷에 올라온 사용 후기를 찾아보고 구매 결정을 하는 편이다.

유형의 상품은 그것에 대한 만족감이 즉각적이다. 당장 일상생활에 적용해 보고 잘 맞는지 문제는 없는지 쉽게 알아볼 수 있다. 하지만 금융상품은 그 상품의 진가가 나타나는 데 상당히 오랜 시간이 걸린다. 판매원이 말하는 환상적인 결과는 짧게는 몇 년, 길게는 십수 년이 흘러야 확인이 된다. 아마도 그 결과를 받아들게 될 때쯤이면 그 판매원의 연락처가 바뀌었을 가능성이 크다. 그리고 금융상품의 특성상, 약속했던 결과가 나타나지 않더라도 이런저런 변명의 여지가 많다. 처음 예상했던 금융 환경이 이러 저러하게 변경되어 어쩔 수 없다는 대답을 듣기 일쑤다. 그래서 다른 상품보다 금융상품을 선택하는 데 조심해야 하고, 작지 않은 자산을 투자하는 경우 내 스스로 금융 지식을 충분히 쌓는 것이 좋다.

우선 우리가 알아야 하는 것은 금융 세계는 다른 영역과 달리 전문가들의 힘이 대단히 약한 곳이라는 사실이다. '전문가의 힘'이라고 하면 해당 영역에서 '미래를 예측하는 능력'이라고 해석할 수 있다. 긴 수련 기간을 거친 의사의 말을 우리는 경청한다. 잘 알려진 명의는 병을 정확히 판단하고 정확한 치료 방법을 제시한다. 그래서 질병의 향후 진행을 정확히 예측하는 능력을 가지고 있다.

경험이 많은 건축가가 집을 짓는 것을 상상해 보자. 집을 지을 곳의 주변 환경의 특징을 정확히 분석하고 그에 맞는 건축 재료와 설계구조를 선택한다. 미래에 있을 노후화와 자연의 변화를 예측하여 충분히 수십 년간 문제없이 생활할 수 있는 집을 지을 수 있는 사람이 건축전문가다. 그런 시각에서 보면, 금융 세계에서 전문가라고 불릴 수 있는 사람은 극히 소수이다. 하지만 현실에서 우리는 금융 전문가, 투자 전문가라고 자칭하는 사람을 너무나 많이 만나게 된다.

여기서 글의 서두에 나온 딜레마가 있다. 자신들의 이익을 위해 금융 전문가라는 사람들은 사실과 다르게 좀 더 멋지고 화려한 포장에 열을 올리는 경향이 있다. 특히 세상의 변화가 심하고 국가적 위기가 있을 때 이런 행태는 심해진다. 과거 글로벌 금융위기나 코로나 팬데믹 상황을 돌아보자. 위기는 많은 사람의 삶을 고통으로 내몰았지만 금융업계는 그때마다 사상 최대 실적을 올리는 기현상이 벌어진다. 이때가 되면 사람들 머릿속의 공포와 욕망이 더욱 넘실거리기 때문이다. 특히 온라인, 모바일 투자 환경이 발전하면서 정보의 전달이 더욱 빨라지고, 더 쉽게 투자행위를 하게 되면서 소비자들은 금융상품에서 손해를 볼 확률은 더욱 커진다. TV, 인터넷, 유튜브 할 것 없이 자칭 투자 전문가들이 쏟아 내는 홍수와 같은 조언과 예언들은 얼마나 가치가 있을까?

나는 과거 증권회사의 펀드 매니저 경력이 있는 유명 경제 유튜버 '슈카'의 채널을 즐겨 본다. 이미 금융업계를 떠나 보고서와 실적의 압박에서 벗어나, 순수하게 경제 해석을 테마로 삼는 그는 유튜브 방송에서 가끔 솔직한 심정을 이야기한다. 자산시장이 어떻게 변화할지 알 수 있는 건 '신의 영역'이고 세상 아무도 그런 능력을 반복적으로 구현할 수 없다고 한다. 그래서 직업적으로 할 수 없는 것을 할 수 있게 만드는 펀드 매니저 생활이 쉽지 않았다고 토로한다. 그러면서 투자는 무서운 것이고 또 흥미로운 영역이라 말한다.

전문가라고 함은 많은 정보와 지식을 가진 것 외에 미래가 어떻게 흘러가는지에 대해 예측 능력을 가져야 하는데 금융과 투자 세계는 그런 측면에서 아주 극소수의 진짜 전문가만이 존재하는 세계이다. 우리가 쉽게 보는 투자 전문가들은 우리보다는 더 많은 것을 알고는 있지만 미래를 내다보는 능력은 보통 사람들과 별 차이가 없다. 슈카는 자신의 개인적 투자 행태를 방송에서 공개할 때도 있다. 전기차 시장의 확장을 전제로 자연스레 관련 부품산업이 흥할 것으로 예상한 본인의 투자 경험을 예로 든다. 나름 논리적이고 분석적인 그의 전략은 시작부터 삐걱거린다. 예상치 못한 변수가 끊임없이 다른 모양으로 가격에 영향을 주고 결국은 항복 선언을 하는 자신의 모습을 설명한다. 완벽한 정보와 분석이 있었지만 시장은 결코 예상대로 흘러가지 않았다고 고백한다.

자칭 투자 전문가라고 하는 사람은 크게 세 부류로 나눌 수 있다. 투자분석을 업으로 삼는 투자 전문회사의 펀드 매니저, 애널리스트 등 금융업계 종사자가 첫 번째이다. 두 번째는 세상에 공개되지 않은 정보에 접근할 수 있는 기업 내부자나 의사결정 과정의 참여자들이다. 세 번째는 훌륭한 포장지로 휘감은 투자해설자라는 사람들이다. 요즘은 특히 세 번째 부류가 각광을 받는다. 테헤란로에 그럴듯한 모양새의 투자 자문사들, 환상적인 투자실적을 광고하는 전문회사, 잘 정돈된 겉모습과 언변으로 강연과 유튜브를 휘젓는 유명 논객들.

왜 우리 주변에 이런 산업이 성업하고 우리는 그들에게 끌리는 걸까?

우선 투자는 어렵고 복잡할 것이라는 보통 사람들의 두려움 때문이다. 우리가 낯선 문제를 맞닥뜨렸을 때 의사, 변호사, 세무사를 찾는 것처럼 투자라는 신세계에 접근하기 위해 전문가에게 의지하려는 마음이 생긴다. 그리고 투자 전문가가 보유하고 있는 강력한 자원이 큰 매력으로 작용한다. 보통 사람은 가지지 못한 전문지식, 데이터, 분석모델, 인력이 보통 사람보다 훨씬 더 높은 수준의 해석 능력을 지니고 최종적으로 자산을 불리는 데 도움을 줄 것이란 기대가 있다.

그럼 투자 전문가들의 주장부터 알아보자. 우선 더 많은 정보를 가지고 있는 사람이 있다면 그는 초과 수익을 거둘 수 있을까? 일반적으로 시장에서 책정되는 가격은 수요와 공급의 접점에서 결정된다. 이 수요와 공급은 공개된 정보를 기반으로 한다. 다수의 시장 참여자의 인식이 가격에 반영되는 것이다. 초과 수익의 원천은 정보의 우위에 있다. 구체적으로 다수 투자자의 정보 오류와 처리 과정의 시차가 만들어 내는 빈 공간을 노리는 것이다. 더불어 시장의 과잉반응으로 만들어진 틈을 파고들 수도 있다.

일단 기업 내부의 정보를 활용할 수 있는 사람, 즉 임원이나 대주주가 미공개정보를 활용할 수 있지만 기본적으로 이런 행위는 불법이다. 하지만 불법임에도 불구하고 현상적으로는 관찰된다. 보통 주요한 경영 변화가 공개되기 전에 시장이 먼저 반응하는 현상을 자주 볼 수 있다. 그러나 이런 방식을 전략적으로 활용할 수는 없다. 일단 이것은 법을 위반하는 행위이다. 더구나 여러 기업을 대상으로 반복적으로 할 수 있는 환경도 아닐뿐더러 아무리 좋은 정보라도 항상 유효하지 않기 때문이다. 아무리 좋은 호재라도 그 효과를 상쇄할 만한 악재는 언제든 발생할 수 있다.

내부정보를 활용하여 단편적으로 수익을 낼 수는 있지만 장기 관점에서 반복적으로 이 전략을 활용하는 건 불가능하다. 간혹 사이비 투자 전문가들은 어둠의 특정 루트를 통해 지속적으로 비공개정보를 접수할 수 있다고 홍보하지만 이것은 허구에 가깝다. 만일 그들의 주장이 맞다면 만능열쇠 같은 정보원을 활용해 세계 최고의 부자가 될 수 있는 기회를 버리고 굳이 재판매할 이유가 없지 않겠는가. 또한 반복된 불법행위는 행정당국의 감시망을 영원히 피할 수도 없을 것이다.

합법적인 범위 안에서 활동하는 투자 전문가의 전략을 살펴보자. 금융산업의 정점에 증권사 애널리스트가 있는데, 이들은 공개된 정보의 해석 능력을 자신의 가장 강력한 무기로 꼽는다. 경기 변동, 성장성, 이자율, 인플레이션 등 거시경제변수들이 갖는 함의와 진행 방향을 예측하는 경제분석 역량을 기본으로 한다. 산업분석도 빠지지 않는다. 해당 기업이 속해 있는 산업의 경쟁 구도, 시장의 움직임, 선후방 산업의 연쇄작용 등을 분석한다. 기업 자체에 대한 연구도 중요하다. 공개된 회계 정보의 숨은 의미를 파악하고 중요한 경영상 변화를 체크한다. 기존에 쌓아놓은 모델링을 통해 미래 변화를 예측한다. 이 과정에서 첨단의 컴퓨팅 기술과 최고 수준의 인재들이 동원된다.

그렇다면 애널리스트의 적중률은 얼마나 될까? 이에 관한 재무학 연구는 꾸준히 이루어져 왔다. 많은 연구는 일관된 결론을 내린다. 애널리스트들의 분석 정확도는 2~3분기 정도 양의 상관관계를 가지지만 그 이후 예측의 질은 놀랍도록 떨어지는 패턴을 보인다. 단기적으로 애널리스트가 성공하는 여러 이유 중 중요한 부분이 자기실현적 예언이라는 데에 우리는 주목해야 한다. 이것은 상관성은 있지만 인과성은 없다는 이야기다. 업계 주류 애널리스트의 분석 결과가 나오면 그들 사이의 군중심리에 의해 비슷한 의견의 분석 결과가 우후죽순 이어진다. 대세를 거르는 의견에는 너무나 큰 리스크가 따르기 때문이다. 다수의 의견이 틀려도 충분한 변명을 댈 수 있지만 나만의 길을 걷는 소수 의견이 틀리면 뒷감당이 어렵다. 모난 돌이 정 맞는 상황을 피하는 것이다.

이런 이유로 다수의 애널리스트들이 공통된 의견을 내놓으면 시장은 그 추동력에 의해 움직인다. 즉 그들은 객관적 관찰자처럼 행동하지만 실제로는 이 판에 속한 이해관계자일 확률이 크다. 그리고 현상적으로 그 움직임의 크기가 의미 있는 정도도 아니다. 연구 결과에 따르면 수익 폭은 미미하고 그마저도 빠르게 사라진다. 사실 단기적으로 시장의 움직임은 상승과 하락의 비율이 50:50임에도 불구하고 애널리스트의 보고서는 매수 의견이 매도 의견보다 압도적으로 많다. 보통 7배에서 많게는 25배에 이른다. 이것은 애널리스트의 분석 수준이 허구일 수 있다는 점을 단적으로 보여 준다.

많은 경우 숫자로 표현되는 금융, 투자 세계를 자연과학이나 공학의 시각에서 보는 경우가 많다. 많은 투자 전문가들은 이런 사고방식을 부추긴다. 일정한 변수 안에서 충분히 움직임을 예측할 수 있다고 말한다. 속도 마하 3의 전투기를 제어하고, 미지의 우주 공간에 로켓을 쏘아 올릴 수 있듯 특정한 법칙을 따르면 필연적 해법을 만들어 낼 수 있다고 주장한다. 하지만 금융, 투자 세계의 본질은 공학과 거리가 멀다. 사회과학은 필연의 공간이 아니라 확률의 영역이고, 제한된 변수가 아니라 언제든 새로운 변수가 출현하여 완전히 다른 흐름을 만드는 세계이다. 많은 정보와 지식, 화려한 배경을 가진 전문가라도 허망한 성과를 만드는 일이 비일비재하다. 그들에게 의지할 하등의 이유가 없다. 내가 어렵게 만든 자산을 신중하고 조심스럽게 다뤄야 한다.

13

우량주 투자의
빈틈

세상에서 가장 유명한 투자자인 워런 버핏의 우량주 장기 투자 전략은 잘 알려져 있다. 버핏은 "주식이 아니라 기업을 산다."라는 관점에서 좋은 기업을 선정하고 아주 긴 시간 동안 보유하며, 기업의 성장과 함께 수익을 얻는다. 그의 이런 철학은 특히 투자 초보에게 매력적이다. 높은 브랜드 가치로 세상 많은 사람들에게 알려져 있고, 이미 긴 시간을 통해 꾸준한 성장성을 보인 기업은 투자자의 두려움과 조바심을 가라앉힌다. 복잡한 분석 기법과 전략에 대한 부담도 덜 수 있다. 지금까지 크게 성장한 기업은 미래에도 비슷한 성장을 할 것이고, 거기에 나의 투자금을 담으면 그에 상응하는 보상을 받을 것이란 단순한 기대가 있다.

놀랍게도 이런 간단명료한 선택이 오히려 자칭 전문가들의 복잡성을 이긴다는 실증연구와 사례가 대단히 많다. 투자자들의 성별과 학력, 직업을 구분해 투자 성과와 얼마나 상관관계가 있는지를 분석한 공개 자료들이 있다. 가장 투자 성적이 안 좋은 집단은 소위 명문대학교를 나온 30~40대 대기업 직장인 남성군이다. 반대로 가장 투자 성적이 좋은 집단은 놀랍게도 50대 이상의 여성 주부들이다. 30~40대 직장인 남성들이 속한 세계는 근면하고, 민첩하고, 변화무쌍한 세계이고, 투자 역시 그들이 속한 사회의 룰대로 한다. 그들은 여러 루트를 통한 정보를 이용하고, 최신 전략을 적용한 빈번한 거래를 실천한다. 하지만 이것은 결국 수익률을 갉아먹는 독으로 작용한다. 반면 50대 이상 여성들은 낯선 세계에 두려움이 커 가장 크고 안정적인 회사를 선택하고 투자포지션을 긴 시간 유지한다. 결과는 나태함이 부지런함을 이기는 기묘한 현상을 보인다. 투자 영역은 보통의 사회적 성취와 정반대의 결과를 내는 재미난 세계이다.

분명 대형 우량주 투자가 갖는 강력한 장점이 있다. 다만 기업 역시 생로병사의 과정을 거치기 때문에 이것에도 섬세한 선별 작업이 필요하다. 그렇다면 우리가 선택해야 할 우량주는 무엇이고, 무엇을 조심해야 할까? 우량주라고 하면 크게 두 가지 관점에서 구분할 수 있다. 첫 번째는 '안정된 이익 창출'. 둘째는 '재무 건정성'이다. 우선 안정된 이익의 관점에서 우량기업을 살펴보자. 자본주의 체계는 끊임없는 변화가 필연이다. 따뜻한 온풍이 부는 듯하다가 느닷없는 태풍과 가뭄이 찾아오는 세계이다. 수시로 출렁거리는 수요와 공급의 변동에 의해 세계적 차원의 경기 변동이 생긴다. 코로나 팬데믹 같은 예측 불가능한 파도가 경제 환경에 큰 영향을 미치기도 한다. 기업 관점에서 경쟁업체의 부상과 시장 상황의 변화는 갑작스러운 위기를 만들기도 한다. 장시간 안정된 이익을 만든 기업은 이런 외부 환경변화에도 단단하게 사업을 수행할 수 있는 특별한 뭔가를 보유하고 있다는 의미이다.

외부 환경의 부침을 견디어 내고 긴 시간 안정된 이익을 만드는 기업은 몇 가지 유형으로 나뉜다. 가장 대표적인 형태는 경쟁 없는 독과점 기업이다. 국가에 의해 운영되는 전력, 수도, 도로 회사 또는 국가로부터 독점 운영권을 받아 사업을 운영하는 회사들이다. 이런 회사들이 만드는 상품은 필수재 성격이 강해 수요가 안정될 뿐만 아니라 경쟁의 위협이 존재하지 않는다. 다만 이 부류의 회사들은 이익의 크기가 확대되지 않는 경향을 보인다. 가격결정권이 규제 당국에 묶여 있고 시장 확대의 여지가 크지 않다.

두 번째 유형은 사업을 다각화한 기업이다. 대표적인 것이 미국의 거대기업 GE다. 발전설비와 항공 엔진 등 산업재를 중심으로 성장한 GE는 이후 의료장비, 금융 부문으로 확장한다. 시장 환경변화에 맞서 이익의 변동성을 최소화하는 경영전략을 구사한다. 많은 대기업은 일정 정도 범위 안에서 사업 다각화를 시도한다. 삼성전자의 경우, 모바일, 반도체, 가전 등 크게 세 부분의 사업부를 운영한다. 각 상품의 경기 사이클이 다르기 때문에 한 사업부의 위기를 다른 사업부의 부흥으로 상쇄시키며 안정된 이익 수준을 유지한다.

또 다른 유형은 지역을 다각화한 경우이다. 전 세계적으로 유통 채널이 확장되고 무역장벽이 낮아짐에 따라 신규 지역에 생산설비를 만들고 소비시장을 넓히는 것이 쉬워졌다. 가장 성공한 지역 다각화 사례가 코카콜라이다. 한편, 이익 안정화를 위한 다른 방식은 금융과 회계 기법을 이용하는 형태다. 상품생산에 필수적인 자원의 경우 선물, 선도 등의 파생상품을 활용하여 비용을 평탄화시킨다. 외국과의 거래가 많으면 외환거래에 대한 파생상품을 이용할 수 있다. 회계적으로 투자와 자산매각 타이밍을 배분하여 이익 수준을 매끄럽게 할 수 있고, 수익의 인식 시점을 이연시키거나 앞당겨 회계 처리함으로써 이익의 시간적 분산을 한다. 준비금 등의 장부상 여윳돈을 증감시켜 효과를 볼 수도 있다.

우량기업은 회계적 이익의 차원이 아닌 기업 구조와 활동 측면에서도 구분해 낼 수 있다. 우선 건강한 기업지배구조governance를 가진 기업을 꼽는다. 회사 내 의사결정 시스템이 얼마나 효율적으로 운용되는지에 따라 회사의 장기 성장이 좌우된다. 경영권을 가진 소수의 전횡이나 불합리한 판단은 기업을 시시각각 위험에 빠뜨린다. 기업지배구조는 기본적으로 경영자가 주주의 이익에 얼마나 부응하냐가 관건이다.

건강한 기업지배구조를 판단하기 위한 몇 가지 지표가 있다. 이사의 수, 이사진 중 내부자 비중, 이사의 독립성, 이사의 주식 보유 현황 등이다. 효율적 기업지배구조를 통해 보이는 건전한 재무실적도 중요한 체크포인트이다. 좋은 재무실적이란 낮은 비용으로 자본을 조달하고, 안정된 매출과 이익을 낳는 투자를 발굴하는 프로세스다. 재무학에서는 이런 과정을 하나의 지표로 표현한다. 경제적 부가가치Economic Value Added, EVA를 보면 이 기업이 자본비용 이상으로 돈을 벌고 있는지 한눈에 알 수 있다. 최근 우량기업의 조건으로 떠오른 것이 사회적 책임이다. 주주 외에 종업원, 고객, 환경과 사회에 기여하는 기업에 투자하는 펀드도 생기고 있다. 사실 이 부분을 측정하는 정량적인 기준은 모호하다. 다만 미국의 〈포천Fortune〉 같은 경영저널에서 매년 발표하는 '존경받는 10대 기업' 같은 지표가 활용된다.

건강한 기업 구조와 투자 성과의 연관성에 대한 몇몇 연구 결과가 있다. 보통 경제적 부가가치EVA가 상승하면 주가에 호재로 작용한다. 이 것은 특히 성숙기를 맞은 기업에 강한 유효성을 보인다. 기업지배구조 측면에서 일반적으로 주주 권한이 강해지는 정책이 도입되면 주가가 올라가는 경향을 보인다. 여기에 대해서는 국가 단위 연구가 이뤄졌는데, 미국, 유럽 등과 같이 주주 권한에 대한 법적, 제도적, 문화적 분위기가 조성된 나라가 그렇지 않은 나라의 기업에 비해 주가가 높은 수준을 형성하고 있다. 다만 사회적 책임 수준과 투자수익과는 분명한 상관성이 없다. '윤리적 투자'의 유효성을 주장하는 펀드가 있기는 하지만 역사가 오래지 않아 뚜렷한 증거를 확인하기는 어렵다.

워런 버핏의 주장과 같이 우량주가 갖는 강력한 장점이 있기는 하지만 버핏의 투자 철학에 숨겨진 면을 간과해서는 안 된다. 우량주 투자는 반드시 장기 또는 초장기 투자의 자세가 필요하다는 사실이다. 문제는 이 '장기'라는 것에 투자자마다 다른 생각을 한다는 사실이다. 보통 투자자들에게 장기란 1년, 길어도 3년의 시간 지평으로 인식한다. 금융사에서 판매하는 펀드도 일반적으로 최근 3년 실적 정보만 보여 준다. 전문적인 펀드 평가 기관 역시 3년을 초과한 기간 실적을 공개하는 경우는 드물다. 하지만 일반적인 경기 변동 싸이클을 고려하면 3년을 '장기'로 보기는 어렵다. 기업이 맞닥뜨리는 변수 중 가장 영향이 큰 것이 거시경제 변화인데 3년은 한 싸이클의 기간에도 못 미친다. 그렇다면 3년 이내를 투자 기간으로 설정하면 기업이 가진 근본적 체력 외의 다른 변수들이 더 큰 영향을 미친다. 즉, 우량주 투자자라면 3년보다 훨씬 긴 안목으로 접근해야 한다는 의미다.

우량주 투자 전략이 효과를 발휘하기 위해서는 투자 기간을 5년 또는 10년 이상으로 설정해야 한다. 단기 시야 안에 들어오는 기업 환경 변수는 이미 주가에 다 반영이 되어 있고, 초과 수익은 투자자가 예측하기 어려운 돌발변수에 의지할 수밖에 없다. 일종의 논리적 딜레마 안에 있다. 결국 건강한 기업의 긴 생로병사 과정을 기대하여, 좀 더 긴 호흡과 시선으로 사람을 키우는 것과 같은 인내심이 필요하다. 현재 보이는 단기 지표들이 아니라 이미 긴 기간 보인 성과와 강점이 미래에도 지속될 가능성에 기댄 투자 전략이 필요하다.

LAZY INVESTMENT

IV

편하고 길게
부자가 되는 투자법

투자의 시작, 시드머니

　　투자를 단기적 관점에서 보는 시각이 일반적이다. 투자 관련 방송, 기사, 영상에서 투자 전문가들이 말하는 투자 예측 기간은 1년 이상을 넘지 않는다. 짧은 시야에서 자신들이 만든 투자 성과를 적극적으로 어필하며 사람들의 신뢰와 관심을 구한다. 1,000% 수익률, 금융자산 몇백억 원 등의 화려한 이력을 보이며, 이런 성과를 만드는 데 오직 자신의 투자실력이 주효했다 주장한다. 하지만 그들 상당수는 단지 행운을 얻었을 뿐이다. 단기 시장 흐름에 잘 편승하여 과감한 투자를 한 것이 성과의 실체일 때가 많다.

　하지만 행운은 그렇게 자주 찾아오지 않는다. 로또 1등 당첨을 순수하게 행운으로 여겨 자신의 본질적인 삶을 훼손하지 않고 안정적으로 부를 영위하는 사람이 있는가 하면, 그 행운을 온전히 자신의 능력으로 여겨 오만하게 삶을 탕진하는 사람도 있다. 인생은 길고 그 넓은 지평 위에 내게 가끔 찾아오는 행운과 불행을 잘 소화해야 행복한 삶을 살 수 있다. 돈을 벌기 위한 투자 역시 일확천금, 인생역전의 헛된 꿈에서 시작하면 안 된다. 돈이란 긴 인생을 가로지르는 잔잔한 행복감이라는 과실을 얻기 위한 거름으로 여겨야 한다. 농부에게 풍년과 흉년이 오고 감은 필연이다. 수확의 크기는 자연이라는 운에 의해 좌우되고 큰 성과 가 왔을 때 기고만장하지 말아야 한다. 농부의 목표는 한 번의 풍년이 아니라 오랫동안 내 가족이 만족스러운 삶을 살고 대대손손 풍요로움 을 유지하는 것이다.

어떤 측면에서 투자는 전쟁과 비슷하다. 보통 인류사에 전쟁을 하나 의 순간으로 묘사하지만 좀 들여다보면 기승전결과 반전이 있는 꽤 긴 흐름을 갖고 있다. 20세기 주요 전쟁의 기간을 보면, 1차 세계대전은 5 년, 2차 세계대전은 7년, 한국전쟁은 4년 동안 치러졌다. 악명 높은 베 트남전쟁은 자그마치 20년간 지속되었다.

사회현상을 묘사할 때 "전투에서는 이겼지만, 전쟁에서는 졌다."라는 말이 있다. 짧은 순간 승리를 쟁취할 수 있지만 정작 중요한 긴 승부는 완전히 다른 해법으로 결정된다. 전쟁사를 보면 이런 경우를 많이 볼 수 있는데, 전쟁 승리의 공통점이 바로 '보급'에 있다. 전쟁에서 승리를 위해서는 많은 요소들이 작용한다. 큰 그림의 전략과 세부적인 전술 그 리고 무엇보다 중요한 것이 "비축된 역량"이다. 충분히 훈련되고 규율 이 잡힌 인력, 무기와 장비, 식량이 그것이다. 전쟁은 공격과 수비로 나 눌 수 있는데 특히 공격 측의 '조직력과 집중력'이 승패를 좌우한다. 공 격 측은 승리를 위해 하나의 조건이 더 붙는데, 바로 "안정된 보급"이 다. 그래서 "전쟁은 병참으로 한다."라는 군사 격언도 있다.

전쟁사를 보면 전설적인 장군들도 이 부분을 간과하여 결국 몰락의 길로 들어가는 장면이 있다. 과거의 큰 승리에 도취하여 가장 기본이 되는 부분을 가볍게 여긴 것이다. 100번 전투의 승리가 있더라도 단 한 번 분수령에서의 실패가 역사의 패배자로 기억되게 한다. 그것이 전쟁이고 인생이다.

근대를 연 가장 중요한 사건은 프랑스 대혁명과 이후 나폴레옹의 정복 전쟁이다. 나폴레옹은 인류사 전체에서 가장 뛰어난 군인으로 손꼽힌다. 하지만 그의 위대한 성취와 꿈을 산산조각 낸 것이 러시아 침공이었다. 프랑스 대혁명 이후 혼란의 정국에서 프랑스군의 연이은 승리를 이끈 나폴레옹은 스스로 황제가 되었다. 그의 꿈은 유럽 대륙의 석권이었다. 하지만 그를 처음 좌절케 한 것은 숙적 영국이었다. 전 세계에 펼쳐진 광대한 식민지와 막강한 해군력을 가진 영국을 굴복시키지 못하자 경제적 압박을 위해 대륙봉쇄령을 내렸다. 하지만 이 전략을 펼치는 데 가장 중요한 열쇠가 러시아라고 판단되자 장거리 침공을 감행했다. 1812년 나폴레옹은 유럽 역사상 최대 원정군을 꾸렸다.

역사가들은 이때 준비된 군사 규모가 60만 명에 이른다고 추정한다. 하지만 대규모 원정에 대한 물리적 준비는 충분치 않았다. 나폴레옹은 침공이 완수되는 데 50일이면 된다고 자만했다. 프랑스 국경에서 러시아의 심장인 모스크바까지 2,000킬로미터가 넘는 거리와 자연의 무서움을 간과했다. 속전속결로 러시아 주력군을 섬멸할 수 있다는 계획은 이동 시작과 동시에 엉클어졌다. 여름에 시작된 진군 중 폭우가 이어져 도로가 망가지고 보급이 어려워졌다. 푹푹 빠지는 진흙탕에 프랑스군이 자랑하는 포병 장비가 무력화되었다. 오염된 물을 마신 병사들 사이에 발진티푸스가 창궐한다. 프랑스군은 러시아 국경에 닿기도 전에 약

13만 명의 비전투 손실을 입었다.

어렵게 진군을 이어 간 프랑스군을 맞은 러시아는 '청야전술淸野戰術' 로 맞대응했다. 청야전술이란 적군이 오기 전 남은 물자를 불살라 마치 황량한 들판처럼 만들고 도망가는 방식이다. 긴 강행군 끝에 모스크바 에 당도한 프랑스군은 텅텅 빈 도시 상황에 당황했다. 기대했던 식량과 잠자리는 존재하지 않았고, 점령 후 시작된 도시 전체의 대화재로 상황 은 더 악화되었다. 기록에는 동료의 시체를 깔고 앉아 불을 쬐는 모습, 작은 음식을 두고 싸움질하는 장면, 심지어 시체를 조각내 끼니를 만드 는 극한의 상황이 묘사되어 있다.

시간이 지체되는 사이 겨울의 동장군이 찾아와 프랑스군은 그야말로 아비규환의 구렁텅이에 떨어졌다. 영하 40도에 육박하는 러시아의 겨 울은 그 자체로 재앙이었다. 결국 추위와 굶주림에 고통받던 나폴레옹 은 도망치듯 퇴각했다. 그 이후 나폴레옹에게 급격한 내리막이 이어지 고 세인트헬레나 섬의 유배 끝에 쓸쓸한 죽음을 맞이했다.

역사는 우리에게 교훈을 주지만 승리에 도취한 사람에게는 한낱 옛날 이야기일 뿐이다. 나폴레옹의 러시아 침공은 139년 후 다시 반복된다. 보급의 중요성, 돌발변수의 위험성을 간과한 나치 독일은 유럽 서부에 서의 승승장구에 취해 같은 실수를 반복했다. 현대화된 무기 시스템과 역사상 유례없는 강대국 간의 총력전으로 인해 "살아 있는 인간들의 생 지옥"이 펼쳐졌다. 독소전쟁이라 이름 붙여진 이 전쟁에서 독일 측 370 만 명, 소련 측 2,900만 명의 기록적인 사망자가 나오고, 이후 나치 독 일은 말 그대로 파멸의 행진을 하게 되었다. 역사에서 전쟁은 변화의 극적인 표출이고, 삶의 희로애락을 선명하게 보여 준다. 투자자로서 전 쟁사에서 배울 수 있는 교훈은 바로 "긴 호흡, 넓은 시야"이다. 전쟁에서 찰나에 불과한 전투의 큰 승리는 아무것도 아니다. 훨씬 구조적인 차원에서 안정성이 담보되어야 긴 전쟁, 즉 우리 생애 전체의 경제적 풍요로움을 이어 갈 수 있다.

'전쟁은 병참으로 한다.'를 투자의 차원으로 치환하면, 비축된 전쟁역량은 시드머니, 보급은 안정된 현금흐름으로 바꿔 생각해 볼 수 있다. 단기간에 큰돈을 벌기 위해 소위 영끌을 하거나 무리한 레버리지 전략은 인생을 운에 맡기는 것과 같다. 당연히 성공한다면 커다란 경제적 보상이 주어지지만 반드시 유념해야 할 것은 행운이 항상 반복되지 않는다는 진리다. 행운을 실력으로 착각하면 위험천만한 벼랑 끝으로 자신을 내몰게 된다.

삶을 살다 보면 머지않은 미래에 큰 지출이 예상되는 순간이 있다. 2~3년 안에 결혼을 하게 되거나 임신, 출산, 주거, 교육, 보육, 치료 같은 인생의 큰 변곡점이 그려질 때다. 투자 성공에 취한 사람은 희망에 기댄다. 현명한 사람은 최선을 기대하되 최악을 대비하지만, 어리석은 사람은 당장의 기회에 시야가 좁아진다. 뜻대로 안 될 수 있는 상황을 무시하고 큰 리스크를 감수한다. 만일 인생의 큰 지출이 예정되어 있다면 투자가 아니라 저축에 집중해야 한다.

충분한 현금을 확보하고 여유 있게 인생 대사를 넘겨야 한다. 이 구간에서는 인플레이션과 기회비용은 잊어야 한다. 투자는 반드시 여유자금으로만 해야 한다. 많은 투자 전문가들이 간과하는 부분이 투자자의 '심리'이다. 불안, 초조, 공포, 낙담 같은 감정이 투자 성과에 미치는 영향은 지대하다. 투자에서 '벼랑 끝 전술', '배수의 진'은 몰락의 결말로 이어지기 일쑤다.

시드머니의 규모 역시 투자에 중요한 요소이다. 내가 제시하는 최소

시드머니는 5,000만 원이다. 5,000만 원이 모이기 전까지 투자 활동은 헛된 욕심으로 이어질 가능성이 크다. 성과의 절대 크기 때문이다. 투자목표, 즉 수익의 크기를 1년에 500만 원으로 설정할 수 있다. 보통 사람에게 500만 원은 충분히 의미 있는 크기의 돈이기 때문이다. 내가 제시한 시드머니 5,000만 원으로 연간 500만 원을 만드는 것은 충분히 현실적이다. 연간 10% 수익 목표는 크게 넘치지도 모자라지도 않고, 지속 가능하다. 감당할 수 없는 리스크를 떠안을 필요가 없는 수익 목표치다. 하지만 만일 시드머니를 1,000만 원으로 시작하면 상황은 전혀 다르다. 1,000만 원의 투자자에게 10% 수익은 고작 100만 원일 뿐이다. 요즘 같은 인플레시대에 변변찮은 해외여행도 어려운 돈일 수 있다. 당연히 1,000만 원 투자자의 목표수익률은 높을 수밖에 없다. 목표 수익액을 500만 원으로 잡으면 연간 50%의 수익을 타겟으로 잡아야 한다. 현실 세계에 종종 이런 성공 사례를 볼 수는 있다. 회사의 누구는 어디에 투자해 100% 수익을 내서 차를 고급 외제차로 바꾸었다는 얘기가 떠돈다. 내 가까운 동료의 성과는 내 마음 안에서 욕망과 질투로 바뀌고, '그가 해낸 것을 나는 못하랴.'라는 만용을 부리게 한다. 50%, 100% 수익은 충분히 있을 수 있는 일이다. 하지만 그것은 단지 일시적인 행운일 뿐이다.

투자의 긴 역사가 증명한다. 역사상 최고의 투자자로 인정받는 워런 버핏의 60년 동안 연평균 수익률이 20% 안팎이다. 올해 100% 수익을 낼 수는 있지만 그것이 내 인생 전체에 이어질 수는 없다. 세상만사는 수학적으로 정규분포의 법칙을 벗어나지 않는다. 정규분포의 희소한 끝단에 잠시 갈 수는 있지만 수십 번 반복될 수는 없다.

작은 시드머니의 가장 큰 위험요소는 '심리적' 작용이다. 5,000만 원

이하의 투자원금은 위험한 투자로 나를 본다. 그래서 일단 적금이라는 아주 단순한 수단으로 기본적인 울타리를 만들어야 한다. 앞서 말했듯 인생 대사를 앞두고 있다면 그것에 대비한 자금 축적이 최우선 순위이다. 만일 3년 안에 결혼을 생각한다면, 결혼자금 2,000만 원을 만드는 적금을 만든다. 그것이 다 채워지면 그 다음 투자자금이 되는 시드머니 5,000만 원을 만드는 새로운 적금을 만든다. 아주 단순하고 우둔한 방법이지만 결국 가장 현명한 방법이다.

인생의 순서에 따라 돈도 한 계단, 한 계단 만들어 가면 된다. 최초로 인덱스 펀드를 만든 전설적 투자자 잭 보글Jack Bogle은 다음과 같이 조언했다. "가난한 사람은 저축을 해야 하고, 부유한 사람은 투자를 해야 한다." 현명한 사람이 되는 첫걸음은 자신의 상황을 객관적으로 인지하고 인정하는 것이다. 통장에 돈이 없다면 그것을 인정해야 앞에 바른길이 놓인다. 남들은 상관없다. 오늘 가난한 삶을 살더라도 차근차근 나아가면 투자를 할 수 있는 부유한 사람이 될 수 있다.

저축하는 것도 섬세한 기술이 필요하다. 자산관리에서는 항상 인간의 '심리' 요소를 고려해야 한다. 학창시절 벼락치기로 공부를 해본 사람은 이런 방식이 결코 오래 갈 수 없다는 걸 안다. 그리고 그런 공부가 진짜 내 지적 내공이 되지 않는 것도 알게 된다. 몸무게를 줄이기 위해 무리하게 다이어트한 경험도 있을 것이다. 극단적인 식단관리와 과한 운동으로 단기간에 효과를 볼 수는 있지만 길게 이어지지 못하는 단기처방은 요요현상을 불러일으킨다. 최악의 경우, 몸에 탈이 나 오히려 건강을 크게 해치는 경우도 있다. 뭐든 긴 흐름을 생각해서 변화를 만들어야 한다. 그리고 오래 하기 위해서는 편안하고 재미있어야 한다. 자산관리 영역도 마찬가지이다. 절약하고 돈을 모으는 것은 본질적으로 '고통'이다. 소비가 만들어 내는 기쁨을 미뤄야 하고, 주변 사람들의 속닥거림도 참아야 한다. 그래서 단기적으로 스스로를 너무 압박하는 것은 좋지 않다.

'지속 가능한 저축'을 이뤄야 한다. 그러기 위해서는 첫 번째는 안정적 현금흐름을 만드는 것이 중요하다. 전쟁에서 안정적 보급이 중요한 것과 같은 이치이다. 월급 생활자이면 일정한 월간 수익 구조에 있어 운용이 편리하다. 수입이 들쑥날쑥한 경우, 연간 단위 평균을 하여 매달 수입과 지출 규모를 어림짐작해야 한다. 회사의 회계장부처럼 꼼꼼하고 촘촘하게 할 필요는 없다. 전체의 윤곽을 잡을 수 있으면 된다. 일상의 자산관리는 쉬엄쉬엄, 편한 방식이 되도록 접근해야 오랫동안 할 수 있다. 돈 관리를 천천히 부드럽게 몸에 익히도록 해야 한다.

그런 점에서 소비 관리도 중요하다. 결국 저축의 크기는 수입액에서 지출액을 빼는 단순한 공식 안에 있기 때문에 마이너스 요소인 지출이 관건이다. 월급 같은 수입액은 내 맘대로 크기를 바꿀 수 없지만 지출은 내가 제어할 수 있는 부분이기 때문이다. 처음 자산관리에 관심을 갖고 체계적으로 시작하고 싶다면 기존의 소비 패턴부터 조정해야 한다. 하지만 그렇다고 갑작스레 소비 규모를 줄이는 것은 좋지 않다. 월간 적정 소비 규모를 정하되 어느 정도의 여유 공간을 두어야 한다. 소비에 대한 지나친 죄책감을 줄이는 것이 좋다. 스트레스를 줄이면서 저축과 소비의 균형점을 만드는 지혜가 필요하다.

갑작스러운 소득이나 지출이 있으면 그때그때 유연하게 운영하면 된다. 저축 능력이 있을 때는 더 많이 저축하고 줄어들면 조금 덜 저축하면서 일상의 돈 쓰기 압박감을 줄이는 편이 오래갈 수 있는 길이다. 생물학에는 '표현형 가소성Phenotypic Plasticity'이라는 개념이 있다. 유럽의

한 나비종Araschnia Levana은 부모로부터 동일한 유전자를 물려받아도 태어난 계절에 따라 색깔이 완전히 다르다. 봄에 태어나면 화려한 주황색, 여름에 태어나면 어두운 검은색 날개를 가진다. 유명한 생물분류학자 린네Carl von Linné도 처음에 다른 종으로 판단할 정도로 나비의 모양이 차이가 났다. 나중에 밝혀진 바에 따르면 계절에 따라 바뀌는 자연자원, 즉 온도와 일조량에 맞춘 유연한 변형 때문이라고 한다.

지출의 죄책감을 줄이는 좋은 방법은 소득 증가분의 50%를 과감히 소비하는 것이다. 다만 지출하면서 삶에 근원적인 행복감을 주는 소비를 추천한다. 마이클 노튼Michele Norton과 엘리자베스 던Elizabeth Dunn이 공저한《당신의 지갑을 열기 전에 알아야 할 것들Happy Money: The Science Of Smarter Spending》은 '좋은 소비'를 정의한다. 나의 성장과 성취를 맛보는 순간 이따금 자신에게 한턱내는 것을 추천한다. 여행이나 교육, 취미같이 경험을 확장하는 소비가 특히 장려된다. 아니면 여분의 시간을 살 수도 있다. 청소, 빨래, 육아 같은 일을 가사도우미를 불러 해결하고 남는 시간에 대한 여유를 만끽할 수 있다. 그리고 내가 사랑하는 사람에게 쓰는 것도 아주 좋다. 돈이 모든 것을 해결해 주지는 않지만 효도나 사랑, 우정을 만드는 데 돈은 도움이 된다. 성장하고 정비하고 행복해지는 소비 방식은 돈을 모으고 잘 관리해야 하는 긴 과정에 좋은 동기부여가 된다.

시드머니를 모으는 데 저축과 소비에 대한 균형과 적절한 긴장감이 있어야 한다. 부자가 되는 길은 장기전이고, 먼 길을 걷기 위해서는 저축을 너무 빠듯하지 않게, 하지만 소비를 너무 방종하게 하지 않는 적절한 균형점을 설정해야 한다. 그런 중용적 자세를 위해 "통장 쪼개기"는 많은 사람이 추천하는 방법이다. 여러 개의 통장을 활용하면 돈을 쓰고 모으는 것에 적당한 긴장감이 생긴다. 통장 쪼개기의 구체적인 방법은 기본적으로 4개의 통장을 활용하는 방법이다. 매달 월급이 들어오는 직장인을 기준으로 했을 때 제1통장은 급여 통장, 제2통장은 용돈 통장, 제3통장은 여윳돈 통장, 제4통장은 투자 통장이다.

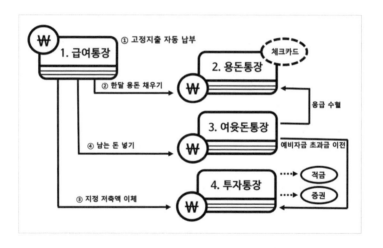

우선 월급날이 되면 제1통장인 급여 통장에 돈이 들어온다. 우선 월급 당일에 이 급여 통장에서 필요 지출을 내보낸다. 필요 지출은 세금, 대출이자, 공과금, 관리비, 교육비 등이 있을 수 있고 비상용 신용카드를 쓴다면 즉시 결제해서 반드시 나가야 할 돈을 정리한다. 두 번째 단계는 용돈 통장에 돈을 이체한다. 한 달 동안 써야 할 식비, 의류비, 기름값 등과 함께 다소 여유 있는 금액을 이 통장에 넣는다. 여기서 반드시 유념해야 할 것은 지출의 기본은 '체크카드'로 결제하는 것이다. 절대로 한 달 용돈을 신용카드로 결제해서는 안 된다. 통장 쪼개기의 목표가 대략적으로 현금 흐름을 파악하는 것이라 한 달을 보내는 동안 이따금 내가 얼마나 썼고, 앞으로 얼마나 쓸 수 있는가에 대한 감을 놓지 말아야 한다. 체크카드를 쓰면 잔고를 확인하면서 자연스레 소비의 크기를 인지할 수 있지만 신용카드를 쓰면 그런 감각이 완전히 사라지기 때문에 신용카드 사용은 자제해야 한다.

제1통장에서 나갈 돈은 또 있다. 지금껏 이야기한 저축 자금이다. 한 달에 이 정도는 꼭 저축한다고 생각한 돈을 제4통장에 넣고 정기적금으로 빠져나가게 한다. 다음 단계로, 필수 지출과 가변 지출용돈의 몫을 떼고 난 잔고 중 한 달 용돈 규모의 20~40%를 제3통장인 여윳돈 통장에 이체시킨다. 우리가 살다 보면 급작스레 돈이 필요한 일이 생기기 마련이다. 가족 중 누군가가 아플 수도 있고, 멀쩡한 자동차가 고장이 날 수도 있고, 지인의 경조사가 생길 수도 있다. 반드시 돈을 써야 하는 상황에서 여윳돈 통장에 돈이 없다면 저축 통장에 손을 댈 수밖에 없고 자연스레 저축 구조는 무너지게 된다. 워런 버핏이 말하는 '안전 마진'의 생활 버전이다. 여윳돈 통장에 채워 놓는 돈은 매달 용돈 규모의 3~5배 정도가 적당해 보인다. 여윳돈 통장에 충분한 비상금이 채워지고도 급여 통장에 돈이 남으면 남은 돈 전부를 제4통장인 투자저축 통장에 넣으면 된다.

결국 제1통장급여 통장은 급여가 들어옴과 동시에 나머지 세 통장에 돈을 분배하여 깔끔하게 비워진다. 만일 기대하지 않은 보너스가 나오거나 가욋돈이 생긴다면 앞서 말한 것과 같이 그중 50%는 저축, 나머지 50%는 나를 위한 작은 사치를 하며 부담감을 다소 내려놓으면 좋다.

내 경우 이런 방식을 10년 정도 이어오고 있다. 매일 매일 밥값, 커피값을 가계부에 기록하지는 않는다. 그것을 할 수 있을 정도의 꼼꼼한 사람이라면 추천할 수도 있지만 대부분의 우리는 쉽게 피로감을 느낀다. 보통 사람에게 오랫동안 할 수 있는 지속 가능한 자산관리방법이라고 할 수는 없다. 하지만 통장 쪼개기를 하면 소비에 대한 긴장감은 줄이면서 전체적인 현금 흐름은 통제할 수 있다. 목표로 하는 장기 계획과 생활 속 소비가 여러 개의 계좌를 통해 모두 시야에 들어온다.

보통 월급이 들어오면 월초에 용돈 소비를 많이 한다. 사고 싶은 옷도 사고, 친구들과 모임도 만들며 좀 여유롭게 돈을 쓴다. 월급이 들어오고 보름 정도가 지나 용돈 통장의 잔고를 확인하면 줄어든 부피에 약간의 긴장감이 든다. 그때부터 조금씩 소비를 줄인다. 물론 용돈으로 책정된 돈을 다 써버릴 때도 있다. 그러면 여윳돈 통장에서 얼마간의 금액을 수혈한다. 심리적으로 추가 용돈을 쓰는 것은 조금 더 부담이 되기 때문에 자연스레 소비가 줄어든다. 이런 식으로 자기 자신을 심리적으로 조율하는 생활방식이 부자가 되는 첫걸음이다.

불필요한 투자 상품

　　금융상품과 일반적인 유형 상품 사이의 가장 큰 차이는 불량품 구분의 용이성에 있다. 우리가 일상에서 구매하는 옷이나 식품 등 유형의 제품인 경우 구매 후 사용해 보면 금방 상품의 질을 판단할 수 있다. 상품이 구매 전 기대를 얼마나 채워 줄지 바로 체감이 된다. 옷이나 음식뿐만 아니라 고가의 전자제품이나 차량의 경우도 마찬가지다. 처음 사용했을 때 심각한 문제가 있다면 당연히 환불이나 보상조치를 요구하는 것이 요즘 소비자의 당연한 권리로 여겨진다.

　　인터넷이 일상으로 녹아들며, 소비자들은 후기나 댓글을 통해 내가 산 상품의 장단점 의견을 사이버 세계의 많은 사람들과 공유한다. 좋은 상품은 인터넷상의 입소문으로 더 많은 고객을 불러들이고, 나쁜 상품은 아무리 좋은 마케팅을 하더라도 점점 판매가 부진해지기 마련이다.

요즘은 배달 어플을 활용할 때도 이용 후기를 먼저 보게 된다. 맛과 가격, 서비스까지 꼼꼼히 다수의 소비자들에게 평가되고 다른 소비자들의 선택 기준으로 작용한다.

하지만 금융상품은 이러한 판단을 하기가 대단히 까다롭다. 금융상품의 품질은 긴 시간이 지나 봐야 진가를 알 수 있다. 한참 시간이 지나야 구매한 상품이 기대에 얼마나 부응하는지 확인할 수 있다. 내가 가고 있는 길 앞에 잘 깔린 고속도로가 연결되어 있는지, 비포장 자갈길이 있는지, 그도 아니면 나를 벼랑으로 내모는지 막막한 시간의 안개에 가려져 있다.

이런 금융상품의 특성에 기대 일부 금융회사들의 탐욕이 녹아든다. 기본적인 구조상 수익이 날 가능성이 거의 없는 상품이나 고객에게 모든 위험을 떠넘기는 금융상품도 상당히 많다. 금융회사는 높은 수수료를 취하는 탐욕적인 상품을 버젓이 대표 상품으로 판매하기도 한다. 대대적인 마케팅을 통해 혁신금융상품으로 둔갑시켜 소비자들을 현혹한다. 고객을 직접 대면하는 금융 세일즈 인력들은 미래에 벌어질 수 있는 최상의 상황을 가정하여 큰 수익률을 약속한다. 특정 금융상품이 많이 팔리면 마치 현대인의 필수 보유상품인 것처럼 호들갑을 떤다. 이 상품을 가지고 있지 않으면 세상 흐름에 뒤처진 사람인 것처럼 묘사한다.

많은 금융상품이 태생부터 고객에게 불리하고 금융사에게 안전한 마진을 얻도록 설계됨에도 불구하고 "고객의 수익이 최고의 가치"라는 식의 허위광고를 남발한다. 문제는 애초에 구조적으로 불량인 금융상품이 짧은 기간 안에는 소비자가 판단할 수 없다는 데 있다. 많은 금융상품이 오랫동안 정기납부 형식을 가지기 때문에 우리는 긴 시간 유해식품을 장복하게 되는 것이다.

특히 저축 상품보다는 투자 상품에 불량 금융상품의 비중이 높다. 큰 수익을 얻게 된다는 환상을 자극해 판매가 쉽고, 변화하는 금융 환경이 복잡하기에 추후 고객의 불만을 잠재우기도 편리하기 때문이다. 위험성을 가진 금융상품은 크게 복합금융상품과 파생상품으로 구분할 수 있다. 대표적인 복합금융상품이 변액유니버설 보험이다. 보험회사에서도 판매하지만 방카슈랑스 제도가 도입되며 한때 시중은행에서도 막대한 규모로 판매되었다. 변액유니버설은 단순하게 보면, 보장성 보험상품과 펀드 투자 상품을 하나의 상품구조 안에 결합시켜 놓은 것이다.

모두 알다시피 보장성 보험과 펀드는 오랜 역사를 자랑하는 상품으로 별다를 것이 없지만 "변액유니버설"이라는 멋들어진 이름을 달고 마치 혁신상품의 포장을 씌워 판매되었다. 약간의 금융기법이 적용되어 있기는 하다. 변액보험은 보험료 납입금과 중도 입출금 기능이 있어 운영상 일부 자금의 유연성 측면에서 장점이 있다. 표면적으로 보험기능과 함께 만기 시 투자 성과를 최종 환급금 또는 연금으로 돌려받을 수 있는 노후대책의 효과도 있다. 하지만 이익을 상쇄하는 단점이 구조적으로 숨겨져 있다. 우선 금융상품을 운용하는 사업비가 과도하게 설정되어 있다. 이것은 실효 수익률을 크게 낮춘다.

금융소비자연맹이 발표한 〈보험상품 컨슈머리포트〉에는 이에 대한 통계를 볼 수 있다. 시중에 나와 있는 변액보험의 10년 실효 수익률 비교해 보았을 때, 대부분이 물가상승률에 미치지 못했다. 주식, 채권 등에 투자하여 만들어 낸 투자수익 대부분이 금융기관의 사업비로 지불된다. '변액보험은 장기 상품'이라는 명분으로 과도한 해약 비용을 요구하기도 한다. 보통 10년 내 해약 시 납부한 원금의 50%도 못 돌려받는 경우가 허다하다. 이러한 계약 구조는 불공정한 상품을 더 오랫동안 유지하도록 하는 요인이 된다. 변액보험을 가입한 소비자 입장에서 기한이 도래하지 않았으니 목돈이 안 되었고, 좀 더 오래 가지고 있어야 만족할 만한 수준이 되겠지라는 기대로 보험료 납부를 무한정 이어 간다.

보험과 투자를 복합적으로 하는 상품이 아니라 완전히 구분된 두 상품을 가입하면 어떨까? 특히 장기로 투자를 유지할 경우, 변액보험과 같은 복합상품보다 훨씬 더 큰 성과를 얻을 수 있다. 어차피 변액보험의 최종 투자 영역도 주식과 채권인데, 중간 고리를 불필요하게 많이 가질 필요가 없는 것이다. 수수료가 적고 장기 성과를 내는 주식, 채권 상품을 길게 투자하면 복리효과에 의해 훨씬 더 높은 수익을 얻을 수 있다.

많은 사람들이 이미 긴 시간 납부한 원금이 아까워 해약을 못 하겠다는 말을 많이 한다. 단언컨대 변액보험은 만기까지 유지하더라도 금융회사에서 처음 약속한 성과를 얻을 가능성은 희박하다. 긴 시간이 흘러 그들은 금리, 물가, 경기 변동 같은 어려운 이야기를 하며 낮은 수익에 대한 불가피함을 주장할 것이다. 앞서 얘기했듯이 이 상품의 대부분은 구조적으로 금융회사에 지극히 유리하게 만들어진 것이라서 그들의 말은 변명일 공산이 크다.

경제학에서 말하는 '매몰비용 sunk cost'을 생각해 볼 필요가 있다. 우리의 선택은 과거에 얼마나 수고를 들였냐가 아니라 앞으로 얼마만큼의 가능성이 있냐에 집중해야 한다. 뭔가를 선택할 때 백미러를 보는 것은 의미가 없는 행위이다. 내가 이미 투자한 돈이 얼마가 되든, 얼마나 오래 투자를 했든 과거가 중요한 것이 아니다. 이 상품은 구조적으로 미래 수익을 창출할 가능성이 희박하기 때문에 당장 오늘이라도 해약하고 가능성이 높은 투자처로 옮기는 것이 현명하다.

다음으로 피해야 할 상품은 파생상품을 활용한 금융상품이다. 대표적으로 ELS와 파생 ETF 등이 있다. ELS는 주가연계증권으로 Equity-Linked Securities의 약자이다. ELS는 다양한 기초자산에 투자된다. KOSPI200지수나 KRX100, 미국이나 일본의 시장지수와 연동되기도 하고, 삼성전자나 현대자동차 등의 개별 주식과 연동된 상품까지 아주 다양한 형태를 가지고 있다. 조금 어렵게 설명하면 ELS란 상품은 '고객이 ELS 발행자에게 풋옵션을 매도'하는 것으로 볼 수 있다.

쉽게 이해하기 위해 가장 일반적인 수익 구조를 생각해 보면 된다. 대상이 되는 지수나 종목의 가격은 계속 변화하게 되는데, 계약 기간 중 일정 범위 안에서만 변화가 있을 경우 정해진 수익을 얻는다. 이를테면, 기초자산 가격의 손실이 30% 이하로 떨어지지만 않으면 5%의 수익을 보장하는 식이다. 그러나 그 안에는 불공정한 구조가 숨겨져 있다. 해당 지수나 종목의 가격이 설정한 변동 범위의 상한을 초과하더라도 계약된 최대 수익금만 받을 수 있다. 하지만 반대로 변동 범위의 하한 이하로 떨어지면 고객은 손해의 전부를 감당해야 한다. 구조적으로 상승에 대한 수익은 제한적이고 하락에 대한 손해는 무한이 될 수 있기 때문에 기본적으로 고객에게 불리한 구조라고 할 수 있다.

2023년 연말 홍콩 H지수를 기초자산으로 하는 ELS가 대규모 손실을 보게 되었다. 언론에 따르면 소비자의 총손실이 6조 원대에 이를 것이라 예측한다. 금융사들은 상당히 수익성 높은 상품인 것으로 판매하였으나 결과적으로 위험은 고객이 고스란히 지고, 금융사는 높은 수수료를 확실하게 받아 가는 비대칭적 상품구조인 것이다.

ELS와 유사한 ELBEquity Linked Bond는 원금보장형 ELS이다. ELB는 고객이 맡긴 돈의 원금에는 거의 손대지 않고 이자를 사용하는 구조로 투자가 진행된다. 일정 금액의 원금을 보장하므로 고객이 좀 더 안심하고 가입할 수 있다고 광고한다. 하지만 이것 역시 상당히 불공정한 거래 구조 안에 있다. 일반적인 예금을 비교로 하면 원금보장형이라 함은 납입한 돈이 보존된다는 의미이지만 ELB는 '납입금+이자 수수료 포함=원금'이라는 원금 정의를 가진다.

예를 들어, 일반 정기예금은 1억 원, 연 5% 이자율 조건이라면 3년 뒤 1억 1,500만 원을 받게 된다. 하지만 ELB는 1억 원 입금 시 3년 뒤에 최초 입금 원금만을 보장하는 방식이다. 금융사는 원금에 대한 이자로 옵션 등에 투자해서 수익을 올리고 고객에게 일정 부분을 배당한다는 것인데, 수익이 나더라도 고객에게 돌아가는 몫은 상당한 제한적이라 ELS의 비대칭 구조와 유사하다. 게다가 원금보장 조건에 정부가 과세하는 비율이 빠진 상품의 경우, 추가적인 세금으로 큰 비중의 수익 감소를 감수할 수도 있다.

ELS는 과거 10년 동안 금융계의 히트상품으로 시중은행은 물론 보험사, 증권사에서도 막대하게 판매되었다. '중위험, 중수익 상품'으로 포장하여 시중에 풀린 이 상품은 광고와 달리 미국, 유럽에서는 위험 상품으로 분류된다. 금융선진국에서는 엄격한 조건을 만족하는 소수의 고객에게만 판매되는 금융상품이 우리나라에서는 중산층, 서민을 위한 상품으로 예쁘게 포장되어 판매된다.

상당수 ELS 상품이 제시하는 계약조건은 주가 상승 시 이익은 10~20%로 제한하고, 손실은 50~100%까지 몽땅 투자자에게 떠넘기는 구조이다. 이것은 2008년 금융위기 때 건실한 중소기업 상당수를 줄도산시킨 환율 연동 금융상품, KIKO와 구조적으로 유사하다. 당시 금융사들은 '위험에 처할 확률이 적은 안전한 상품'이라고 홍보했지만 금융위기 때 환율이 급등하며 최종적으로 중소기업들에게 엄청난 피해를 주었다.

'high risk, high return'은 투자의 상식이다. 하지만 ELS는 기대수익률은 제한적이고, 리스크는 무제한이라는 불균형 구조를 가진다. 계약 기간 내 좁은 범위 안의 조건이 맞아야만 지수나 종목에 직접 투자한 것보다 높은 수익을 얻을 수 있다. 대부분의 경우, 투자 대상이 되는 지수나 종목에 직접 투자하는 것이 유리하다.

ELS의 경우 주식 소유자라면 당연히 받을 수 있는 배당금에 대한 권리도 없고 오히려 고액의 운용수수료를 지불해야 한다. 언론의 기사도 ELS 수익률 문제를 지적한다. 주식시장이 뜨거운 일부 구간을 제외하고 파생결합증권의 수익률은 은행 예금, 채권 투자에 비해 초라하다고 보도한다. 심지에 ELS를 기초로 해서 금융사기를 벌이는 일도 있었다. 몇몇 증권회사들은 기초자산 공매도와 담합행위를 했고 결국 대법원 판결에 의해 배상을 한 사례도 있다.

다음 주의해야 할 금융상품은 ETF Exchange Traded Fund, 상장지수펀드 다. 내 경우 자산의 대부분이 ETF에 투자되어 있고 주변 사람들에게도 적극 추천하는 금융상품이다. ETF라는 금융상품의 기본적 아이디어는 미국 인덱스 펀드의 아버지 존 보글에게서 시작된다. 거의 대부분의 투자 전략, 투자 주체가 시장을 이길 수 없다는 생각으로 1975년 최초의 인덱스 펀드인 '뱅가드 500'을 설립하였고, 긴 시간 우수한 실적을 내며 그의 투자 철학의 효과를 증명했다.

뱅가드 500의 성과를 바탕으로, 17년 후 금융고객이 더욱 쉽게 인덱스 펀드를 이용할 수 있도록 만든 것이 ETF이다. 1993년 최초의 ETF, 'SPRD S&P500'이 출시되었다. 당연히 기초자산은 미국의 S&P500 지수를 바탕으로 한다. 한국에서는 2002년 코스피200 지수를 추종하는 상품이 출시되었다. 그 후 ETF의 전성시대가 시작되는데, ETF가 가진 큰 장점이 알려져서이다.

앞서 말한 대로 장기적으로 소위 금융 전문가가 만들어 내는 성과가 시장보다 높지 않다는 통계 결과, 자연스러운 분산투자, 낮은 운용수수료, 투명한 가격산출, 자유로운 매매 등의 장점이 ETF가 투자의 대세로 자리 잡는 요소가 되었다.

문제는 30년의 ETF 역사를 이어오며 금융사와 투자자의 탐욕이 ETF의 원래 취지와 괴리된 돌연변이를 만들어 내면서 시작된다. 우선 ETF의 기본이 되는 다우존스 산업평균지수, S&P500, 나스닥지수, 코스피지수 등의 기초자산에 선물, 옵션 등의 파생상품을 접목시켜 가격 변동 폭을 증폭시키는 상품이 출시된다. 지수의 상승 또는 하락 방향과 동일하지만 수익률을 몇 배 올릴 수 있는 레버리지 ETF가 있고, 반대 방향으로 움직이는 인버스 ETF가 있다. 보통 2배를 증폭시키는 ETF를 많이 이용하지만 욕망의 크기는 더욱 큰 배수 확장 ETF를 만들어 내 3배수, 더 나아가 5배수 ETF도 시중에 나와 있다.

ETF의 원래 장점은 지수 장기투자에서 빛을 발하는데, 레버리지-인버스 ETF 상품은 기본적인 구조상 장기투자에 적합하지 않다. 예를 들어, 오늘 지수가 10포인트 내렸다가 내일 10포인트 올라가면 지수를 추종하는 단순 ETF는 처음 가격으로 돌아가지만 레버리지 ETF는 그렇지 않다. 시간이 장점으로 작용하는 것이 아니라 변동에 의해 시간이 단점으로 작용하는 구조이다. 이것뿐만 아니라 앞서 이야기한 ETF의 강점이 더 희석된다. 일단 파생상품을 이용하기 때문에 운용수수료가 높아진다는 점이다. 또한 국내 세금 체계에서 단순 ETF는 매매차익에 대해 세금이 없지만 레버리지-인버스 ETF의 경우 파생상품으로 분류되어 매매차익에 대해 배당소득세 15.4%를 납부해야 한다. 이래저래 손실 요소가 적지 않고, 특히 장기투자의 경우 큰 변동성 리스크와 함께 부가적인 비용을 지불해야 한다. 미국 증시에 상장된 나스닥 지수 추종 상품의 예를 들면, 단순 지수 추종 ETF인 QQQM의 연간 수수료는 0.15%이지만, 3배 수익을 목적으로 한 TQQQ의 연간 수수료는 0.88%로 약 5.9배에 달한다.

ETF 전성시대에 산업 섹터별 기업 종목을 모아 놓은 테마 ETF 역시 ETF 본연의 장점이 조금 더 많은 수익에 대한 욕망으로 대체된 형태이다. 특히 투자 세계에 관심받는 테마주와 ETF를 결합한 상품에 많은 투자자들이 몰리고 있다. 최근 급격히 확장되는 전기차 수요에 맞춰 2차 전지 ETF나 에너지전환 시대에 부응한 ESG ETF가 대표적인 사례이다. 지구온난화와 고유가 문제에서 수익의 가능성을 찾는 신재생에너지 ETF도 각광을 받고 있다. 하지만 이 역시 ETF 본연의 장점이 구조적으로 상실되는 문제를 안고 있다.

우선 ETF 상품이 갖는 자연스러운 분산투자 효과가 없어진다. 같은 산업 섹터 안에 있는 기업들은 외부 환경변화에 유사한 반응을 보인다. 즉, 경기 변동이나 산업재편, 외부충격이 있을 때 리스크의 크기가 확대된다는 말이다. 투자 세계의 긴 역사를 봤을 때 주목받는 혁신산업이 오히려 전통산업보다 수익률 측면에서 낮은 경향을 생각한다면 적은 수익, 높은 리스크의 구조 안에 있다고 볼 수 있다. 더구나 섹터 ETF는 높은 수수료를 요구한다. 보통 지수 추종 ETF에 비해 약 3배 가까운 수수료율을 보인다. 즉 장기분산투자에서 큰 강점을 가지는 ETF가 특정 산업 집중, 높은 수수료라는 특성으로 힘을 잃을 가능성이 크다.

다음은 한국의 노령화 현상에 대응한 TDF 상품이다. 누구나 알다시피 한국은 곧 급격한 인구감소를 예정에 두며 사회 구조적 문제에 직면하고 있다. 미래에는 생산인구감소가 국민연금의 부실화를 낳고 우리가 연금을 받을 때는 혜택이 적어질 것으로 예상된다. 따라서 개인들은 별도의 준비를 고민하면서 여러 노후 대비 금융상품을 알아본다. 이런 상황에서 특히 많은 마케팅을 하고 빠르게 성장하고 있는 것이 TDF라는 상품이다.

Target Dated Fund의 약자인 이 금융상품의 기본 컨셉은 아주 단순하다. 젊을 때는 주식 같은 고위험, 고수익 자산에 투자하다 나이가 들수록 안전자산인 채권 비중을 늘리는 구조이다. 정기적인 자산 배분 즉, 리밸런싱rebalacing을 금융사가 알아서 해줘 고객의 불편함을 줄여주겠다는 장점을 강조한다. 이 상품에 대해 내가 찾은 가장 큰 문제는 수수료이다. 일반적으로 판매되는 TDF의 수수료율은 과도하게 높다. 수익률에 초점을 둔 액티브 펀드도 아닌데 이렇게 높은 수수료율 설정은 대단히 이상하다. 앞서 말했듯 장기로 가면 시장을 이기는 액티브 펀드는 극소수라는 사실, 그리고 TDF가 생애주기를 대상으로 판매하는 상품이라는 사실을 전제로 하면 장기 패시브 전략을 쓸 수밖에 없는데 왜 이렇게 높은 수수료를 받는지 의아하다.

TDF 운용에는 대단한 금융기술이 쓰이는 것이 아니기 때문이다. 우리나라에서 판매되는 TDF의 연간 수수료는 0.5%~0.7%이다. 비교하면 지수 추종 상품인 KODEX 미국 S&P500 ETF의 연간 수수료율은 0.05%, KODEX 미국채 10년 ETF의 연간 수수료율은 0.09%에 불과하다. 한국에 투자되는 KOSPI ETF0.15%, 한국 국고채 ETF0.07%와 비교해도 상당히 높다. 개인투자자 입장에서 3년~5년에 한 번씩 주식

ETF를 팔고 채권 ETF를 사면서 비중을 조정하는 것이 훨씬 비용이 적게 든다.

내게 좋은 금융상품이란 투명한 가격구조 그리고 낮은 수수료율이라는 조건을 가져야 한다. 하지만 시중에 대대적인 광고와 마케팅으로 판매되는 많은 금융상품은 불투명성, 높은 수수료율의 특징을 보인다. 예를 들어, 주식에 투자하는 금융상품의 경우 KOPSI 지수가 10% 오르면 내 금융상품도 그에 상응하여 수익률을 보여 주어야 하는데 인기 금융상품 중 그런 형태를 보이는 상품은 많지 않다. 내 돈이 밖에서 보이지 않는 불투명한 상자에 들어가, 뭐가 들어가고 뭐가 나가는지 모른채 한참 시간이 흘러 초라한 성과를 보이는 사례가 흔하다. 정말 부도덕한 금융회사의 경우 계열사와 결탁하여 회전율을 과도하게 높여 고객의 돈을 갈취하기도 한다. 펀드 내부에서 종목을 사고팔고 하는 거래 횟수를 늘려 거래 수수료를 더 많이 책정하는 방식이다.

일반 금융 소비자는 일단 하나를 피하고 하나를 해야 한다. 우선 피해야 할 것은 내가 관심 있는 상품이 파생금융상품을 활용하는지 볼 필요가 있다. 이런 금융상품의 경우 구조적으로 고객에게 불리하게 설계된 경우가 많고 장기적으로 수익이 녹아내릴 가능성이 크다. 해야 할 하나는 연간 수수료율을 찾아보는 것이다. 비슷한 상품을 비교하여 좀 더 낮은 수수료율을 보인 상품을 찾아야 하고, 기본적으로 수수료율이 과한 상품군은 애초에 피하는 것이 좋다.

부채관리

　　수렵을 하며 이동하고 살던 인간은 정착을 하고 농경을 시작했다. 처음에는 자그마한 마을에서 시작한 집단은 큰 도시를 이루게 되고 사회와 국가를 만들었다. 고대 사회는 계급과 직업으로 분업을 이뤄 체계화를 했다. 먼 옛날 자급자족하던 인간은 이제 자기가 만든 생산물을 다른 사람의 것과 교환을 하며 살아갔다. 현대에도 경기 변동이 있듯 농업사회에서도 풍년과 흉년이 오고 갔다. 홍수나 병충해, 전염병이 닥치면 오늘 먹을 것이 없어진 인간은 좀 더 가진 이에게 음식을 빌려 삶을 이어 갔다. 이렇듯 '빚'은 인류 역사와 함께했다. 거래가 생긴 이래 언제나 부채는 있어 왔고, 고도의 금융이 핵심 산업이 된 현대 자본주의에서 빚을 잘 이용하여 더 큰 부를 만드는 방법이 하나의 새로운 산업이 되었다.

인류 역사에서 가장 유명한 빚쟁이를 꼽으라면 아마도 고대 로마의 줄리어스 시저Julius Caesar가 으뜸이 될 것이다. 그는 공화정 로마를 황제정 로마로 전환시킨, 서구 역사에서 예수 그리스도 다음으로 중요한 인물이다. 2,000년 전 그의 유산은 지금까지 영향을 미친다. "주사위는 던져졌다!Alea iacta est", "왔노라, 보았노라, 이겼노라Veni, Vidi, Vici" 등의 명언이 이 사람의 말이다. 인류역사상 처음으로 어머니 배를 갈라 태어났다는 설에 따라 현대의 제왕절개술의 영어식 이름이 caesarean section으로 지어졌다. '황제'의 독일식 표현인 '카이저', 러시아식 표현인 '짜르'가 그의 이름에서 기원한다. 지금 일반적으로 사용하는 달력그레고리력의 바로 전 버전인 율리우스력을 만들어 시간 체계의 기틀을 마련한 인물이다. 7월의 영어표기 July는 그의 생월을 기념하여 그의 이름, Julius Caesar를 차용하였다.

이렇듯 인류사를 가로지르는 인물, 줄리어스 시저는 배짱 좋은 빚쟁이로도 유명하다. 그는 '빚이 터무니없이 많으면 오히려 채권자가 채무자에게 끌려다닌다.'라는 기발한 아이디어를 생각해냈다. 로마의 유력인물들에게 막대한 빚을 져 그 돈으로 로마 시민들의 환심을 사 정치적 기반을 만들었다. 유명한 삼두정치도 그에게 엄청난 돈을 빌려준 크라수스에게 '빌려준 돈을 받으려면 나와 손잡아야 한다.'라는 묘한 논리로 성립된 것이다.

하지만 대부분의 경우 빚을 잘못 지면 개인의 인생은 재앙으로 치닫는다. 빚을 소재로 한 대표적인 문학 작품이 윌리엄 셰익스피어의《베니스의 상인》이다. 친구의 부탁으로 유대인 고리대금업자 샤일록에게 돈을 빌린 안토니오는 결국 빚의 함정에 빠져 인육 저당의 위기에 처한다. 채권자의 잔인한 처분이 채무자의 목을 조른다. 물론 이야기는 한 여인의 번득이는 기지로 좋은 결말을 맞이한다.

줄리어스 시저와 《베니스의 상인》 이야기는 빚을 유쾌하게 그려 냈지만 현실 속 우리는 과도한 부채의 위험성을 선명하게 자각해야 한다. 현대를 신용사회라고 하는데, 개인의 정상적인 사회생활을 위해서 '부채관리'는 필수적인 요소이다. 영화나 드라마에서 단골 소재인 '아버지의 빚보증으로 패가망신'은 그냥 웃어넘길 부분이 아니다. 감당할 수 없는 크기의 빚을 지면 그야말로 경제적 사형선고를 당할 수 있다. 그 빚이 은행에서 생긴 것이라면 순식간에 신용불량자로 전락할 것이고, 사채나 개인 간 대출에서 나온 것이라면 사회인으로 재기가 불가능해질 수도 있다. 종종 나오는 빈곤 자살 뉴스의 원인을 따져 보면 빚이 원인인 경우가 많고 다시 말해 과도한 빚은 파멸의 지름길일 수밖에 없다.

그럼에도 불구하고 현대 자본주의 사회는 빚의 힘으로 굴러가는 시스템이다. 중앙정부가 발행하는 국채부터 빚의 또 다른 형태이다. 중앙은행은 국채를 사고팔고 하며 유통되는 통화량을 조절한다. 중앙은행이 시중은행에, 다시 시중은행은 개인이나 회사에 빚을 돌리며 소위 말하는 승수효과로 돈을 회전시킨다. 빚을 주고받아야 돈이 돌고, 돈이 돌아야 경제가 성장한다는 것이 자본주의 경제의 기본 컨셉이다.

특히 한 국가의 경제적 활력이 떨어졌을 때, 중앙정부는 개인에게 빚을 권장한다. '경기 활성화'의 수단으로 빚을 활용한 부양정책을 적극적으로 적용한다. 대표적인 예가 2002년 한국의 카드대란이다. 1998년 출범한 김대중 정부의 첫 번째 과제는 IMF 사태의 극복이었다. 몰락한 경제를 살리기 위해 내수를 부흥시킬 필요가 있었고, 당시 정부가 채택한 방식이 신용카드 발행 장려였다. 내수 경기 회복과 더불어 과거 현금결제가 주였던 때에 횡횡했던 탈세를 방지한다는 목적도 있었다. 확대되는 금융거래 인프라와 함께 신용카드 회사들은 경쟁이 과열되며 카드 발행을 남발했다. 소득이 없는 학생들에게도 마구잡이로 발행하여 빚을 통한 소비를 부추겼다.

당시 가장 유명한 광고 카피가 "여러분, 모두 부자 되세요."와 "열심히 일한 당신, 떠나라!"였다. 그야말로 흥청망청 카드거래를 했고, 돌려막기라는 새로운 수법이 허망한 소비를 부추겼다. 고이율의 카드빚으로 앞선 카드빚을 갚는 방식이 굴러굴러 자그마치 300만 명이 넘는 신용불량자를 양산하는 사태에 이른다. 개인파산이 급증하고 채권을 회수하지 못한 카드사들은 부실에 시달리다 회사 문을 닫거나 헐값에 팔린다.

카드사들의 부실은 "카드채"라는 회사채가 큰 부분을 차지했는데, 고객에게 이율 30%가 넘는 현금서비스를 주기 위해 단기금융시장에서 자금을 끌어왔다. 물론 고객들의 연체가 증가하며 카드채 이자 지급 여력에 어려움이 생기고 카드회사 회계는 급격히 부실해진다. 이것의 영향은 은행으로 이전되어 그야말로 국가 경제가 도미노식으로 무너지는 현상이 벌어진다. 카드 사태의 여파로 외환은행이 미국의 사모펀드 론스타에 매각되는 결과로 이어진다. 2002년 증시는 한 해 동안 무려 40% 폭락을 기록한다. 이 사태로 인해 IMF를 극복하고 천천히 회복 기조를 타던 한국 경제는 다시 한번 내수부진의 위기를 맞닥뜨린다.

하지만 아픈 기억도 시간이 지나면 망각의 강으로 흘러들어 간다. 2008년 글로벌 금융위기는 한국이란 작은 공간이 아니라 세계적 차원의 빚잔치가 벌어진 사건이다. 리먼 사태 또는 서브프라임 모기지 사태로 불리는 이 경제위기는 테러와의 전쟁을 촉발시킨 9.11 테러와 함께 21세기 초 인류 역사의 분수령이 된 사건으로 기록된다. 서브프라임

subprime이란 우량 prime 대출 대상이 아닌 사람들을 말한다. 과거에는 신용 조건을 만족하지 못해 대출을 못 받던 사람들에게 대출을 감행하고, 대출한 금융기관은 돈을 받을 권리를 모아 새로운 금융상품을 만들어 시장에 풀었다. 수학적으로 부실 대출이 일거에 탈이 날 확률이 낮다는 계산에 의해 번쩍번쩍한 혁신금융상품 부채담보부증권, CDO이 만들어졌다. 근본적으로 부실하고 위험을 안고 있는 부채거래가 그럴듯한 외관으로 치장되며 빚을 주는 사람, 받는 사람 모두의 잔치가 벌어졌다.

호화로운 돈 잔치에 점점 많은 사람들이 모여들고 그에 따라 기초자산인 주택가격이 천정부지로 치솟는다. 모두가 행복한 상황이 마련된다. 이때 주택담보대출이 얼마나 쉬웠냐면 키우던 강아지 이름으로도 큰 금액의 대출이 실행되기도 했다. 오하이오주에서는 23명의 죽은 사람의 이름으로 대출이 나왔다. '묻지마' 대출의 대향연이었다.

원래 정상적인 대출이란 'Verified Income, Verified Assets 확실한 수입, 확실한 재산' 중심으로 이루어져야 한다. 하지만 경제는 '신용'으로 굴러가는 만큼 미국 투자은행들은 '덜 확실한' 사람들을 새로운 신용의 엔진으로 삼았다. 힘이 넘치는 고성능 엔진을 추가로 장착한 금융산업은 폭주했고 모든 것의 가격이 치솟았다. 대출의 기초자산인 부동산 가격이 오르고, 이익을 많이 낸 투자은행들의 주가도 천정부지가 되었다. 하지만 끝나지 않는 파티는 없다.

언젠가 아침 해가 떠오르고 밤새 현란하고 화려한 파티장이 어느덧 난장판이 되어 있다는 것을 알게 된다. 부동산 가격이 영원히 올랐다면 파티도 끝나지 않았겠지만 수학적으로 가능하지 않다. 자산 버블이 계속되려면 자산 가격의 상승률이 이자율보다 높거나 같아야 한다. 부동산 가격 폭등 초기에는 투자자들이 몰려들어 이것이 가능했지만 임계

점을 지나면 상황은 급격히 악화된다. 이제 새로운 바보들의 유입은 줄어들고, 부동산 가격은 정체된다. 이에 따라 거대한 부채의 무게가 채무자들을 짓누른다.

결국 그날이 찾아왔다. 거품 붕괴 직전 전체 대출의 크기가 2조 달러에 달했다. 정확히 언제, 어떻게 시작됐는지 모르지만 사람들은 주택가격이 너무 높다는 것을 알아차리기 시작했다. 부동산이란 기초자산을 투자은행에서 만든 괴물 금융상품이 몇 배로 증폭시킨 것이 이 판의 본질이라, 버블이 꺼지는 속도도 거의 폭탄이 터지는 충격파에 가까웠다. 2008년 9월 대량의 CDO를 가지고 있던 리먼 브라더스의 파산을 시점으로 미국 경제, 더 나아가 세계 경제가 수렁으로 빠져들었다. 이것은 과거의 경제불황과는 성격이 다르다. 1920년대 대공황, 1970년대 오일쇼크, 2000년대 초반의 닷컴버블이 수요와 공급의 불균형에서 발생된 것이라면, 2008년 글로벌 금융위기는 무분별한 대출이 원인이었다. 즉 '탐욕'이 위기를 만든 장본인이다.

수렁에 빠진 세계 경제의 소방수로 미국 연방준비제도가 동원된다. 금융부문 붕괴에 따른 심각한 경기침체에 대한 해법으로 미국의 중앙은행은 대규모 양적완화 정책을 시행한다. 양적완화는 금융시장이 정상적으로 작동하지 않을 때, 중앙은행이 시중에 돈을 직접 공급하여 금융시장을 안정시키는 방식이다. 2008년 금융위기의 화마를 끄기 위한 양적완화는 그 규모와 방식 면에서 대단히 이례적인 조치였다. 일단 시중에 풀린 유동성이 천문학적이었다. 미국의 주요 양적완화는 3번에 걸쳐 이루어졌는데, 국채와 모기지 채권을 매입하는 방식으로 4조 3,000억 달러가 시장에 공급되었다. 자산 버블을 시장이 감당하지 못하고 터진 상황에서 유동성을 정상화하는 대신 '무한대로 더 풀어서' 해결하는 방식의 역발상 대책이었다.

2009년 시작된 양적완화는 2014년까지 이어졌다. 2014년 10월 테이퍼링양적완화 축소 선언 이후 미국 연방 금리는 단계적으로 올려 2019년 2.5%가 되고 시중의 통화량이 줄어들었다. 하지만 이 흐름은 2020년 코로나 팬데믹 위기로 다시 선회한다. 더욱더 많은 자금이 전염병 여파로 빈사 상태에 이른 시장에 공급된다. 경제사적으로 양적완화 정책은 '비전통적'이라 정의한다. 자본주의 역사에서 이런 방식으로 경제위기에 대한 처방이 적용된 적이 없기 때문이다.

마치 전투에서 총 맞은 병사를 살리기 위해 모르핀을 놓고, 또 놓고, 아예 링거를 꽂아 혈액이 아니라 모르핀으로 움직이는 살아 있는 좀비를 만든 것에 비유할 수 있다. 탐욕적인 부채 잔치로 발생된 2008년 금융위기를 정부 주도의 더 큰 부채로 틀어막은 것이다. 이것이 가능한데 중요한 지표가 인플레이션이다. 중앙은행에서 가장 중요한 정책지표가 되는 것이 인플레이션인데, 긴 양적완화 기간 동안 아주 이상하게도 물가가 안정된 상태가 이어진다. 단순한 경제 공식에서 통화량이 증가하면 자연스레 물가가 오르는 현상이 나타나야 하지만 화폐유통속도가 느려지며 부작용이 줄어든 것이다.

하지만 부작용은 지연된 것이지 사라진 것은 아니라는 것이 밝혀졌다. 2022년 2월 러시아가 우크라이나를 침공하며 공급 측에서 가격 충격이 시작되었다. 2021년 후반부터 본격적으로 시작된 인플레이션은 각국 중앙은행에 빠른 조치를 유도했다. 미국은 2022년 3월 길고 긴 초저금리 상태를 벗어나 빠르게 정책금리를 올린다. 한 번에 0.5%, 0.75%씩 공격적으로 금리를 올리며 인플레이션 진화에 나선다. 어찌 보면 2008년부터 시작된 14년간의 긴 빚잔치가 이제 마무리를 하고 있는 모양새이다.

여기서 참고로 얘기하면 일반적으로 중앙정부의 정책순위에서 '인플레이션'은 가장 우선이 된다. 경기침체, 실업 같은 경제문제에 우선하는 것이 인플레이션이다. 다른 경제문제의 경우 그 여파나 후유증이 제한적이고 여러 정책수단을 통해 해법을 모색할 수 있지만, 인플레이션을 방치하여 하이퍼인플레이션으로 치달으면 최종적으로 국가 붕괴라는 대참사가 발생하기 때문이다. 역사의 곳곳에서 사례를 찾을 수 있는데, 고대 로마에서부터 미국 남북전쟁, 2차 세계대전을 촉발한 독일 바이마르 공화국까지 하이퍼인플레이션으로 인해 국가 사망에 이른 많은 경우를 찾을 수 있다. 최근 아르헨티나와 튀르키예의 초인플레이션은 국가 기능 자체를 마비시키고 있다.

이제 우리의 이야기로 돌아와 보자. 긴 시간 우리의 부채에 대한 관념은 이러한 세계적 구조에 영향을 받았다. 부채로 쌓아 올린 커다란 돈의 흐름에 경제의 특정 부문이 비대해졌다. 제로금리 상황에서 낮은 이자 부담으로 빚에 대한 두려움을 줄어들었다. 우리나라에서는 특히 부동산 영역이 짧은 기간 동안 부풀어 올랐다. 여기에 경기 부양을 위한 정부 정책이 부동산 붐에 기름을 붓는다. 그리고 소규모 개방경제인 한국의 수출 동력이 줄어들자 성장률을 끌어올리기 위한 수단으로 소비 심리를 자극해야 했다. 햇살론, 미소금융, 디딤돌대출, 보금자리론, 국민행복기금 등 다양한 이름으로 저금리 대출이 출시되었다.

물론 각 대출이 특정 목적, 특정 타겟으로 설계되었지만 결국 '정부가 금리 싸게 드릴 테니 빚지세요.'라고 부추기는 형국이 만들어졌다. 국민행복기금의 대출액 95%에 정부 보증을 해주고, 아파트 분양 시 집단대출의 심사를 완화했다. 그리고 주택도시보증공사의 무제한 보증을 해

주는 등 쉽고 가볍게 대출하라는 시그널이 정부에서 나왔다. 이런 흐름에 건설사와 결탁된 언론은 부동산 경기에 군불을 지핀다. 이것은 앞서 이야기한 카드대란의 다른 버전일 수 있다. 다만 그 대상이 신용카드가 아니라 주택이라는 차이일 뿐이다. 정부, 기업, 언론, 개인의 욕망이 부채라는 풍선에 바람을 넣는다.

최근 10년 동안 부동산 광풍이 불었다. 끝없이 오르는 부동산 가격에 '영끌 투자', '갭투자', '벼락거지' 같은 새로운 유행어가 생겼다. 이제는 막차라는 공포감과 나도 부자가 될 수 있다는 기대감이 부담 없는 이자율이란 날개를 달고 최대한의 대출을 끌어안는 투자행태가 일반화되었다. 원래도 가계부채 규모가 작지 않았는데, 부동산 광풍 시즌을 지나며 천문학적인 규모에 치달았다.

한국은 세계에서 가장 많은 가계부채를 가진 나라이다. 국제금융협회 통계에 따르면 34개 주요국 중 GDP 대비 가계부채비율이 100%를 초과하는 유일한 나라다. 2023년 한국경제연구원이 추산한 자료에 의하면 가계부채 규모는 거의 3,300조 원을 넘는다. 언제나 모든 것이 잘 맞아 갈 때는 게임에 참여한 모두가 행복하다.

부채가 증가하는 데는 단지 부동산 영역뿐만 아니라 사회 구조적 변화가 영향을 미친다. 대기업이 이끄는 제조업이 한국의 핵심 동력인데 해외 진출, 자동화 등의 원인으로 질 좋은 일자리가 줄어든다. 결혼과 출산이 줄어들고 내수시장의 성장도 예전만 못하다. 작은 파이를 차지하기 위해 더 많은 경쟁을 해야 하는 사회로 변했다. 이런 변화 속에 저소득층, 청년, 노인 등 사회적 약자들이 궁지에 몰린다. 부족한 생활비를 충당하기 위해 빚을 지는 것이 자연스러웠다.

특히 사회의 새로운 동력이 되어야 할 청년들의 빚 부담은 한국의 미래를 어둡게 한다. 학자금 대출로 대학을 졸업해도 어려운 취업난에 안정적 현금흐름을 만들 수가 없다. 줄어든 좋은 직장을 갖기 위해 외국어, 어학연수, 자격증, 공모전, 인턴, 봉사활동 등의 스펙을 추가하기 위해 더 많은 시간과 비용이 든다. 이것은 당장 청년세대의 부담일 뿐만 아니라 시간차를 두고 부모 세대의 노후 부실화까지 야기한다. 지금까지는 값싼 부채로 어떻게든 틀어막을 수 있었다.

하지만 이제 '싼 빚'의 시대는 막을 내리고 있다. 14년의 초저금리 상태가 사람들의 생각에 지금이 정상이란 착각을 만들었지만, 경제사적으로 대단히 이례적인 상태였다는 사실을 상기해야 한다. 비정상의 정상화가 진행되고 있다. 미국 연방 금리는 초스피드로 상승했고, 한국은행 정책금리도 그에 발맞춰 상승했다. 미국 연방준비제도 제롬 파월 의장은 인플레이션을 방어하기 위해 모든 것을 희생할 각오를 천명했다. 국내에 유입된 외국자본의 이탈을 막기 위해 자연스레 한국의 금리도 올라갔다.

큰 문제는 작은 나라로서 우리의 입장이다. 미국의 재정, 통화정책은 온전히 미국의 경제상태만을 고려하여 취해진다. 지금까지 빠르게 올라간 금리는 미국 국내의 고용률, 물가상승에 맞춰 정해진다. 미국 국내적으로 금리 인상이란 충격파를 충분히 견딜 만한 수준이라 판단하여 올리는 것이다. 즉 미국 경제정책 처방은 순전히 미국 경제상태만을 고려한 것이다.

하지만 미국 이외의 나라는 입장이 다르다. 국내 경제에 대한 고려 없이 미국의 처방에 발맞춰야 한다. 미국이 독감을 이겨 내기 위해 타미플루를 취하는 것은 자연스럽다. 하지만 간 기능 장애와 알러지를 갖고 있는 한국이 똑같이 타미플루를 처방받은 꼴이다. 유럽이나 일본 같이 국가 경제 규모가 일정 정도 수준 이상인 나라들은 그나마 나름의 처방을 할 수 있지만 소규모 개방경제의 한국은 그럴 만한 입장이 아니다.

빵빵해진 부채의 시한폭탄이 똑딱거린다. 개인 차원에서 부채의 쓰나미에 휩쓸리지 않기 위해 알맞은 출구전략이 필요하다. 재무관리 분야에서 빚에 관해 '30/30의 법칙'이라고 하는 기준을 생각해 볼 필요가 있다. 특히 집 매입과 전세 등 주택 관련된 대출 원칙이다. 우선 대출 금액은 집값 또는 전세액의 30% 이하로 설정해야 한다. 그리고 매달 들어가는 이자 원리금 포함 부담이 월수입의 30% 이하로 맞춰야 한다. 시중 금리가 변동할 가능성이 있기 때문에 어느 정도 마진을 더 고려해야 한다.

이런저런 부채를 끌어 쓰다 보면 정확한 부채 현황을 파악하지 못하는 경우도 많다. 정확한 처방을 위해 객관적인 진단이 먼저이다. 내가 갖고 있는 빚의 질과 양을 면밀히 정리할 필요가 있다. 대출한 금융기관이 어디인지, 담보인지 신용인지, 각각 대출의 금리가 얼마인지, 매월 이자 비용 지출의 크기와 대출 만기일 등에 대한 전반적인 윤곽을 잡아야 한다. 요즘은 개인의 금융 현황을 쉽게 파악할 수 있는 인터넷 서비스가 나와 있다. 은행이나 제2금융권에 부채가 있다면 '올 크레딧', 신용카드 빚의 경우 '마이 크레딧' 어플을 이용하면 나의 신용등급, 대출과 카드 내역, 연체, 보증, 채무불이행, 신용회복 등에 대한 정보를 쉽고 빠르게 얻을 수 있다.

현재 감당할 수 없는 빚을 가지고 있는 경우, 효율적인 대출 전략 구조를 만들어야 한다. 가급적 여러 건의 대출은 하나로 만들어야 하고, 가족에게 분산되어 있는 경우 협의를 통해 한 사람에게 집중하는 것이 좋다. 요즘은 금융기관뿐만 아니라 다양한 채널로 빚을 지는 경우도 많다. 신용카드 리볼빙, 휴대폰 소액결제, IPTV 결제 등 마치 쉬운 결제 시스템처럼 보이는 빚이다.

개인의 현금흐름을 일목요연하게 파악하기 위해서 첫 번째 단계가 결제 채널을 단순화하는 것이다. Debt Free 재무시스템을 만드는 데 앞서 이야기한 통장 쪼개기 방식이 아주 유용하다. 이 구조를 만들기 위해 신용카드 버리기가 선행되어야 한다. 신용카드를 버리기 위해서는 첫 달이 아주 중요한데, 다음 달 지출을 이번 달로 끌어와야 하기 때문이다. 예비비를 활용하여 한 달 치 신용대금을 결제함과 동시에 체크카드에 한 달 치 생활비를 넣어 두어야 한다. 첫 달은 새로운 지출 방식에 습관을 들이는 기간이다.

꼼꼼하게 가계부를 쓰는 것이 좋지만 피로감이 크다. 가끔 체크카드 잔액을 들여다보며 현금흐름의 대략적 규모만 파악하는 것으로 충분하다. 중요한 것은 수입과 지출의 균형점에 대한 감각을 키우는 것이다. 한 달의 중간 정도에 용돈 통장 잔액을 체크하고 남은 기간에 맞춰 지출을 조정하는 습관을 들인다.

이미 수용 불가능한 수준의 부채에 고통받는 사람들도 많다. 악성 부채로 인해 빚이 눈덩이처럼 불어나 암담한 상황에 처한 경우다. 이런 경우 사전 채무조정을 해야 한다. 여러 공공기관에서 빚으로 어려움을 겪는 사람들에게 도움을 주고 있다. 신용회복위원회에서는 개인의 워크아웃 지원 프로그램이 있고, 국민행복기금은 채무조정지원 서비스를 제공한다. 개인회생, 개인파산, 면책 등 법적 탈출구를 모색하는 사람들에게 대한법률구조공단은 무료 법률 상담을 진행하고 있다.

투자에 대한 관점도 바뀌어야 한다. 초저금리 시대의 감각으로 투자에 나서면 큰 화를 당할 수 있다. 긴 자산 가격 상승기에 부동산, 주식, 코인까지 부채를 활용한 레버리지 투자로 큰 부를 이룬 사람들이 많다. 낮은 이율 환경에서 큰 위험이 큰 수익을 안겨 줬다. 실패 없는 긴 시간이 흘러가면서 투자자들에게 일종의 성공공식으로 자리 잡았다. 하지만 기존의 빚테크 방식이 나를 벼랑으로 몰아가는 함정으로 작용할 가능성이 커지고 있다. 적정 부채 규모에 대한 관념을 바꿀 시기가 되었다.

마지막으로 내가 존경해 마지않는 워런 버핏과 그의 오랜 동업자 찰리 멍거Charles T. Munger 의 빚에 대한 조언으로 마무리한다. 버핏은 말한다. "늘 현금 보유고를 넉넉히 유지해야 침체기에 자산을 팔아치울 수밖에 없는 위태로운 상황을 피할 수 있다. 부채를 지나치게 사용해서는 안 된다. 부채가 우리의 버티는 힘을 약화시키기 때문이다." 찰리 멍거는 더 노골적으로 말한다. 마치 지독히 쓴 보약과 같다. "인생을 파멸로 몰고 가는 세 가지가 있다. 약물, 술 그리고 레버리지다."

04

부동산 투자

투자에 대한 한국인의 생각에 큰 비중을 차지하는 것이 부동산이다. 중간중간 짧은 침체기가 있기는 했지만 1970년대 산업화 이후 부동산 투자가 개인의 자산 형성에 실망을 준 적이 거의 없다. 특히 2010년 이후 부동산 폭등기를 지나며 '부동산 불패 신화'는 더욱 견고한 인식으로 자리 잡았다. 제로금리 시대에 과감하게 아파트를 구매한 사람들은 환호성을 질렀고, 머뭇거리다 기차에 올라타지 못한 사람들은 좌절을 맛보아야 했다. 부동산을 통한 '벼락부자' 대열에서 소외된 사람들을 일컬어 '벼락거지'라 부르는 시대이다.

지난 15년간 개인의 자산관리 차원에서 부동산의 비중은 다른 어떤 자산보다 컸고, 개인의 삶뿐만 아니라 한국 사회의 구조에도 큰 영향을 주고받았다. 하지만 오랜 성공 방정식에 균열이 생기고 있다. 결론부터 말하면, 나는 한국의 부동산이 미래에 썩 좋은 자산증식 수단으로 기능을 하지 않을 것이라 본다. 그것에는 단기적으로 경제 환경 변화, 그리고 장기적으로는 구조 변화가 복합적으로 작용하기 때문이다.

우선 단기적인 경제 환경 변화를 살펴보자. 이것은 앞장 '부채' 부분에서 이야기한 내용의 연장선상에 있다. 한국 부동산의 상승에는 한국인 라이프 스타일의 변화, 정부의 개발정책과 부동산정책 등 국내적 영향이 적지 않았지만, 근본적인 힘은 외부에서 시작되었다. 2008년 미국에서 발생된 글로벌 금융위기를 수습하기 위해 막대한 유동성과 제로금리가 우리나라뿐만 아니라 전 세계 자산시장에 활력을 불어넣었다. 2014년 테이퍼링자산축소과 금리 인상 시도는 2019년 코로나 팬데믹에 의해 다시 확장적으로 회귀했다.

시장에 공급된 엄청난 양의 통화량이 주식시장과 암호화폐 시장은 물론 부동산 영역에도 공급되며 가격상승을 부추겼다. 이렇게 짧지 않은 기간 동안 막대한 통화 공급을 할 수 있었던 데는 '안정적 물가'가 큰 역할을 했다. 중앙은행의 최대 목표가 '인플레이션 방어'인데, 이 부분에 경고등이 들어오지 않으니 안심하고 여러 확장적 정책을 쓸 수 있었다. 하지만 결국 올 것이 오고야 말았다. 그것도 거대한 쓰나미로 기존의 경제 환경을 휩쓸 수 있는 위력으로 다가왔다. 바로 '슈퍼 인플레이션'이다.

인플레이션의 근본적 원인은 막대한 유동성이다. 미국, 유럽, 일본 등 주요국들은 경기를 부양하기 위해 엄청난 규모의 현금을 살포했다. 긴 초저금리 상태는 부채를 활용한 레버리지 전략의 좋은 조건이 되었다. 올라가는 자산 가격에 레버리지 활용이 딱 맞아떨어지면서 자산증식 효과가 극대화되었다.

하지만 돈의 양이 많아지면 돈의 가치가 떨어지기 마련이다. 풀린 돈의 양만큼 가격이 올라간다. 여기에 다른 부가적인 작용이 더해진다. 최저 임금이 인상되며 생산 비용이 높아진다. 미국과 중국의 무역 전쟁으로 인한 관세율 상승으로 비용 상승을 부추긴다. 팬데믹 기간 생산지연, 부품수급 문제, 물류 지연 등 글로벌 공급망에 문제가 생긴다. 러시아의 우크라이나 침공은 천연가스와 곡물 부문의 가격 인상으로 이어졌다. 미국의 물가상승률 통계는 새 역사를 썼다. 2022년 6월 9.1%를 기록하며 1974년 이후 최고 인플레이션 기록이다. 이것은 2000년 이후 미국이 맞은 닷컴버블, 서브프라임 사태에 이어 새로운 경제위기로 인식되었다.

미국 연방준비제도 의장 제롬 파월Jerome Powell 은 2022년 6월 미 상원 은행위원회에 출석해 다음과 같이 말했다. "인플레이션을 잡을 것을 강력히 약속한다. 중략 물가상승을 끌어내리는 것이 필수적이다. 인플레이션이 놀라운 수준이기 때문에 정책 결정자들은 신속히 움직일 필요가 있다. 경기후퇴 가능성이 존재한다. 하지만 가격 탄력을 회복하지 못해 높은 물가상승이 경제 전반에 퍼지는 것은 극히 위험하다. 물가상승률을 2%로 돌려놔야 한다."

그는 곧바로 실천에 옮겨 공격적인 정책금리 인상이 이어진다. 빅스텝0.5% 인상 , 자이언트스텝0.75% 인상 을 밟으며 시장에 중앙은행의 강력한 의지를 보여 준다. 혹자는 경기침체를 우려하여 적당한 수준에서 금리 인상을 멈추고 다시 저금리로 돌아갈 수 있다고 말하지만, 앞서 강조한 것처럼 물가상승률이 목표에 접근하지 않으면 현재의 금리 기조는 변화하지 않을 것이다. 중앙은행의 입장에서는 '물가안정'이 지상 최대 과제이기 때문이다. 역사적으로 오일쇼크로 물가가 크게 올랐던 1980년대 초반 연방준비제도 폴 볼커 Paul Volcker 의장은 연방 금리를 20%대까지 올렸다. 당시 높은 실업률과 경기하강이 있었지만, 경제 정책의 최우선 순위를 인플레이션 방어로 정하고 고금리 정책을 밀어붙였다. 이 당시 금리 인상은 지금은 상상할 수 없는 속도로 올라갔다. 1979년 10월 긴급 FOMC에서 연방 금리를 한 번에 400bp 11.5%→15.5% 올리는 초강수를 두었다. 최소한 인플레이션 문제에 적당히는 없다는 것을 알 수 있다.

인플레이션 현상은 부동산 가격에 두 가지 방향으로 작용한다. 우선 가격상승 유도에 대한 메커니즘이 있다. 주택 특히 대단위 아파트 단지 건설 비용의 상승 그리고 월세 상승으로 부동산 가격을 끌어올리는 작용이다. 최근 둔촌동 주공아파트 단지 재개발에 관련된 이슈가 이와 관련되어 있다. 시공사는 자재비, 인건비 인상 요인을 반영하여 건설비 계약을 상향 수정하여야 한다고 하고, 조합은 완강히 반대하여 갈등이 발생하였다.

앞으로 지어지는 아파트는 비용 상승을 반영하여 분양가격이 올라갈 가능성이 크고 이것은 전체 아파트 가격을 올리게 된다. 그리고 물가가 오른다는 것은 단순히 생필품 가격뿐만 아니라 임금, 주거비 모두가 오르는 것을 의미한다. 주거비 특히 월세가 오르면 임대인의 명목소득이 오르는 현상이 나타나므로 부동산 가격상승 압력이 올라가게 된다.

반대로 물가상승이 부동산 가격을 내리는 영향도 있을 수 있다. 우선 물가가 폭등하면 정부는 우선 임금 상승 압력을 억누르려고 한다. 이러면 근로자들의 실질 소득이 하락하게 되고 이는 구매력 하락, 수요 하락으로 이어진다. 당연히 주택가격 측면에서 부정적인 영향을 준다. 거시경제 차원에서 큰 인플레이션은 정책당국의 기준금리 인상을 불러일으킨다. 주택담보대출의 비중이 큰 우리나라의 경우, 자연스럽게 이자 부담으로 이어지고 그 정도가 크다면 대규모 주택 매도사태까지 올 수 있다. 상승 요인과 하락 요인이 교차하는데, 전문가들의 의견에 의하면 상승 요인은 중기적, 하락 요인은 단기적이라 당분간 하방 압력이 더 클 것으로 예측한다.

단기적으로 높은 금리가 국내 부동산 가격 흐름에 가장 큰 변수이다. 우선 소위 '영끌', 즉 주택을 사거나 전세를 얻기 위해 담보대출을 최대한으로 끌어 쓴 사람들에게 직접적인 영향을 주고 있다. 인플레이션과 금리상승이 있기 전 이들은 3% 초반 이자율을 염두에 두고 대출을 받았다. 2022년 보건복지부 통계에 따르면 한국의 3인 가족의 중위 소득은 월 419만 원이다. 집을 사거나 빌리기 위해 5억 원을 대출받은 경우 월 이자 부담은 매달 약 150만 원대 이내였다. 하지만 금리 인상이 본격화되고 시중 주택담보대출 금리는 6%대까지 치솟았다. 단순 계산으로도 월 이자 부담이 거의 300만 원에 이른다. 대출이자, 세금, 관리비 등 주거비용이 소득 중 거의 70%에 달한다.

문제는 높은 대출 이자율이 장기화될 가능성이다. 미국 연방 금리가 천정을 찍고 내려갈 것으로 예상되지만 전문가들은 그 속도와 폭은 제한적일 것이라 예측한다. 한국의 정책금리 역시 영향을 받을 수밖에 없다. 금리가 내려가더라도 과거와 같은 초저금리 상태를 기대하기는 어려울 것이다. 그렇다면 높아진 대출이자 부담은 장기화된다는 이야기다. 그렇다면 이미 70%에 육박하는 소득 대비 주거비용을 앞으로 과연 얼마나 견뎌 낼 수 있을까?

또 다른 시각에서 금리를 볼 수 있다. 부동산 투자에서 가장 중요한 지표는 '투자수익률'이다. 아주 단순한 공식으로 '임대수익/주택가격'이다. 채권, 주식, 부동산 등 모든 자산은 투자 영역에서 경합 관계이다. 각각의 투자수익률의 우열에 따라 돈의 큰 흐름이 만들어진다.

모든 투자 대상의 가장 강력한 대안이 '미국 10년물 국채'이다. 세계에서 가장 안전한 자산으로 분류되는 미국 국채의 수익률에 의해 모든 위험 자산의 경쟁력이 변화한다. 미국 연방 금리는 미국 국채 이자율과 긴밀하게 연계된다. 미국 연방 금리가 오르면 그와 유사한 정도로 미국 국채 이자율이 오른다. 수익성 측면에서 한국의 주택은 미국 국채에 비해 덜 매력적인 투자 대상으로 여겨진다. 거기다 최근 거래량마저 줄어들며 환금성도 극히 나빠지고 있는 것이 한국 주택에 대한 새로운 투자 유입을 막고 있다.

다음은 장기적인 경제 환경변화를 살펴보자. 긴 안목에서 주택시장뿐만 아니라 한국 경제에 가장 큰 위기는 인구감소에서 시작될 가능성이 아주 크다. 1980년 한국의 총인구는 3,812명에서 증가하여 2022년 5,167만 명으로 정점을 찍고, 빠르게 감소하여 2070년에는 3,600만 명으로 줄어들 예정이다. 인구구성 측면에서도 1980년 65세 이상 고령 인구는 3.8%에 불과했으나 2070년에는 거의 한국의 인구 절반 정도가 고령자로 이루어질 예정이다.

이미 20년 전부터 인구감소에 대한 문제가 지적되고, 역대 한국 정부는 새로운 임기가 시작될 때마다 출산율 문제에 대책을 세우며 천문학적인 정부 예산을 집행하였다. 하지만 결과는 세계에서 가장 아이를 낳지 않는 나라가 되었다. 인구감소가 단지 문제만 만드는 것은 아닐 것이다. 여러 사회학자들은 또 다른 시각에서 이 상황을 보기도 한다. 세계에서 차지하는 한국의 위상은 낮아질지 모르지만 개별 사람들은 더 넓은 공간에서 효율적으로 자원을 활용하며 더 큰 기회를 누릴 수도 있을 것이라 말한다. 사회적으로 영향이 긍정적일 수도, 부정적일 수도 있지만 투자자의 관점, 특히 부동산 측면에서 커다란 위기 요소임에는 분명하다.

출산율에 빨간불이 들어온 지도 20년 가까이 되어 가고, 언론에서 호들갑을 떨지만 현실의 많은 사람들은 이 위기를 체감하지 못했다. 여전히 GDP는 성장하며 선진국 대열에 합류했고, 한류와 스포츠 스타들이 한국을 알린다. 투자 세계에서도 주식시장은 꾸준히 올라가고 있고, 삼성과 현대자동차는 세계적인 회사가 되었고, 아파트 가격이 천정부지로 오르며 영원불멸의 투자처로 자리매김하고 있으니.

하지만 이것은 총인구 그래프를 보면 좀 다른 해석을 할 수 있다. 출산율이 급감한 것에 비해 한국의 평균수명이 늘며 총인구는 꾸준히 증가해 왔다. 전체적인 볼륨은 커졌다는 것이다. 하지만 2020년을 기준으로 결국 이런 흐름에 변곡점이 찾아왔다. 한국의 총인구가 정점을 찍고 이제 하락추세로 돌아섰다. 게다가 누적된 출산율 저하의 영향은 빠르게 총인구 감소로 이어질 것이다. 앞으로 5년 후부터 한국의 인구는 연간 50만 명씩 줄어든다. 매년 1%씩, 경상북도 포항시 인구수만큼이 감소한다. 이제 빛의 속도로 사회 변화가 올 것이다.

혹자는 1~2인 가족이 많아지며 세대수는 크게 줄지 않아 주택시장은 유지될 것이라고 예측한다. 간단히 생각해도 합리적이지 않다. 한국의 주택, 특히 아파트의 주류는 30평대 크기이고 서울의 경우 6~10억 원, 지방 대도시는 3~7억 원 가격을 형성한다. 혼자 또는 부부만 있는 가구가 과연 이렇게 과한 비용을 지불하면서 큰 아파트를 얻는다는 건 넌센스다. 새로운 세대가 과거 주거 관행을 이어갈 수는 없다.

한국 주택시장에 영향을 미칠 또 다른 거시경제 악재는 저성장과 청년실업이다. 2023년 한국은 경제협력개발기구OECD 회원국 평균에 못 미치는 성장을 기록했다. OECD 회원국 평균보다 약 0.4% 낮은 결과이다. 문제는 구조적인 원인이 장기적으로 고착될 가능성이 크다는 부분이다. 한국은행 이창용 총재는 연속적으로 성장률 전망치를 낮추며 "우리 경제가 이미 장기 저성장 국면에 와있다고 생각한다."라고 말했다. 이창용 총재는 한국의 저성장이 단지 경기 변동, 대외 환경변화 등 단기적 원인이 아니라 한국이 가지고 있는 사회 구조적 요인에 영향을 받고 있다고 말한다.

혜택을 보는 수요자가 아닌 기득권을 가지고 있는 공급자들의 카르텔이 개혁을 한 발자국도 못 움직이게 한다고 지적한다. 교육개혁, 연금개혁, 저출산 탈출, 서비스업 수출이 근원적인 과제이지만 많은 사람들이 대중요법인 재정-통화정책에만 기대고 있다고 주장한다. 이미 잘 알려진 청년실업도 목을 조인다. 주택 구매력을 창출할 수 있는 질 좋은 일자리가 점점 더 줄어들고 있다. AI, 공장자동화는 이런 현상을 한층 가중시킬 것이고 대기업의 해외 진출로 주택을 구매할 여력을 가진 청년계층은 감소할 수밖에 없다.

부동산 투자에 관한 또 다른 구조적 악재는 '재건축, 재개발'과 관련 있다. 서울 강남, 여의도에 위치한 40년 넘은 아파트들의 가격이 올라가는 이유는 재건축 잠재력 때문이다. 이렇게 오래된 아파트 단지뿐만 아니라 모든 아파트 가격 흐름이 감가상각의 반대 방향으로 인식되었다. 아파트를 보유하고 관심 있는 모든 사람들의 인식 밑바닥에 재건축 이슈가 깔려 있기 때문이다. 하지만 앞으로도 성공공식은 유효할까?

아파트 재건축 조건의 첫 번째는 재건축 후 일반 분양 물건이 많아야 한다는 것이다. 지금 있는 가구 수보다 훨씬 많은 새로운 주거공간이

고층에 올라서고 팔려야 가능성이 생긴다. 이에 관련된 지표가 '용적률'이다. 가구당 평균 대지지분을 의미하는 용적률은 낮을수록 재건축 수익이 높아진다. 70~80년대 건설되어 재건축 사정권 안에 들어온 잠실, 개포동 5층 주공아파트의 경우 용적률이 150% 이하이다. 충분히 사업성을 가지고 있기에 오래된 아파트라도 높은 가격을 형성한다.

하지만 그 이후 지어진 중계-하계-월계 등 서울 택지지구의 아파트는 용적률이 150%를 넘고, 분당-일산-중동-산본 등 1차 신도시는 200%가 넘는다. 1990년대 서울에서 준공된 아파트들은 거의 300%를 초과한다. 용적률이 높을수록 재건축을 위해서 아파트 보유자들은 훨씬 더 높은 분담금이 필요하다. 적정 용적률을 만족하지 못하는 아파트 대부분 '재건축' 가능성이 없다는 것을 의미한다. 이것은 서울시뿐만 아니라 전국의 모든 아파트에 적용될 수 있는 새로운 공식을 제시한다. 자동차와 같은 모든 내구재가 필연적으로 적용받는 감가상각이 아파트라는 상품의 속성이 될 것이다. 즉 오래된 아파트는 자연스레 가격이 떨어진다는 의미이다.

미래가 아닌 과거를 돌아보자. 지금까지 한국의 주택은 투자 관점에서 가장 강력한 선택지였다. 한국 내에서 일반적인 자산투자 대안 중 확고한 우위를 가지고 있다. 이에 대한 통계로 서울대 공유도시랩의 분석을 볼 수 있다. 서울대 공유도시랩은 2013년 1월을 기준 100포인트로 설정하여 이후 지역에 따른 가격 변화를 측정하였다. 전국에서 가장 높은 상승률을 보인 지역은 단연 강남구이다. 100포인트였던 강남구 아파트는 2022년 3월 역사적 고점인 308.1 포인트를 찍는다. 거의 10년간 3배가 넘는 상승을 보인 것이다. 부동산 광풍, 부동산 불패가 허언이 아니라는 것이 통계로 밝혀진다.

하지만 경제학의 '기회비용' 개념을 적용해 사고의 전환을 해볼 수 있다. 미국의 나스닥지수를 투자 대안으로 설정해 보는 방식이다. 같은 시점인 2013년 1월 나스닥지수는 3,600포인트였고 이후 10년이 흐르며 15,500포인트까지 상승한다. 4.3배 상승이다. 물론 투자에 대한 접근 관점이나 방식이 부동산과 주식은 다르다. 큰 등락 없이 꾸준하게 오른 부동산과 엄청난 변동성을 보이며 기쁨과 좌절을 견뎌야 하는 주식은 좀 다른 측면이 있다. 하지만 여유자금을 활용하여 시간의 힘을 빌린다는 시각에서 나스닥지수가 충분히 매력적인 대안일 수 있다. 과거 통계로만 봐도 그렇다는 얘기다.

더구나 미래를 짐작해 보면 부동산 투자에 신중할 필요가 있다. 자본주의 시스템에서 기업에 기댄 주식은 분명한 '확대재생산' 시스템 구조 안에 있다. 반면 부동산 가격은 수요-공급의 영향을 훨씬 크게 받는다. 앞서 이야기했지만 국내 부동산에 대한 수요량이 크게 증가할 가능성은 크지 않다. 과거의 성공에 기대 미래에 대해 과도한 기대를 하는, 특히 큰 부채를 끌어와 하는 부동산 투자는 조심해야 한다.

05

은퇴 준비하기

　　대한민국만큼 빠른 변화를 겪은 나라는 없을 것이다. 세계 모두가 놀랄 정도의 변화다. 정치적으로, 경제적으로, 문화적으로 모든 영역에서 쉼 없이 변했다. 그 변화의 세월 동안 많은 갈등도 있었다. 산업화, 민주화 시대에는 이념과 지역이 갈등의 중심이었고, 어느 정도 안정을 찾은 순간부터는 경제적 계층의 갈등이 있었다. 그리고 2010년 대 이후 세대 간 갈등이 두드러지고 있다. 지난 대선에서 2030세대가 가진 불만이 정치적으로 드러났다.

　　요즘 미디어에서는 라떼 세대와 MZ 세대가 쓰는 다른 언어가 유머의 소재로 많이 소개된다. 나 역시 직장에서 '꼰대'가 되지 않기 위해 의식적으로 말과 행동을 조심한다. 그리고 젊은 세대의 생각과 감각을 이해하기 위해 나름의 노력을 기울인다. 재무학이 전공이다 보니 돈의 문제 그리고 은퇴의 문제에 대해서도 세대에 따라 큰 차이를 보인다. 경제적으로 조기 은퇴를 하고 싶은 젊은 세대와 어떻게든 은퇴를 늦추려는 기성세대의 요구사항에 따라 돈을 다루는 방식도 큰 차이가 있다는 것을 발견한다.

나는 40대 중반 나이이고 직장에서도 딱 중간 정도 위치이다 보니 각기 다른 세대들의 생각에 관심도 많이 가고, 또 어느 정도 공감도 할 수 있는 위치가 아닌가 생각한다. 우선 젊은 세대의 생각을 들어 보았다. 같은 부서에 근무하는 20대 중반의 한 후배는 과감한 투자 방식으로 유명하다. 암호화폐, 인공지능, 반도체, 2차전지 등등 핫하다는 모든 자산을 한 번씩 만져 본 경험이 있다. 요즘은 좀 더 모험적으로 레버리지나 인버스 투자를 하기도 한다. 무모하다 싶을 정도로 위험 자산에 투자하는 이유를 물어보았다.

"왜 그렇게 위험천만한 데다 자꾸 투자하는 거야?"

"하하, 당연히 큰돈을 벌고 싶어서 하는 거죠."

"그래? 얼마나 벌고 싶은데?"

"빨리 한 30억 원 정도 벌고 싶어요."

"그렇게 돈 많이 벌면 뭐 하려고 그래?"

"회사 그만 다니려구요."

"회사 안 다니면 뭐 하려구?"

"돈 있으면 자유롭잖아요. 좋은 차에, 좋은 집에, 여행도 맘껏 다니고."

반면 평소 나와 사이가 좋은, 은퇴를 1~2년 남겨 둔 부장님과의 대화는 또 다른 색깔이다.

"부장님, 요즘 뭐 많이 찾아보시는 것 같던데…"

"회사 나가면 할 수 있는 일을 알아보는 거야. 먼저 나간 선배들한테 물어보고 뭘 준비하면 좋을지 찾아봐야지."

"뭐 생각해 둔 거 있으세요?"

"일단 회사 경력을 살릴 수 있는 데를 알아보고 있어. 이력서에 더 넣을 자격증이 필요해서 지금부터라도 공부하려고 해."

"부장님, 서울에 집도 있으시고, 자녀분들도 다 취직하시고, 쉬셔도 되잖아요?"

"나이 60이면 요즘 중년이잖아. 죽을 날까지 20년도 넘게 남았는데, 나더러 벌써 뒷방 늙은이가 되라고? 하하."

직업이란 복합적인 의미를 가지고 있다. 생계를 위해 안정적인 현금 흐름, 즉 경제적 부분에 중요한 의미가 있다. 또한 간과할 수 없는 것이 존재론적 의미이다. 나는 18년 전 대학을 졸업했지만 취업이 되지 않아 공식적으로 무직 상태였던 적이 있다. 2년 남짓한 그 시간 가장 큰 곤란은 역시 생활비가 없다는 경제적인 부분이었지만, 그것보다 더 큰 스트레스는 내 존재에 대한 위기감이었다. '대학을 다니는 동안 많은 활동을 하며 나름 의미 있는 인간이 되었다고 생각했는데, 사회는 나를 필요로 하지 않는구나.'라는 생각. 어디에도 소속되지 않고, 사회를 위해 무엇도 생산하지 못하며 그저 소비만 하는 '무의미' 상태라는 자괴감이 고통으로 다가왔다. 아마도 지금 취업 전선에 있는 많은 청년들도 같은 고민을 하고 있을 것이다.

어쩌면 직업이란, 돈이란 요소보다 삶의 긴장감을 팽팽히 유지하고 하루하루 의미를 부여하는 데 더 큰 역할을 하는 것 같다. 미국의 유명한 자산관리 전문가 닉 맥기울리Nick Maggiulli 의 저서 《저스트. 킵. 바잉.Just Keep Buying 》에는 막대한 은퇴자금을 갖고 회사를 매각한 젊은 기업가 케빈 오리어리Kevin O'leary 의 이야기가 나온다. 기업을 일구기 위해 많은 에너지를 쏟은 이 기업가는 오랫동안 조기 은퇴를 꿈꾸었다. 실력과 운의 결합으로 그의 꿈은 이뤄져 드디어 36세에 돈 많은 은퇴 생활을 맞이한다. 하지만 기쁨은 채 몇 년을 가지 않는다. 그는 다음과 같이 말한다.

"은퇴 후 3년이 지나자 지겨워 미칠 것 같았어요. 일은 돈 때문에만 하는 게 아닙니다. 사람들은 은퇴하고 나서야 비로소 이 사실을 깨달아요. 일은 그 사람이 어떤 사람인지를 정의해 줍니다. 사람들과 사귈 수 있는 사회를 제공하고, 그 사람들과 흥미로운 상호작용을 할 수 있게 해줍니다. 심지어 더 오래 살 수 있게 해주고, 두뇌 건강에 정말, 정말 좋지요. 언제 은퇴할 거냐구요? 절대 안 합니다. 절대로요. 죽고 난 다음에 어디로 갈지 모르겠지만, 나는 그곳에서도 일을 할 거예요."

같은 책에 작가 줄리언 샤피로Julian Shapiro가 본 친구들의 이야기도 있다.

"자신들이 창업한 회사를 팔아 수백만 달러를 벌었던 친구들을 관찰해 보았다. 한 해가 지나자 모두가 시간이 없어 묵혀 두었던 예전 프로젝트를 만지작거리고 있었다. 모두 자신이 번 돈을 근사한 집을 사고 좋은 음식을 먹는 데 사용했다. 그게 전부다. 그것만 **빼면** 전과 전혀 다르지 않았다."

아무리 써도 줄지 않는 자산을 가지고 세상의 기쁨을 만끽하는 생활은 금세 지루하고 허망하게 느껴지게 된다. 이런 현상은 실리콘 밸리에서 성공하고 조기 은퇴한 많은 기업가들에게 쉽게 발견된다. 그들 중 많은 수가 '일'을 찾아 다시 현업으로 돌아온다고 한다.

캐나다의 경력관리 전문가 어니 젤린스키Ernie Zelinski는 그의 저서《은퇴생활백서The Joy of Being Retied》에서 다음과 같이 말한다. "보통 사람들이 알고 있는 바와 달리 은행에 얼마의 자산을 가지냐보다 훨씬 다양한 요소들이 은퇴자의 행복과 만족에 영향을 미친다. 실제로 육체 건강,

정신 건강, 탄탄한 사회적 지지가 재정 상태보다 훨씬 중요하다."

젤린스키는 엔지니어로 일하던 회사에서 29살에 해고되었다. 그는 그 사건을 인생의 행운이라 여긴다. 실직에 대한 짧은 방황 동안 자신을 관찰하고 공부한다. 단순히 돈을 버는 '직업'이 아니라 행복한 삶을 만들기 위한 '일'의 중요성을 깨닫는다. 그 후 오랫동안 라이프 코치 겸 전문 강연자로, 특히 의미 있는 은퇴 생활의 조언자로 활동하고 있다. 나이가 많든 적든 좋은 은퇴를 하기 위해 먼저 준비해야 할 것이 있다. 첫째, 매일의 루틴은 무엇인가? 둘째, 어떤 사람들과 생각을 공유할 것인가? 셋째, 더 나은 나를 만들기 위한 임무가 있는가?

앞서 얘기한 20대 후배에게 조언해 주고 싶은 말이 있다. 요즘 젊은 사람들이 원하는 파이어족FIRE族, Financial Independence Retire Early, 조기은퇴자 이 되기 위해 고려해야 하는 부분이다. 만일 앞선 세 질문에 대한 구체적인 답이 준비되어 있지 않고 그저 삶을 누리고 즐기고만 싶다면, 자신이 세상에 '큰 의미 없음'이란 상태를 받아들여야 한다. 사회라는 생태계의 일부가 아닌 그저 부유하는 '물체'가 될 수도 있다.

우리가 사는 세상에 돈은 큰 의미를 지닌다. 하지만 모든 것을 돈으로 해결할 수는 없다. 돈은 그저 삶을 조금 더 편리하고 풍요롭게 도와주는 도구일 뿐이다. 정작 잊지 말아야 할 것은 사회에서 내가 어떤 '쓸모'인지에 대한 '정의'이다. 적절한 긴장감 안에 사회에 무언가 도움이 된다는 '정체성'이 직업이 가지는 가장 큰 의미이다.

하지만 앞서서 한 이야기는 어쩌면 배부른 이야기일 수 있다. 돈이 다는 아니지만 돈 없는 은퇴를 맞이하면 인생의 위기로 치달을 수 있기 때문이다. 어찌 됐든 현직에 일하는 동안 경제적 안전판은 충분히 만드는 것이 우선 과제이다. 하지만 이것이 현재 한국 사회에서는 호락호락하지 않다. 글의 첫 부분에 나온 대한민국 사회의 빠른 변화 때문이다. 여러 면에서 우리나라보다 사회 변화에 앞선 나라인 일본의 현재 모습을 통해 향후 우리의 모습을 짐작해 볼 수 있다.

2016년 NHK 다큐멘터리 〈노후파산〉은 일본 사회에 큰 논란이 되었다. 일본은 2차 세계대전 후 긴 고도성장을 거치며 엄청난 자산을 축적했다. 막강한 경제적 힘을 이용해 빠른 연금제도를 도입하는 등 사회안전망을 촘촘히 설계했다. 하지만 충격적이게도 방송 당시 일본인 노년 생활은 위태로운 지경에 몰리고 있었다. 일본의 65세 이상 고령자 숫자는 630만 명이며 그 중 약 200만 명이 파산 또는 파산에 근접한 상태였다.

특히 퇴직연금제도의 혜택을 못 받은 자영업과 농업 종사자들은 오직 국민연금 하나로 연명하고 있다. 이들의 개인당 월 소득은 65만 원에 불과하다. 이런 상황에 몰린 데에는 거품 경제 당시 뜨거웠던 부동산 시장이 하나의 원인이다. 당시 무리하게 집을 산 이들이 많은데 거품 붕괴이후 집값이 폭락하며 자산의 큰 부분이 무용지물이 되어 버린 것이다.

일본의 사례에서 본 것과 같이 노인 빈곤은 사회 구조적인 변화에 기인한다. 앞장의 부동산 전망에 대한 흐름과 동일하다. 빠른 인구감소, 장기 저성장, 질 좋은 일자리 감소, 평균수명 연장이라는 미래 변화는 우리에게 닥친 내일이고 당연히 머지않은 시간 안에 우리나라에도 같은 문제가 발생할 가능성이 크다. 우리나라의 생산가능인구 수 정점은 2015년으로 세계 10위, OECD 국가 중 상위권이었다. 하지만 2022년 기준 합계출산율 0.78명으로 세계에서 가장 낮은 수준을 기록하고 있고, 생산계층이던 베이비부머 세대가 대거 은퇴하는 시기가 다가오고 있다.

따라서 한국의 생산인구는 줄어들고, 부양을 받아야 하는 인구는 늘어나 2050년이 되면 노인부양비율이 80%에 이를 예정이다. 부양인구는 노인뿐만 아니라 유소년을 포함하는데, 합산 부양인구로 산정한 총 부양비율이 2050년이 되면 100%를 초과하게 된다. 이 말은 생산인구 한 명의 소득으로 2명이 나누어 먹고 살아야 한다는 것을 의미한다. 문제는 시간이 지나간다고 해서 나아질 수 있는 희망이 없다는 것이다.

고려대 박유성 교수의 연구에 의하면 1970년생 남자의 14%, 여자의 17%가 100세를 넘어 살게 된다. '재수 없으면 120살까지 산다.'라는 말이 단지 우스갯소리가 아니다. 과거 농경시대에는 무병장수가 미덕이었지만, 이제 장수가 재앙이 되는 세상으로 바뀔 수도 있다. 은퇴 후에도 아주 오랫동안 살아가기 위해 경제적 기반을 미리 준비해야 하는 시대가 오고 있다.

하지만 안타깝게도 우리에겐 시간이 넉넉하지 않다. 2020년 잡코리아와 알바몬이 직장인 530명을 대상으로 한 설문 조사는 한국 직업 상황을 잘 보여 준다. '현실적인 상황을 고려했을 때 몇 살까지 직장생활을 할 수 있을 것으로 생각하나?'는 질문에 대해 평균적으로 49.7세라는 답변을 주었다. 그렇다면 비교적 안정적인 직업을 가진 20~25년간 번 돈으로 나머지 여생 40년 이상을 버텨 내야 한다는 의미다. 만일 부양가족이 있다면 더 큰 부담을 지게 된다.

많은 사람들이 노후 설계에 대해 세 가지 착각을 하는 경우가 많다. 일단 80살 이후에 대한 고민을 하지 않는다. 둘째는 죽음이 어느 날 갑자기 조용히 올 거란 생각이다. 마지막으로 자녀가 어느 정도 자신의 노후를 책임져 줄 것이라는 짐작이다.

하나씩 살펴보자. 이미 한국의 평균수명은 남자 80세, 여자 86세이다. 평균이란 것은 중간 정도를 의미한다. 90살, 100살까지도 살 가능성이 충분하다. 두 번째로 죽음은 보통 잠자듯 고요하게 찾아오지 않는다. 이런 경우는 희귀하고 오히려 복된 상황이다. 많은 경우 죽음까지 적지 않은 시간 병원과 요양원에 의지해야 한다. 즉, 나이가 들면 지출이 줄어들지 않고 적지 않은 병원비, 간병비가 필요하다. 세 번째, 내 노년은 스스로 책임져야 하는 사회가 된다는 사실이다. 통계청이 만든 부모 부양에 관한 의식구조 설문에 의하면 '가족이 부모를 부양해야 한다.'는 비중은 27%, '국가와 사회의 책임이다.'는 의견은 54%, '부모 스스로'라는 생각은 19%에 이른다. 결론적으로 인생 후반의 리스크를 잘 준비하기 위해 '스스로, 더 멀리, 더 단단하게'라는 관념을 가질 필요가 있다.

이제 구체적인 솔루션을 찾아보자. 우리나라 일반적인 가구의 재무상태는 많은 수가 구조적 문제를 안고 있다. 첫 번째는 자산 중 과도한 부동산 비율, 두 번째는 과도한 부채이다. 모두 알다시피 두 가지 부문은 서로 연계되어 있다. 한국은행이 발표한 주요국들의 가구당 순자산 _{구매력 평가 환율 기준 적용} 비교를 보면, 한국은 평균적으로 5억 4,000만 원, 일본 4억 9,000만 원, 프랑스 5억 2,000만 원, 미국 8억 6,000만 원으로 나온다.

여기서 한국만의 특이한 부분이 있는데, 다른 국가들의 자산 중 부동산 비중은 30~50% 수준인 데 비해, 한국은 80%에 이른다. 긴 부동산 불패의 역사를 통해 한국인의 머릿속에 일단 집 장만이 우선이란 생각의 결과이다. 하지만 우리보다 앞서 부동산 광풍이 불었던 일본의 변화는 시사점이 있다. 1990년대 일본 가계자산의 부동산 비중은 60~70%였다. 이것이 2020년 38%까지 줄어들었다. 이런 변화는 거품 붕괴에 따른 부동산 가격 하락이 이끌었다. 도쿄, 오사카, 나고야 등 일본 3대 도시의 택지가격지수는 버블 전 1982년도 100포인트에서 시작하여, 버블 최고점인 1991년 290까지 올라간다. 이후 버블 붕괴 후 상당 시간이 지난 2020년에는 120포인트 정도에 머무르고 있다. 그 시간 동안 일본인의 부동산에 대한 인식이 바뀌었다. 이전에는 필수적 자산으로 여기던 생각이 이젠 주거 서비스의 개념으로 바뀐 것이다. 현재는 살 집이 필요하면 매월 적당한 비용을 지불하면 되고, 부동산에 대한 투자는 금융화된 리츠로 한다는 생각이 자리 잡혔다.

지금까지 한국은 부동산 특히 주거용 집에 대한 수요가 계속 증가하는 추세였다. 지난 20년 동안 자녀를 가진 40~50대 260만 가구가 증가했고 특히 도시화 과정에 따라 편리하고 집약적인 주거 환경에 대한 선호가 올라갔다. 하지만 이런 흐름의 방향이 바뀌고 있다. 미래 20년 동안 약 190만 가구가 줄어들 예정이다. 질적으로도 구매력을 갖춘 청장년 세대는 빠르게 줄고 60대 이상 노년 가구만 증가한다. 하지만 이들은 이미 집을 소유하고 있거나 집을 확장할 구매력을 가지고 있지 않기 때문에 부동산 시장의 동력이 되지 못한다.

더구나 여전히 집을 소유하기 위해 많은 부채를 끌어 쓰는 패턴 탓에 앞으로의 변화에 큰 위험요소로 작용한다. 우리나라의 부채율 통계를 보면, 30대는 131%, 60대는 83%로 큰 레버리지 상태이다. 부채를 갖고 투자한 자산의 가격이 오르면 더 많은 수익을 내지만, 반대의 상황이 오면 손실은 크게 증가한다. 미래의 부동산 시장 상황이 낙관적이지 않은 점을 고려하면 안정적 노후를 위해 주거 스타일과 부채 크기를 조정할 필요가 있다.

안전한 노후를 마련하기 위한 재무적 솔루션을 고민해야 한다. 한국의 노인빈곤율은 이미 45%를 넘어 OECD 국가 중 1위이며 OECD 평균 대비 3배에 이른다. 이 통계에는 약간의 왜곡이 있는데, 바로 높은 주택가격 때문이다. 앞서 말한 것과 같이 한국의 자산 중 주택 비중이 상당히 크다. 다른 국가 사람들이 금융자산을 적립하고 그것을 활용하여 이자, 배당 등으로 현금흐름을 만드는 것과 대비되는 지점이다. 한국의 경우 아주 무거운 주택을 깔고 앉아 있고, 거기서 수익이 아닌 이자 또는 세금을 지출하는 형태라 '노인빈곤율' 통계에서 초점을 두는 '정기 소득'이 쪼그라들 수밖에 없다.

이에 대응하여 우리도 금융자산에 대한 비중을 늘려야 한다. 금융자산을 확대하는 가장 쉽고 좋은 방법은 공적연금을 활용하는 방법이다. 선진 각국은 기본적으로 국민연금, 퇴직연금, 개인연금의 3중구조로 국민들의 노후를 대비하고 있다. 미국, 일본의 노후 주요 수입원 중 연금 비중이 60~70%이며 독일의 경우, 80~90%에 이른다. 현재 한국은 20% 수준으로 다른 나라들과 큰 차이가 있다. 개인적인 관심과 노력으로 보완해야 할 부분이다.

우선 국민연금에 대해 알아보자. 직장을 다니는 사람은 4대 보험 중 하나로 익숙하다. 국가가 운영 주체가 되어 국민들이 노후에 기본적인 생활을 할 수 있도록 하게 하는 제도이다. 국민연금은 근로자뿐만 아니라 자영업자와 사업자도 가입이 의무화되어 있다. 가입 시점의 나이와 소득의 크기에 따라 월 납부액이 결정된다. 국민연금의 최소 납입 기간은 10년이다. 적어도 10년을 납부해야 노후에 돌려받을 수 있다. 만일 10년을 채우지 못했다면 추가 납입 제도를 통해 납입 기간을 채워야 국민연금 혜택을 받을 수 있다.

보통 1969년 이후 출생자들은 만 65세부터 연금을 수령하게 된다. 다만 향후 사회 변화에 따라 연금 수령 개시 연령이나 수령 금액이 변할 수 있다. 매월 납입 금액은 근로소득자의 경우 월평균 소득액 중 약 9% 정도이고 근로자와 사업주가 50%씩 부담한다. 지역가입자나 임의 가입자는 100% 모두를 부담해야 한다.

국민연금은 운용 주체가 국가이다 보니 관리보수나 운영비로 빠져나가는 자금이 적으며 물가상승분을 반영하므로 가장 기초적인 사회안전망으로 여겨진다. 하지만 현재 세계 최대수준의 국민연금 규모를 자랑하는 한국이지만 향후 찾아올 고령화, 생산인구감소가 국민연금제도의 근간을 흔들고 있다. 들어서는 정권마다 연금개혁을 주요 정책과제로 꼽고 있다. 정부는 보험료율, 연금 수급 개시 연령, 소득 대체율을 조정해야 할 필요성을 역설한다. 즉, 시간이 지나면 더 많이 내고 덜 받는 구조가 필연적이다.

앞으로 국가가 국민의 노후를 온전히 감당할 수 없다는 데 이견이 없으며 개인의 노력을 유도하는 방향으로 정책이 세워지고 있다. 노후 대비의 3중구조 중 개인의 역할이 큰 퇴직연금과 개인연금 부분을 강화하기 위해 다양한 세제 혜택과 홍보에 주력하고 있다.

퇴직연금을 알아보면, 보통 인식과는 다르게 우리나라에서만 일종의 강제규정처럼 시행되는 제도이다. 대부분의 선진국에서 퇴직연금은 일종의 회사 복지 수단으로 여겨지며, 회사와의 근로계약에 따라 가입 여부, 납입 금액이 유연하게 결정된다. 퇴직연금은 과거 '퇴직금'으로 생각하면 쉽다. 연간 급여의 1/12이 퇴직금으로 적립된다.

다만 운용방식에 따라 세 가지로 나뉜다. 크게 DB, DC, IRP로 구분된다. 사실 평소 금융에 관심이 없는 사람들에게는 각각의 방식이 이름부터 낯설고 거부감이 든다. 안타깝게도 그런 이유 때문에 퇴직연금이 방치 상태로 운용되는 경우가 많다. 하지만 20년 이상 근로를 이어 갈 경우 퇴직연금의 규모가 작지 않을 뿐만 아니라 운용방식에 따라 노후 자금이 몇 배 이상 차이가 날 수 있기 때문에 꼭 이해할 필요가 있다.

가장 기본적인 퇴직연금의 방식은 DBDefined Benefit, 확정급여형 이다. 기존의 퇴직금 제도와 액수 산정 방식이 동일하다. 아주 단순한 곱셈으로 연금 액수가 결정된다. 퇴직 시 평균임금에 근속연수를 곱하면 된다. 연금 금액 산정에 다른 변수가 없기 때문에 가장 확실하고 안정적인 방식이다. DB 방식을 선택하는 데 주의할 점이 몇 가지 있다. 일단 절대로 중간정산을 받지 말아야 한다. 관련법에 의해 주택구입, 병원비, 자연재해 등의 이유가 있으면 중간정산을 받을 수 있다. 잊지 말아야 할 것은 언제, 얼마만큼의 중산정산을 받든 퇴직금 총액에서 무조건 손실이 난다는 사실이다. 중간에 받고, 나중에 다시 받은 금액의 합이 중간정산을 받지 않은 경우보다 필연적으로 적다. 문제는 이 손실액이 결코 작지 않다는 것이다. 중간정산이란 것이 부득이한 상황 때문에 하는 것이지만 여유가 있다면 얼마간 이자를 감수하고 대출을 받는 것이 바람직하다.

그리고 DB의 구조상 근속연수가 높아질수록 매년 수익률이 급격히 떨어지는 수학적 구조를 이해해야 한다. 앞서 말했듯 DB 퇴직연금은 단순한 공식으로 이뤄진다. '평균임금×근속연수'. 평균임금은 연봉계약이나 임금협상에 따라 변수가 있지만, 근속연수는 매년 1씩 늘어나는 심플한 구조다. 우리가 관심을 가져야 하는 것이 바로 이 '근속연수'다. 예를 들어, 신입사원이 입사해 1년 지나 2년을 근무했다고 하면 근속연수는 1에서 2로 변화된다. 즉 연간 100% 상승률을 보이고 이것은 퇴직연금 총액에 그대로 반영된다. 그다음 해를 생각해 보면 2년에서 3년이 되었으니 연간 50% 상승률이 된다. 2년 차에서 3년 차가 되며 퇴직금 상승률이 100%에서 50%로 변한 것이다.

시간이 더 지나 10년 차에서 11년 차가 되면 10% 상승률이 된 것을 알 수 있다. 투자수익 관점에서 연간 10%는 아주 준수하다. 문제는 20년 차

이상이 되면 수익률이 초라한 수준으로 줄어든다는 것이다. 20년 차에서 21년 차가 되면 연 수익률이 5% 수준이다. 즉 한 회사에서 근속연수가 길어질 경우 DB형은 상대적으로 퇴직연금 적립액 증가가 더뎌지는 현상을 보인다. 따라서 어느 시점이 되면 DC형으로 변경할 필요가 있다.

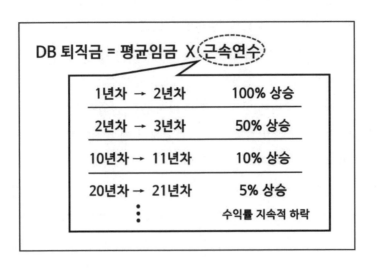

DB형과 대척점에 있는 것이 DCDefined Contribution, 확정기여형 이다. DB형의 단순한 계산 방식에서 벗어나 퇴직연금을 적극적으로 투자 운용하는 방식이다. 온전히 개인의 판단, 전략, 방식에 따라 퇴직연금이 산정된다. DC형 퇴직연금을 선택하면 본인이 금융상품을 골라야 한다. 안전한 정기예금을 할 수도 있고 채권, 주식, ETF, 리츠 등 다양한 금융상품 중 입맛에 맞는 것을 선택할 수 있다. 관건은 충분하고 안전한 노후자금을 마련하기 위해 금융에 대한 관심과 노력이 필요하다는 것이다.

2018년 금융투자협회가 시행한 가입자 실태조사에 따르면 국내 DC형 퇴직연금 가입자 10명 중 3명이 자신이 가입한 금융상품 내용을 모른다고 답한다. 운용도 너무 방치 상태인 경우가 많다. DC형 가입자의 80% 가까이가 원리금 보장형 상품을 가입한다. 이러면 많은 비중으로 DB형에 비해 낮은 수익률을 보일 수밖에 없다. 미국의 경우, 퇴직연금 제도가 정착된 지 약 40년이 지나면서 인식과 노하우가 높아졌다. 현재 미국의 DC형 가입자의 67%가 주식에 투자하고 있고, 채권까지 포함한 적극 자산투자는 약 80%에 이른다.

미국과 한국의 운용방식이 다른 데는 투자에 대한 인식 차이에 원인이 있다. 한국 사람들은 '퇴직금은 최우선으로 안전해야 해.'라는 관점이라면 미국 사람들은 '잘 불려서 여유로운 노후'라는 생각이 더 강하다. 미국인들에게는 노후 관점에서 장기적인 자산운용을 하기 위헤 단기적인 하락 리스크는 감수해야 한다는 인식이 깔려 있다. 리스크risk라는 단어는 라틴어에서 시작한 것으로 '용기를 갖고 도전하다.'라는 의미를 담고 있다. 우리는 '위험'으로 해석하지만 재무학적 정의는 '불확실성'이다. 미국인들은 긴 시간의 힘이 불확실성을 줄이고 수익률은 높인다는 것을 경험적으로 이해하고 있다. 퇴직연금을 포함하여 성숙한 투자 문화가 정착하기 위해서는 금융에 대한 지식, 올바른 관점, 책임의식 그리고 리스크에 대한 이해가 필요하다.

퇴직연금의 마지막 형태는 IRP Individual Retirement Pension이다. DB형, DC형은 납입금이 의무적인 데 반해 IRP는 개인이 추가적으로 가입한다. 운용방식은 DC형과 거의 유사하다. 많은 사람들의 오해가 IRP를 금융상품의 하나로 생각하는 것인데, IRP는 그 자체로 금융상품이 아니라 금융상품을 넣어 운용하는 계좌다. 원래는 DC형 퇴직금 가입자만 가입했으나 2017년 7월 비가입 근로자, 자영업자, 공무원, 교직원, 군인을 포함한 경제 활동인 모두에게 개방되었다.

정부는 국민 개인별 노후대책 노력을 장려하기 위해 IRP와 연금저축 상품에 대한 세액공제 혜택을 주고 있다. 연말정산 때 낸 세금도 돌려받고 알맞은 운용으로 수익도 챙길 수 있는 일석이조의 노후대책이다. DC형 퇴직연금과 IRP는 상품선택에 제약이 있는데, 전체 자산 중 30%는 안전자산에 투자해야 한다. 안전자산은 현금성 계좌, 정기예금도 있고 채권 상품도 포함한다. 30%의 안전자산도 잘 운용하면 상당한 수익을 만들 수 있다. 시중 금리의 변화에 따라 채권 수익률이 변화하는 것을 활용할 수 있다.

채권에 대해 조금의 사전 공부가 필요한데, 아주 단순한 전략을 적용하는 것을 추천한다. 미국 연방 금리가 최고점일 때 채권형 펀드를 사고, 바닥일 때 채권형 펀드를 팔아 정기예금으로 바꾼다. 채권은 비교적 안전자산이지만 생각보다 수익률 변화가 크다. 하지만 수익률에 영향을 주는 변수는 주식만큼 많지 않고, 가장 큰 요소가 중앙은행의 정책금리이다. 전 세계에서 가장 영향력이 큰 중앙은행은 당연히 미국 연방준비제도이고, 여기서 나오는 시그널에 맞춰 기계적이고 단순하게 채권 펀드를 사고팔면 된다.

결국 퇴직연금으로 안정적 노후를 대비하기 위해 중요한 것은 금융상품 선택이다. 퇴직연금 총액이 2020년 말 255조 원이 됐고, 2030년이 되면 444조 원까지 늘어날 전망이다. 이것은 우리나라 금융 기업들에게 큰 호재가 된다. 하지만 수수료가 높고 위험천만한 상품도 마구잡이로 시장에 나오고 있다. 고객의 이익이 아닌 기업의 이익에 골몰하여 부실하고 탐욕적인 금융상품이 난무하고 있는 실정이다. 좋은 금융상품의 선택은 생각보다 단순하다. 기본적으로 노후 대비는 개인의 자산 관리와 맥을 같이 한다. 좋은 투자 방식 설정이 퇴직연금, 연금저축 상품선택으로 이어지게 된다.

하지만 앞서 이야기한 것과 같이 행복한 은퇴 생활을 위해 돈보다 중요한 것이 있다. 가장 확실한 노후 대비는 '평생 현역'이다. 적절한 긴장감과 임무감을 부여하는 은퇴 후 일을 통해 활력과 보람을 유지하는 것이 중요하다. 그러기 위해서는 청장년 기간 동안 나를 잘 관찰해야 한다. 내가 어떤 재능이 있고, 무엇에 관심이 많고, 어떤 상태가 행복한지에 대한 자기 공부가 필요하다.

취미 생활이 있으면 단순히 즐기는 것이 아니라 '세미 프로'가 된다는 관점에서 접근하는 것이 좋다. 예를 들어, 탁구를 즐긴다면 조금 더 근본적인 차원에서 '건강한 육체 활동'에 대한 접근이 있을 수 있다. 관련된 대학이나 평생교육원을 통해 체육사, 운동 역학, 생리학, 식이 관리 등을 공부하여 내가 좋아하는 탁구와 접목한다면 누군가에게 체계적으로 스포츠를 가르칠 수 있는 조건이 된다. 단순히 취미로 소비하는 것과 가치와 돈을 만드는 생산자는 완전히 다른 차원이다. 벌 수 있는 돈의 크기는 중요한 것이 아니다. 다만 한 달에 10만 원을 벌어도 새로운 정체성이 생기고 나의 존재론적 의미를 선명하게 하는 기회가 될 수 있다.

06

가장 강력한 투자 대안,
미국주식

    6~7년 전 즈음 시중 대형은행의 VIP 지점에 근무하시는 지인께서 우수고객을 대상으로 한 소규모 투자 강연회에 초청을 해주셨다. 해외 투자 영역에서 탁월한 성과를 낸 펀드 매니저가 진행하는 강의였다. 강의의 앞부분은 우선 본인의 투자 성과에 관한 내용이었다. 싱가포르에 위치한 투자회사에서 범중화권 기업을 대상으로 주로 펀드 매니저 업무를 하셨다. 이날 강의의 핵심은 지난 30년 동안 연평균 10%대의 성장을 이룬 중국에 대한 것이었다. 강력한 성장 엔진으로 중국이 향후 미국과 어깨를 나란히 하는 나라가 될 것이라 예측했다. 더불어 투자자 관점에서 중국을 위시한 중화권 기업들의 약진은 지속될 것이고, 큰 투자 성과를 낼 것이라는 결론으로 이어졌다.

    시간이 흘러, 그의 예언 중 반은 맞고, 반은 틀린 것으로 드러났다.

중국은 명실상부한 G2 국가가 되었고, 미국은 중국의 위협에 예민하게 반응하는 지경에 이르렀다. 국제 정치, 글로벌 경제적 관점에서 중국의 위상이 크게 올라간 것은 그가 예언한 그대로였다. 하지만 투자자 관점에서 그의 예언은 틀렸다. 중국이란 국가와 중국 기업은 분명 성장하였지만 그에 대한 성과는 투자자들에게 제대로 돌아가지 않은 것이다. 지난 10년 동안 미국과 중국을 단순 비교하면, 대표 시장지수인 S&P500은 2.6배 성장인 반면 상해종합지수는 1.4배 성장에 그쳤다. 기술주 중심의 시장지수로 보면 그 격차가 더 크다. 미국의 나스닥지수는 3.6배 성장하였으나 중국의 CSI300 지수는 2배 성장에 그쳤다. 국가 단위 GDP 성장률에서 중국이 미국을 압도함에도 불구하고 투자 성과는 반대로 나왔다. 이와 유사하게 한때 중국뿐만 아니라 신흥국 투자, 브릭스 투자, 이머징마켓 투자 등이 각광받았으나 결과적으로 대부분 쭉정이로 밝혀졌다. 요즘은 다시 급성장하는 베트남이 또 다른 대안으로 논의된다. 하지만 이 역시 의심의 눈초리를 지울 수 없다.

'미국의 패권이 흔들린다.', '달러의 가치가 예전 같지 않다.', '미국의 경제력이 한계에 다다랐다.' 주요 언론에 수시로 나오는 기사 내용이다. 이와 비슷한 논조의 많은 책을 서점에서 쉽게 볼 수 있다. 과거 패권 국가였던 로마제국, 스페인, 대영제국의 쇠락을 해석하며, 미국 역시 비슷한 구조적 부실 조심을 보인다고 주장한다. 결국 현재 미국이 가진 정치적, 경제적 주도권이 상실되고 새로운 패권 국가의 부상을 기대하는 내용이다.

투자 세계에서도 비슷한 예언이 많다. 유럽의 반격, 중국의 도전, 제3세계의 도약 등을 근거로 기존 투자에 대한 패러다임을 바꾸길 촉구한다. 늙고 지친 말을 버리고 젊고 활기 넘치는 말로 갈아타라는 제안이다. 과연 미국은 정점을 찍고 하락하는 거인인가? 미국 투자는 미래가 없이 암울한 것인가? 나는 그렇게 생각하지 않는다. 세상의 변화를 섣부르게 짐작할 수 없지만 여전히 미국이 가장 유력한 선택지라는 것이 내 생각이다.

철학과 논리학에서는 현상을 이해하기 위한 두 가지 방식이 있다. 바로 귀납법과 연역법이다. 이 두 논리적 추론방식은 미래를 예측하는 도구로도 쓰인다. 현상에 대한 논리 정합은 자연스럽게 미래에도 재현되기 마련이다. 귀납법과 연역법을 통해 '미국 투자는 여전히 유효하다.'라는 명제 역시 논증할 수 있다.

우선 귀납법을 써보자. 귀납법은 과거의 패턴을 면밀히 관찰하여 일종의 보편성을 밝히는 방식이다. 귀납적 논증은 확률적 설명 또는 통계적 추론으로 이해할 수 있는데, 논리의 설득력은 얼마나 오랫동안, 많은 표본에서 같은 패턴이 반복되는가로 가늠된다. 투자 세계에서는 비교적 쉬운 작업일 수 있다. 미국과 주요 투자대상국의 증권시장 지수의 장기 과거 그래프만 봐도 확인이 되기 때문이다.

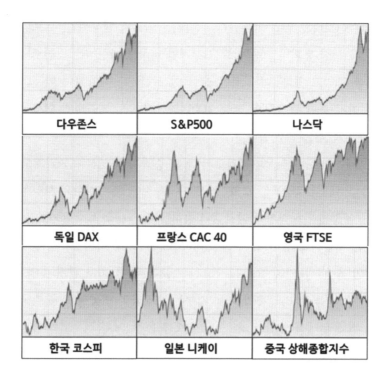

다우존스 | S&P500 | 나스닥

독일 DAX | 프랑스 CAC 40 | 영국 FTSE

한국 코스피 | 일본 니케이 | 중국 상해종합지수

위의 9개의 그래프는 짧게는 30년, 길게는 40년 동안 각국을 대표하는 증권시장 지수의 흐름을 보여 준다. 가장 윗줄 3개 그래프는 미국의 3대 지수, 중간 줄 3개 그래프는 유럽 국가 중 가장 큰 규모를 가진 독일, 프랑스, 영국의 시장지수, 마지막 줄은 후발 자본주의 국가로 나름 의미 있는 성취를 얻은 아시아 3개국 한국, 일본, 중국의 시장지수를 보여 준다. 9개의 그래프를 통해 직관적으로 각 국가의 투자 성과를 비교할 수 있다.

하나씩 살펴보자. 우선 미국의 3대 지수 그래프. 투자를 하는 사람으로서 세상에서 가장 아름다운 곡선이라 여겨진다. 미학적으로는 어떨지 모르지만 내게는 그 유명한 레오나르도 다빈치가 그린 모나리자의 입술선보다도 훨씬 아름답다. IT 버블, 글로벌 금융위기, 코로나 팬데믹 등 시장 붕괴의 고통이 오고 갔지만 결국 우상향하는 멋진 뒤집힌 아치를 그리고 있다. 이 흐름은 오늘 이 시간에도 유효하며 이 그래프에서 미처 보여 주지 않는 과거 100년의 기간으로 확장하면 더 환상적인 상승 곡선을 볼 수 있다.

다음은 선발 자본주의 국가로서 오랜 증권시장의 전통을 가지고 있는 유럽 3국의 그래프를 보자. 역시 미국과 비슷한 우상향의 모양을 보인다. 이렇게 안정적인 형태로 우상향하는 것은 구조적 이유가 있는데, 이것은 후술하도록 하고, 우선 미국과 비교하도록 하자. 여러 투자 대안이 있을 때 두 가지 요소가 중요한 지표가 된다. 바로 과거 수익률과 위험, 즉 변동성이다. 유럽의 세 지수는 수익률과 변동성 모두 미국 지수에 비해 열세를 보인다. 긴 시간의 흐름 동안, 보다 적은 수익률과 훨씬 더 큰 등락 폭을 확인할 수 있다. 그나마 독일, 프랑스, 영국 중 독일의 DAX지수가 비교적 가장 안정적이고 높은 성장성을 보여 준다.

이제 후발 자본주의 국가들을 살펴보자. 먼저 일본의 니케이지수는 잃어버린 30년의 고단함을 그대로 보여 준다. 1985년 플라자 합의 직후 뜨거운 거품 그리고 폭락이 있었다. 2010년 아베노믹스 이후 지속되는 제로금리와 유동성 주입에 의해 간신히 안정감을 찾아가는 모양새다. 한국의 코스피지수는 기본적으로는 우상향의 윤곽을 가진다. 하지만 여전히 재벌 대기업 중심, 수출 제조업 중심의 한국 경제 한계가 그대로 보여진다. 2000년대 초반 이후로 거의 15년 이상 박스권의 벽을 넘어가지 못하고 있다.

그리고 중국의 상해종합지수를 보자. 최근까지 연평균 GDP 10% 성장을 거의 30년간 이룬 국가의 주식시장지수라고 믿기지 않을 만큼 초라한 형태를 보인다. 그래프만 보면 코스닥에 상장된 소규모 기업이라고 해도 믿을 만한 모양이다. 난해한 곡선들이 곳곳에 보인다. 만일 2004년 급등기 때 자금을 넣은 투자자라면 근 20년이 지난 지금껏 상당한 손실상태에 머물러 있다고 할 수 있다.

단기 흐름이 아닌 장기를 지향하는 투자자라면 반드시 기억해야 할 추세이다. 하지만 인류 역사에서 영원한 번영은 없었다. 세계를 일거에 제패한 몽골제국은 150년 만에 붕괴하였고, 대영제국의 전성기도 200년을 넘지 않았다. 인류역사상 가장 큰 영향력을 끼친 로마제국도 1,000년이란 긴 세월 번영을 누렸지만 결국 시간의 늪에 잠길 수밖에 없었다. 많은 사례로 명제를 증명하는 귀납법은 '블랙 스완' 하나로 논증 구조가 무너진다. 수천 마리 흰 백조를 보고 결론을 내린 '백조는 희다.'라는 명제는 단 한 마리 '검정 백조'의 발견으로 허망한 물거품이 될 수도 있다.

많은 사회과학자와 언론인, 투자 전문가들도 미국이 지금까지 이뤄온 성과를 인정하지만 과연 예측 가능한 미래에도 유지될지에 대해 의문을 제기한다. 당장 오늘 아침 뉴스에도 미국 사회가 가진 많은 문제가 줄줄이 나열된다. 총기, 마약, 빈부격차 등등. 특히 시시각각 변화에 민감할 수밖에 없는 투자 세계에서 미국의 많은 취약점이 불안감을 불러온다. 과연 피땀 흘려 이룬 나의 자산을 이렇게 말 많고 탈 많은 대상에 투자하는 것이 과연 옳은 판단일까? 이제 미래를 예측하는 또 다른 논증 방법인 연역법을 활용하여 미래를 짐작하려고 한다.

사회과학의 연역법은 인과관계의 필연적 구조를 밝히는 방식이다. 이러한 조건으로부터 저러한 결과에 이른다는 논리 흐름이다. 과연 어떤 점이 미래의 미국을 강국으로 남게 할까? 내가 주시하는 세 가지 부분이 있다.

　인구구조, 혁신산업 그리고 금융시스템. 다른 경쟁자들이 따라올 수 없는 발전의 근원 요소를 세 가지로 나누어 설명한다. 가장 근본적인 요소는 인구구조다. 한국은 이 부분에서 가장 위기에 몰린 나라가 되었다. 합계 출산율이 0.8명도 안 돼 인류역사상 전쟁, 전염병이 아닌 인구의 자연 감소폭이 가장 큰 나라로 기록될 것이다. 2020년을 기점으로 한국의 총인구는 감소하기 시작했고, 고령 인구는 늘고 생산가능인구는 줄어들어 사회의 부양 부담이 큰 폭으로 증가할 것이다. 내수시장은 축소되고 젊은이들이 만들어 내는 활력과 혁신은 점점 쪼그라들게 된다. 인구감소는 많은 사회 병리 현상을 가져올 것이고 한국의 경제적 위상은 줄어들 수밖에 없다.

　자연스럽게 기업의 활동도 위축되고 투자 환경도 협소해질 것이다. 우리나라가 유독 속도가 빠르지만 주요 경제국들 역시 비슷한 문제를 안고 있다. 일본은 이미 초고령 사회가 되었고, 유럽 역시 이 문제를 아프리카와 중동의 이민자로 해결하려다 사회적 균열을 키우고 있는 입장이다. 중국은 1인당 GDP가 여전히 중진국 수준임에도 불구하고 과거 30년간 지속해 오던 1가구 1자녀 정책의 여파로 빠르게 고령화, 인구감소의 구조로 빠져들고 있다.

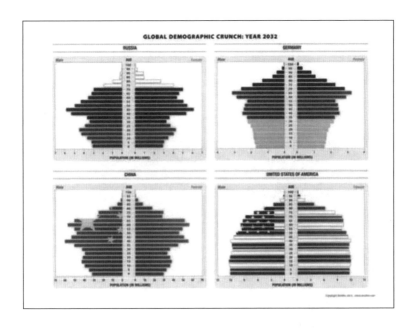

오직 미국만이 안정적인 인구구조를 유지하고 있다. 위 그래프는 2032
년 러시아, 독일, 중국, 미국 네 나라의 인구 형태를 예상한 피라미드 그
래픽이다. 미국은 다른 나라들과 확연히 다른 모양을 보인다. 미국 인구
구조의 주요 특징을 보면 91~93년생이 가장 두터운 인구 층을 가지며
미국의 전성기를 만든 베이비부머보다 그 숫자가 더 많다. 더 신기한 것
은 2010년 이후 출생한 인구도 줄어들지 않고 균형 잡혀 있다는 부분이
다. 그리고 평균수명이 거의 정체된 현상도 볼 수 있다. 미국의 인구구조
는 지속 가능한 사회의 전형을 보여 준다. 이미 엄청난 규모를 자랑하는
내수시장을 지탱하고 먼 미래에도 충분한 사회적 에너지를 공급할 생산
가능인구를 확보하고 있다.

미국은 이민자 전통이 강한 나라인데 여기서도 다른 국가와 다른 강
점이 있다. 한 · 중 · 일 아시아 국가들은 특유의 순혈주의로 이민자를

환영하지 않고, 유럽의 경우 이질감이 큰 이슬람 이민자에 의해 큰 사회적 갈등을 일으킨다. 반면 미국의 주류 이민 집단은 멕시코 국경을 통한 중남미 인구다. 유사한 기독교 전통과 개방된 미디어를 통해 어느 정도 공감이 있는 문화적 배경을 가진 이민자들이다. 기존 미국 사회에 큰 마찰 없이 동화되고 오히려 그들의 문화적 다양성이 사회의 활력을 만든다.

미국으로 들어오는 이민자는 단순히 노동력을 제공하고 내수를 확장하는 역할만 하는 것이 아니다. 세계의 가장 똑똑한 젊은이들이 미국의 주요 대학에 입학한다. 최고 수준의 두뇌들이 미국의 주요 대학을 나와 최종적으로 실리콘밸리와 월스트리트에서 혁신의 에너지가 된다. 미국 이민의 역사는 유구한 전통을 자랑한다. 미국 문화산업의 첨병인 할리우드는 유럽으로부터 건너온 유대계 이민자들에 의해 만들어졌다. 유니버셜, 20세기 폭스, 워너브라더스, MGM 등 주요 영화제작사들이 유대계 기원을 가졌다. 뉴욕타임즈, 워싱턴포스트, AP, 타임 등 주요 언론사 역시 이민자가 세운 회사들이다. US스틸, 뒤퐁 같은 중후장대 산업부터 씨티그룹, 메릴린치, 골드만삭스 등 금융산업도 이민자에 의해 만들어졌다.

이런 현상은 과거형이 아니라 지금 이 순간에도 지속되고 있다. 21세기 들어오며 IT 산업을 이끈 것 역시 이민자들이다. 이젠 전설이 된 애플 창립자 스티브 잡스는 전형적인 백인의 얼굴을 가졌지만 그의 친아버지는 시리아 이민자였다. 실리콘밸리의 주요 기업 CEO 중 이민자 1세대들도 상당히 많다. 항상 논란을 이끄는 테슬라의 일론 머스크는 남아프리카공화국 태생이고, 구글의 공동 창업자 세르게이 브린은 러시아 모스크바에서 어린 시절을 보냈다. 코로나 팬데믹 기간 급성장한 온라인 화상회의 서비스 줌의 창업자 에릭 위안은 중국 산둥성 출신이다. AI 시대 핵심 부품으로 크게 성장하는 엔비디아의 CEO, 젠슨 황은 대만 타이난시에서 태어나 9살 때 미국 켄터키로 이주했다. 경제계에서 요즘 특히 약진하는 것이 인도 출신 이민자들이다. 현재 인도계 CEO를 보유한 미국의 주요 기업을 보면, 마이크로소프트, 구글, 어도비, IBM, 마스터카드, 스타벅스 등을 들 수 있다. 수학 천재들이 모인 인도공과대학 IIT를 졸업한 많은 인도 브레인들이 실리콘밸리로 스카우트되고 있다.

미국이 강한 두 번째 요소, '혁신산업'은 앞선 이민자 영향력과 맥을 같이 한다. 1·2차 세계대전을 치르며 유럽의 산업이 초토화되고 있을 때 미국은 초고속 성장을 이뤘다. 혼란스러운 전쟁통에 유일한 대량생산기지로 당시 전 세계 GDP의 50% 이상을 담당한 국가였다. 사실 미국의 산업은 그 이전부터 발전의 토대를 이루고 있었다.

미국의 산업은 북아메리카의 광대한 불모지를 개척하면서 성장했다. 서부 진출을 위해 대규모 철도산업과 철강산업이 발전하였고, 토머스 에디슨에 의해 전기 제품들이 발명되어 하나의 산업이 되었다. 헨리 포드는 컨베이어방식의 공장 시스템을 개발하여 미국을 자동차 왕국으로 만들었다. 국가의 혈액과 같은 석유화학 역시 국가 경제의 한 축이었다. 미국 경제는 어느새 중후장대한 제조업뿐만 아니라 소프트웨어 산업에서도 혁신을 이룬다. 언론, 금융, 영화, 음악 등 영역에서 미국의 새로운 스타일은 전 세계의 표준으로 자리 잡았다.

1980년대 이후 미국의 산업은 제조업에서 서비스업 중심으로 완전히 전환되었다. 서비스업은 새로운 아이디어와 창의성이 열쇠가 되는 영역이다. 1990년대 후반 상용화된 인터넷은 이전에는 없던 새로운 혁신

상품들을 만드는 기반이 되었다. 인터넷과 PC 기반의 IT 산업은 엄청나게 다양한 산업 생태계로 확장한다. 새로운 산업의 창조는 오직 미국에서만 보여진 현상이다. 스마트폰, 공유경제, 전자상거래, 소셜 미디어라는 전에 없던 비즈니스 모델이 만들어졌다. 더 나아가 전기차, AI, 우주여행까지 단지 20~30년 전에는 상상하지도 못한 영역에서 광맥이 발견된다. 풍부한 내수시장, 새로운 것에 거부감 없는 정치, 사회, 문화적 환경, 그리고 가능성에 과감한 투자가 가능한 금융시스템이라는 기름진 토양에 이민지와 젊은이의 새로운 감각과 상상력이란 씨앗이 던져진 것이다. 씨앗은 싹을 틔움과 동시에 아름드리나무로 자라난다.

Rank	Name		Market Cap	Price
1		Apple AAPL	$2.994 T	$192.53
2		Microsoft MSFT	$2.794 T	$376.04
3		Saudi Aramco 2222.SR	$2.130 T	$8.81
4		Alphabet (Google) GOOG	$1.755 T	$140.93
5		Amazon AMZN	$1.570 T	$151.94
6		NVIDIA NVDA	$1.223 T	$495.22
7		Meta Platforms (Facebook) META	$909.62 B	$353.96
8		Tesla TSLA	$789.89 B	$248.48
9		Berkshire Hathaway BRK-B	$776.89 B	$356.66
10		Eli Lilly LLY	$553.36 B	$582.92

2023년 12월 말 기준 전 세계 시가총액 순위를 보면 더 선명하게 이해할 수 있다. 상위 10개 기업 중 사우디 아람코를 제외하고 모두 미국

회사이며, 워런 버핏의 버크셔 해서웨이와 아람코, 일라이 릴리를 제외하고 모두 혁신산업 영역에 있는 회사들이다. 이 회사들의 역사를 보면 더욱 놀랍다. 애플과 마이크로소프트는 그나마 50년 가까운 역사를 갖고 있지만, 나머지 혁신 기업들은 회사가 생긴 지 30년이 채 안 되었다. 메타페이스북의 경우 2024년에 간신히 창립 20주년을 맞는다. 유럽이나 중국에서도 거대 IT 기업이 있다고 할 수 있지만 미국에서 시작한 훌륭한 모델이 있었기 때문에 가능한 사례들이다. 좀 과장해서 얘기하면 중국의 알리바바와 텐센트는 아마존과 페이스북의 카피캣일 뿐이다.

미국이 강력한 엔진을 유지하는 세 번째 이유는 '금융산업'을 비롯한 제도이다. 나는 한때 의문을 가졌다. 연평균 GDP 성장이 2% 이내인 미국이 거의 10%에 육박하는 중국보다 투자 성과가 더 나은 이유가 뭘까? 그것에는 많은 사람들이 간과하는 중간 고리가 있기 때문이다. 바로 효율적이고 투명한 '금융산업'의 존재이다. 중국의 경우, 이 중간 고리의 기능이 현저히 떨어진다. 잘 기능하는 금융은 자본주의 성장에 필수적인 선순환 구조를 만든다.

투자자들은 성장성이 보이는 기업에 투자를 하고 기업은 이를 바탕으로 더 큰 성과를 만들어 낸다. 거두어들인 성과가 선명하게 공개되고 과실은 투자자들에게 공평하게 분배된다. 더 많은 부를 이룬 투자자들은 다시 좋은 기업에 투자를 하고 이는 멋진 환류 과정을 만든다. 중국은 이 과정에 문제가 있다. 분명히 중국의 기업, 중국이란 나라는 성장을 하지만 그것에 기여한 투자자에게 공평한 몫이 돌아가지 않는다. 성과는 이런저런 이유로 감추어지고 **빼돌려진다**. 투자는 애완동물을 키우는 것이 아니다. 투자 대상이 단지 성장하는 것에 만족할 만한 투자자란 존재하지 않는다. 성장에 대한 충분한 보상이 주어지지 않는 투자 환경에 앞선 환류 시스템은 작동하지 않는다.

　그러면 이러한 차이는 어디에서 생기는 것일까? 그 답을 알기 위해 좀 더 근본적인 작동방식을 이해할 필요가 있다. 많은 사람들은 자본주의 시스템이 매년 적어도 1~2% 성장할 것으로 기대한다. 자본주의의 결과인 주식시장이 우상향의 흐름을 보인다는 것은 상식이다.

　그 힘의 근원은 몇 가지가 있다. 가장 중요한 원동력은 기술진보이다. 기술진보를 통해 같은 자원과 같은 노동력으로 더 많은 생산품을 만들어 낸다. 과거에는 쌀을 수확하기 위해 수십 명의 사람들이 낫질을 했지만, 트랙터라는 기술진보가 있고 한 명의 농부가 더 넓은 논에서 더 많은 쌀을 거두어들일 수 있다. 기술진보의 특징은 일방향이라는 것이다. 과거로 돌아가지 않는다. 유용한 도구를 사용한 경험이 있는 사람이라면 다시 낑낑대며 예전의 방식으로 일하지 않는다. 전쟁이나 전염병, 경기침체로 잠시 주춤할 수는 있지만 기본적으로 생산성이 줄어들지는 않는다.

　두 번째 작동요소는 '제도'이다. 기술진보가 없더라도 생산 방식의 재설계에 의해 생산성이 늘어난다. 이것을 처음 밝힌 사람이 경제학의 창시자 애덤 스미스다. 그의 대표작 《국부론》에 재미난 사례가 있다. 핀 생산 공정을 18개로 쪼개 분업을 하게 되었더니 생산물이 240배 증가했다고 한다. 또 다른 예로 자동차 왕 헨리 포드의 컨베이어 시스템을 들 수 있다. 모델 T 자동차 생산 공정에 컨베이어 시스템을 도입했더니 생산성이 10배 증가하였고, 당시 2,000달러짜리 사치품이던 자동차의 가격이 260달러로 떨어져 많은 사람들이 자동차의 편리함을 쉽게 이용할 수 있게 되었다. 금융 역시 이러한 '제도'의 한 부분으로 볼 수 있다.

　문제는 금융제도가 잘 작동하는 환경을 만들기가 대단히 어렵다는 부분이다. 단순히 공학적 기술을 도입하여 생산성을 높이는 일차원적 차원과 같이 쉽게 적용이 되지 않는다. 이것을 이해하기 위해서는 역사적 맥락을 볼 필요가 있다.

유럽은 서기 476년 서로마 제국 붕괴 후 완벽히 파편화된 사회였다. 그 후 아주 긴 시간 동안 유럽의 지배자는 교황이었다. 종교적 권위가 봉건 영주들의 정치권력을 압도하였다. 시간이 흘러 르네상스와 대항해시대를 지나며 유럽 각국의 왕들은 약진했고, 정치적 혼란 상황에서 속세의 욕망이 활동할 공간이 생겼다. 이것은 항시 중앙집권적 정치 지형을 지향한 중국 문명과 큰 차이이다.

유럽은 아주 긴 시간 끊임없이 경쟁과 갈등이 일상화된 사회였다. 중세 유럽의 정치적 혼란 사이에서 자유도시들이 상업 활동을 시작한다. 13세기 이탈리아의 도시국가들은 부를 쌓으며 르네상스라는 인류사적 사건을 만든다. 1492년 콜럼버스의 항해로 촉발된 원거리 무역은 지금껏 억압받던 상공업자들이 사회적으로 약진하는 계기가 되었다. 분권적이고 변화무쌍한 유럽의 정치 지형에서 만들어진 것이 서구의 사회제도이다.

수없이 많은 이해관계자들의 다툼과 경쟁 과정이 있었고, 그 흐름에서 전쟁과 살육의 참혹함도 있었다. 그 험난한 과정을 통해 타협과 조정으로 현대 사회제도들이 만들어졌다. 예를 들어, 영국 왕의 횡포에 맞선 청교도혁명과 명예혁명이 있었다. 왕 개인의 욕망을 위해 세금을 과다하게 징수하는 것에 반발한 부르주아들의 저항이 있었고, 이것이 성공하여 유럽 최초의 의회정치가 시작되었다. 세금을 가장 많이 납부하던 상공업자들의 요구에 따라 세금을 걷고, 정부재정을 지출하는 데 왕의 독단이 아닌, 의회의 승인과정을 거치도록 만들었다. 이후 안정된 재정 상태를 유지하여 저렴한 이자로 국채를 발행하게 된 영국은 커진 경제적 역량을 바탕으로 대영제국으로 발돋움하게 된다.

혹자는 민주주의와 자본주의를 한 어미의 배에서 나온 일란성 쌍둥이로 비유하지만 역사의 흔적을 보면 분명 선후를 확인할 수 있다. 시민의 재산권과 자유시장이라는 자본주의 가치가 먼저이고 그것을 보장받기 위한 정치투쟁과 시민혁명으로 도출된 것이 민주주의다. 즉 민주주의를 자본주의의 부산물로 볼 수 있다.

각종 금융제도 역시 같은 차원에서 살펴볼 수 있다. '은행 제도'는 중세 이탈리아의 유대인 대부업자로부터 시작되었다. bank라는 단어는 이탈리아어 banko에서 유래하는데, 유대인 대부업자들이 쓴 '긴 의자'를 의미한다. 금 세공업자였던 이들은 무겁고 부피가 큰 금 현물을 대신한 보관증표를 발행하였다. 그들은 금을 찾아 쓰는 비율이 전체 보관의 10%가 안 된다는 사실을 이용하여 더 많은 대출을 해 큰 이윤을 얻었다. 이것이 현대 은행에서도 그대로 적용되는 은행의 수익구조이다. 더 나아가 전체 은행시스템의 안정화를 위해 예금보험, 지급준비율 같은 장치가 마련되었다.

은행들의 은행인 중앙은행 제도 역시 시작은 민간의 요구에 의해 만들어졌다. 1691년 출범한 영국의 잉글랜드 은행이 중앙은행의 효시 격이다. 유럽 국가 간 전쟁에 골몰하던 영국 왕실은 전쟁자금이 부족하였다. 이때 민간사업자 몇 명이 공동으로 왕실에 돈을 빌려주겠다는 제안을 한다. 다만 그들이 요구한 것은 국채를 기반으로 '종이돈'을 독점 발행해 유통시킬 수 있는 권리였다. 현재 관념에서 낯설지만 현대적 개념의 '통화'가 개인사업자에 의해 만들어졌다는 사실을 알 수 있다. 이후 공적 시스템과 연계되며 점점 제도화한 결과가 현대의 중앙은행이다.

미국의 중앙은행인 연방준비제도는 지금도 창설 자금을 댄 민간은행들에 총 배당금 중 6%를 지급하고 있다.

채권 제도 역시 국가권력과 근대 자산가들 사이 협상의 결과이다. 빈번한 전쟁을 치르던 유럽 각국은 전쟁자금을 쉽게 모으기 위해 채권을 발행했다. 세금 저항을 피하면서 대규모 자금을 조달할 수 있는 방법이었다. 많은 유럽 국가들이 발행한 채권이 거래된 곳이 17세기 네덜란드 암스테르담이었고, 여기서 채권 제도가 정비된다. 나폴레옹의 몰락을 결정지은 워털루 전쟁의 결과를 발 빠르게 이용하여 막대한 이익을 낸 로스차일드 가문이 활용한 것이 채권 거래였다.

고대부터 흔적이 있었던 보험 제도가 체계화된 것 역시 민간의 요구가 원동력이 되었다. 아시아와의 무역에 큰 위험이 존재했고 이 위험을 분산시키기 위해 이탈리아 도시국가들은 해상보험을 발전시켰다. 더 넓은 해양으로의 무역이 확장된 대항해시대에는 포르투갈과 스페인이 해양보험의 중심이 되었다. 독립적이고 근대적인 화재보험이 출현한 계기는 1666년 런던 대화재 사건이다. 어느 빵집에서 시작된 불은 5일 동안 런던 시내 가옥의 80%를 태워 버렸다. 이후 반복되는 재앙을 대비하기 위한 자구책으로 고안한 것이 현재까지 이어지는 화재보험의 시초가 되었다.

주식시장이 처음 설치된 것 역시 상공업의 도시 암스테르담1613년이다. 해외 식민지의 효율적 관리를 위해 설립된 민간 이익단체인 네덜란드 동인도회사voc 의 주식이 이 시장에서 거래되었다. 당시 스페인으로부터 독립한 네덜란드는 왕실이 아닌 민간인에 의해 움직이는 나라였다. 17세기 전성기를 이룬 네덜란드의 힘에는 주식시장이 큰 몫을 담당한다. 야심 찬 무역 벤처 자금을 조달할 수 있는 조직과 규칙, 방식이 정비되며 자본의 가용성을 극대화하였다. 주식시장은 기업가 정신을 촉진하고 혁신을 자극하게 된다. 동인도회사는 투자자가 위험을 헷지하고 미래 가격변동에 대해 대응할 수 있는 혁신적인 금융상품인 옵션, 선물 계약 상품을 만들어 낸다.

여기서 눈여겨보아야 할 것이 있다. 대부분의 금융제도들이 공권력에 의해 인위적으로 만들어진 것이 아니라 민간의 요구에 의해 자생적으로 만들어졌다는 사실이다. 이런 현상은 경제 분야뿐만 아니라 정치 구조에도 동일하게 적용된다. 삼권분립, 법치, 언론의 자유, 선거, 의회 모두 절대 권력에 대한 민간의 고통스러운 투쟁의 결과로 만들어졌다. 그 과정에서 다양한 이해관계자들의 요구가 부딪히고 조정되고 합의되며, 사회를 운용하는 가장 효율적인 방식을 찾아가게 된다. 서구의 민주주의와 자본주의는 지난한 발전과정을 거쳤다. 한 발자국 내딛다, 때로는 후퇴하고 다시 전진하며 만든 촘촘하고 밀도 있는 구조를 볼 수 있다.

여기에서 한 · 중 · 일 등 후발 자본주의 국가들과의 차이 그리고 한계점을 유추할 수 있다. 가장 빨리 근대화를 이룬 일본은 메이지 유신을 통해 적극적으로 서구의 제도들을 복제했다. 메이지 정부는 국가 장학생을 선발하여 유럽과 미국에 보내 그들의 성공 방정식을 습득하게 했다. 근대 일본의 국부로 여겨지는 이토 히로부미는 칼리지 오브 런던 University College London 에서 영어와 화학을 공부했고, 영국 유학의 강렬한 경험을 바탕으로 일본을 개조한다. 이 개조 과정은 메이지 정부의 주도로 이루어진다. 민간의 반발은 모두 억압된다. 심지어 1,000년이 넘는 채식 습관도 정부의 강제에 의해 육식으로 바꾼다. 대영제국을 모델로 한 정치, 사회제도의 도입뿐만 아니라 경제적 부흥을 위해 서구의 금융

제도를 도입한다. 사회 모든 것이 국가권력에 의해 재조직되었다.

이런 변화의 태도는 태평양 전쟁 후에도 지속된다. 미군정을 지나 1952년 일본 정부에 통치권이 이양된 후에도 일본 사회는 일사불란한 상명하복의 패턴을 반복한다. 일본 정부는 경제 부흥을 위해 은행제도를 적극 활용한다. 관계형 금융 또는 간접 금융의 방식이라 불리는 것인데 우선 일본 국민에게 전국에 깔린 우체국을 활용한 저축을 장려한다. 국민의 저축으로 모여진 자금은 국가 주도로 주요 은행, 다시 대기업에 분배된다. 특히 한국전쟁 특수를 백분 활용한 일본은 경제적 재기에 성공한다. 이후에도 성공 방정식은 유지된다. 승승장구를 거듭한 일본 경제 전성기의 작동방식이었고, 잃어버린 30년을 지난 현재 역시 기본적 구조는 유지되고 있다.

일본의 성공 사례를 복제한 것이 한국과 중국이다. 자본주의의 초기 발전과 상명하복의 유교적 전통은 극적인 상승효과가 있었다. 근면하고 잘 훈련된 인력과 정부를 중심으로 체계적으로 움직이는 산업과 금융 체계는 경제를 부흥시켰다. 수출을 주도로 한 경제개발정책을 시행하기 위해 사회 자본의 선택과 집중이 필요했다. 정부는 소위 '관리경제 시스템'을 활용하여 될 만한 기업에 세금 면제, 행정적 특혜, 금융 자원을 쏟아부었다. 이런 동아시아 성장방식을 '유교 자본주의'라 불린다. 싱가포르의 국부 리콴유 李光耀 총리는 정부 주도 자본주의를 '아시아적 가치'라 포장하며 서구식 자본주의의 강력한 대안이라 주장하기도 했다.

선발 자본주의 국가와 후발 자본주의 국가의 경제구조는 외형적으로만 보면 거의 유사하다. 은행, 채권, 주식, 상품시장 등 자본주의 최종 산물로서 금융제도를 공통적으로 갖고 있다. 하지만 그 성립과정을 보면 선명한 차이가 있다. 선발 자본주의 국가들이 긴 시간 자생적으로 이 구조를 만들었다면, 후발 자본주의 국가들은 유럽 금융제도의 최종 버전을 복제, 이식했다는 차이다. 중앙권력의 의도와 기획이 고스란히 반영된 결과이다. 필연적으로 구조 왜곡 현상과 불균형 성장이 따라올 수밖에 없다. 권력에 의한 일방적 자원 배분은 인위적인 조작으로 치열한 경쟁 상태를 방해한다. 정경유착, 관치금융, 대마불사 현상은 후발 자본주의 국가의 전유물이다.

후발 자본주의 국가들은 잘 정비된 선진모델의 토양 아래 대량의 비료와 농약을 뿌리는 방식으로 초기 폭발적 성장을 이뤘지만, 그 구조의 수면 아래엔 비효율이 누적된다. 자본주의 작동의 가장 중요한 요소인 '끊임없는 오류 수정'이 태생적으로 막혀 있는 구조다. '끊임없는 오류 수정'은 내외적 환경변화에 대응하여 이해관계자 상호 간 감시와 견제가 작동해야 하고, 경쟁, 충돌, 대화, 타협으로 새로운 균형상태를 도출해 내는 순환 시스템이다. 중앙권력의 권위가 국가 운영의 원동력인 사회에서는 기대하기 힘들다.

한때 잘나가던 후발 자본주의 국가들이 어느 시점에서 성장의 한계를 만나는 것은 이런 구조적 결함을 내포하고 있기 때문이다. 이에 대한 생각은 경제학과 사회학의 더욱 깊은 연구가 필요한 것이고, 다만 투자자의 관점에서 투자 대상 선정에 집중해 보자. 쉽게 이해하기 위해 미국과 중국으로 단순 비교를 할 수 있다. 미국은 앞서 이야기한 선발 자본주의 국가의 최종 진화 버전이다. 외형적으로 미국과 중국을 보는 느낌은 사뭇 다르다. 미디어에서 보이는 미국의 총기난사, 마약문제, 인종갈등에서 당장 국가가 넘어갈 듯 위태로운 불안감이 든다. 정기적으로 발생하는 금융위기는 투자자의 마음을 졸이게 한다. 반면 중국은 강력한 리더십으로 사회의 안정과 경제적 번영을 이루는 듯 보인다. 투자자에게 어떤 선택지가 더 좋은 결과를 보일 것인가?

역설적으로 미국의 공개된 혼란은 문제를 빠르게 치유하는 장점으로 작동한다. 금융에 국한하여, 미국 기업의 회계와 기업 정보는 빠르고 투명하다. 문제가 발생하면 많은 투자자들이 쉽게 확인할 수 있고 투자 결정에 바로 반영한다. 그렇기 때문에 가능성 있는 기업에 대규모 자금이 공급되고, 반대로 구조적 문제가 있는 회사는 투자회수를 각오해야 한다. 설립된 지 20년도 안 된 메타페이스북가 초거대기업이 된 데 이런 투명하고 효율적인 금융시스템이 작동한 결과다.

그래서 미국 증시에서는 빈번한 물갈이를 볼 수 있다. 한때 세계 경제를 쥐락펴락했던 GE, IBM, AT&T의 투자시장 내 위상은 떨어지고 구글, 아마존 등의 새로운 라이징 스타가 왕좌를 차지하고 있다. 이런 효율적 구조를 유지하기 위해 일종의 사회적 합의가 만들어져 있다. 회계부정, 배임 등의 경제범죄를 가볍게 여기지 않는다. 자본주의 시스템의 근간을 위협하는 것으로 간주하여 경제사범에게 수십 년의 징역형이 떨어지기도 한다.

반면 잘 작동하는 톱니바퀴같이 보이는 중국의 내면은 투자자들을 만족시키지 않는다. 기본적으로 관치금융, 정경유착을 통해 기업을 선발, 성장시키고 거대기업을 중심으로 국가 경제를 이끌어 간다. 회계는 불투명하다. 중국의 그림자금융 규모는 상상을 초월한다. 정부의 지시를 받은 은행이 특정 기업에 자금을 대출하는 간접 금융이 일반적이다. 소위 '꽌시꽃系'가 큰 위력을 발휘하고 기업심사, 장부작성, 정보공개 같은 필수적인 요소는 부가적이다. 선진 자본주의 국가의 기업들이 자본시장에서 주식과 채권을 활용하여 자금을 동원하는 것과 큰 차이가 있다.

중국에서는 기업 성과와 자금 여력이 괴리되어 있다. 기업이 돈을 못 벌어도 다른 힘을 이용하여 은행에서 큰 자금을 대출받을 수 있다. 투자자로부터 받은 자금도 기업가의 호주머니로 흘러 들어간다. 회계적으로 이익을 감추고 주가를 일정 수준 이상 올리지 않는다. 결과적으로 투자자의 돈이 깜깜한 상자 안으로 들어가는 꼴이다. 이런 행태는 다만 중국만의 문제가 아니다. 일본이나 한국 역시 큰 틀에서 보면, 이 문제에서 자유롭지 못하다. 대기업 회장의 회계범죄에 대한 솜방망이 처벌이나 잊을만하면 나오는 주가조작 사건은 한국 금융제도의 한계를 보여 준다.

금융시스템의 건강함은 공정한 거래시스템, 제반 법과 제도, 투명한 회계, 투자자 보호라는 구체적 틀이 지탱한다. 투자자에게 얼마나 정확하고 신뢰할 수 있는 정보를 제공하는지가 중요한 요소다. 투자자 보호를 위한 법률 시스템과 소송절차를 갖춰야 하고 개방된 언론이 그 흐름을 감시해야 한다. 오늘날 세계경쟁은 금융거래자에게 더 좋은 계약 처리 과정과 정보제공 체계를 제공하는지를 겨루는 '제도 경쟁'이라 할 수 있다. 예측 가능한 미래에서 미국이 가장 강력한 투자 대안이 될 수밖에 없는 이유이다.

경제를 이해하는 아주 유용한 글귀가 있다. "오늘날 부유한 국가들은 빨리 성장한 것이 아니라 천천히 오랫동안 성장했다." 미국을 위시한 서구 자본주의는 야생에서 피어난 싹이 아름드리나무가 된 것에 비유할 수 있다. 모진 비바람과 병충해를 견디며 자라났다. 그래서 앞으로도 태풍과 가뭄 같은 외부의 충격으로부터 유연하게 대응하고 성장할 수 있다. 하지만 후발 자본주의 국가들은 마치 온실에서 키운 화초 같다. 국가라는 보호막 아래 기름진 인공비료의 혜택을 받아 고이고이 성장했다. 성장에 장애물이 나타나면 제초제와 살충제를 살포해 제거했다. 당장은 크고 아름다운 나무로 자라날 수 있었다.

하지만 시간의 누적은 결국 진가를 보여 줄 것이다. 나는 한국에서 태어나 자라고 삶을 살아가고 있다. 하지만 투자자로서 보면 한국은 썩 좋은 투자 대상이 아니다. 그래서 안타깝다. 하지만 내 인생을 가로지르는 경제적 문제를 애국심에 기대 판단할 수는 없다. 세상에는 다양한 투자 대상이 있지만 선악의 개념 또는 아군과 적군이라는 관념이 아니라 투자 성과라는 잣대로 판단해야 한다. 특히 장기투자자라면 이것은 인생의 문제에 닿아 있다. 당장의 변화에 천착하지 말고 좀 더 구조적인 관점에서 멀리 생각해야 할 부분이다.

Simple is the Best

매일 아침 출근 준비를 하며 TV를 켠다. 주로 보는 채널은 경제와 투자를 다루는 SBS BIZ다. 전날 있었던 주요국들의 증권시장 흐름을 요약하고 금, 유가, 환율, 암호화폐 등의 가격변동을 보여 준다. 큰 흐름의 경제 동향을 알 수 있다. 경제학 교수님이 정기적으로 출연하셔서 세계 경제 주요 이슈에 대해 짚어 준다. 미국 연방준비제도의 결정, 이자율과 증시와의 관계, 기후변화 등 거시적 변화에 대한 맥을 읽는 데 도움이 된다.

퇴근하고 집에 와 TV를 켜면 같은 채널에서 좀 다른 성격의 프로그램을 볼 수 있다. 여기서는 훨씬 미시적인 관점의 이야기들이 오고 가는데, 주로 종목선정과 단기 가격 흐름이 패널들 대화의 주제다. 요즘은 등락 폭이 심한 기술주에 대한 주제가 많이 나온다. 최근 이슈가 되는 산업의 가치사슬 그리고 그에 따라올 주가 변화가 주요 테마이다. 아마도 주식을 한다 하는 사람들은 아침 프로그램보다는 저녁 프로그램에 더 관심을 갖지 않을까 짐작된다.

요즘은 인터넷과 모바일로 손쉽게 증권거래를 할 수 있는 환경이 마련되었다. 아주 단순한 조작으로 전 세계 주요 시장에 접근할 수 있다. 환전과 매매에 들어가는 수수료도 상당히 낮아져 초보자도 싸고 쉽게 진입할 수 있는 세상이 되었다. 이런 편리한 환경에 힘입어 몇 년 전부터 개인투자자들의 증시 유입이 상당히 많아졌다. 이제는 개미가 기관을 압도하는 형국이 만들어지고 있다. 동학개미와 서학개미를 지나 요즘은 상승하는 일본증시를 타겟으로 하는 일학개미까지 활동의 폭을 늘려 간다. 양적인 확장과 함께 주변에 소위 주식 벼락부자가 됐다는 소문들이 많이 들린다. 평범했던 사람의 성공 스토리를 들으면 그런 행운이 나에게 오지 말란 법이 있나 하는 기대감, 그리고 상대적으로 나는 가난해진다는 불안감이 마음을 흔든다.

새로운 미디어가 많이 만들어지며 투자자들이 만날 수 있는 정보 채널도 상당히 다양해지고 있다. SBS BIZ 같은 경제 전문 TV 채널들이 정제된 방송 콘텐츠를 만들고 있고, 유튜브에서는 구독자 몇백만에 달하는 투자 채널이 인기를 구가하며 전통적인 미디어보다 더 큰 위력을 보이고 있다. 그뿐만 아니라 소셜 미디어, 토론방, 리딩 방송 등등 아주 쉽게 투자 정보와 전략에 접근할 수 있는 세상이 되었다.

투자에 대한 관심은 온라인뿐만 아니라 오프라인 활동에서도 나타난다. 과거 독서 모임, 영화 모임만큼이나 흔한 것이 주식 스터디, 부동산 스터디, 코인 스터디 동아리다. 은행과 증권사 등 주요 금융회사들도 대중 강연회, VIP 특강, 토론모임 등을 개최한다. 더욱 많은 사람들이 투자를 통해 부자가 되겠다는 꿈을 갖고 시간과 노력을 아끼지 않는다. 그렇다면 과연 투입된 에너지와 투자 성과 사이에 진짜 인과관계가 있을까? 우리가 받아들이는 정보의 질과 양이 투자결과에 얼마나 반영될까?

나는 5개의 학문을 전공하고 학위를 갖고 있다. 각각의 학문을 공부해 보니 학문 사이 가장 큰 차이는 '세상을 바라보는 관점'이 아닐까 생각해 본다. 내가 공부한 학문들은 파노라마처럼 좌우로 폭이 넓은데 학문 각각의 특징이 있다. 가장 먼저 딴 학위는 화학공학이다. 그리고 엔지니어로 18년 동안 일을 하고 있으니 이 영역에서 일하는 사람들의 독특한 인식체계가 있다는 것을 알게 되었다. 그 뒤 공학과 대척점에 있는 학문을 공부했다. 정치학, 경제학, 경영학 그리고 재무학이다. 재무학으로 박사학위를 따고 본격적인 투자자가 되었으니 이쪽 세계관도 이해하게 되었다. 공학과 사회과학, 양편으로 크게 분류해 볼 수도 있겠다.

우선 공학적 세계관부터 알아보자. 자연과학은 물질세계의 관계를 밝히는 학문이고 공학은 그 관계를 활용하여 인간에게 이로운 인공물을 만드는 학문이다. 여기서는 엄밀한 인과관계와 메커니즘이 존재한다. 이것을 통해 화학 공장, 발전소와 석유 정제시설을 만든다. 내가 일하는 발전소를 예를 들면, 석탄 몇 톤을 연소시키면 보일러 온도가 얼마나 오르고 팽창된 증기가 터빈을 어느 정도의 속도로 회전시켜 얼마만큼의 전기를 만들 수 있는지를 정연한 논리 흐름으로 알 수 있다. 이것이 발전소를 제어하는 원리이고 엔지니어들은 큰 오차 없이 결과를 예측할 수 있다. 전자기기와 디지털 그리고 우주 공학으로 들어가면 그 정확도는 상상을 초월한다. 인류의 과학기술로 만든 보이저 2호는 목성, 토성, 천왕성을 지나 지구에서 약 40억km 떨어진 해왕성을 예정대로 탐사했다. 또 의료용 나노 로봇은 생물의 세포보다 더 작은 크기로 제작되어 난치병 치료에 획기적 돌파구를 마련하고 있다.

반면 사회과학은 공학에서 보여 주는 정연한 논리 흐름을 찾기가 쉽지가 않다. '과학'이란 이름을 갖고 있기에 끊임없이 인과관계에 대한 진실을 밝히려 하지만 그 정확도는 자연과학이나 공학에 비해 현저히 떨어진다. 이를테면, '민주주의 발전 요인은 무엇인가?'라는 문제를 만났을 때, 그 나라의 교육이라 할 수도 있고, 경제력이라 할 수도 있고, 지정학에서 원인을 찾을 수도 있다. 현실사회에서 하나의 원인이 곧바로 결과에 닿는 경우는 보기가 쉽지 않다. 수없이 많은 변수가 작용하고 있기 때문이다.

그것뿐만 아니라 원리를 밝히는 데 더 큰 문제는 각각의 변수가 가지는 영향력이 시시각각으로 바뀐다는 점이다. 미처 고려하지 못한 변수가 나타나 큰 임팩트를 가하는 경우도 자주 있다. 그래서 사회과학은 일종의 확률로 바라볼 수밖에 없다. "이런 조건을 만들면 저런 결과로 이어질 '가능성'이 커진다." 정도가 최선의 답이다. 특히 단기 변화에 대한 예측은 거의 신의 영역이라 볼 수 있을 지경이다. 내일, 다음 주에 뭔 일이 생길지는 아무도 모르고 우리는 속수무책의 상황을 받아들여야 한다.

그럼에도 불구하고 인간은 인과관계를 짐작하려고 하는 본능을 가졌다. 오랜 진화과정에서 나온 생존의 비결이다. 심리학에서는 인간종의 진화과정이 대단히 비이성적 편향들을 만들어 냈다고 본다. 야생에서 이익보다 위험을 더 크게 인식하여 생존확률을 높이는 '손실회피 편향'도 있고, 언제나 무리로 행동했을 때 생존에 유리했기에 '집단편향'도

생겼다. 선택한 것에 대한 잦은 변덕을 막기 위해 '확증편향'이 생겼고, 오늘의 위험에 가장 민감하게 반응하려는 '최신편향'의 본능도 가지고 있다. 또 다른 인간의 경향은 모든 현상에서 패턴과 질서를 발견하려는 의지다. 이런 본능은 인류가 진보하는 데 도움이 되기도 했지만, 의미가 없는 것에도 의미를 창조하려는 비합리의 세상을 만들기도 했다. 흔히 볼 수 있는 것이 '미신'이다.

아침 출근길 연속된 녹색 신호등과 오늘의 내 일은 아무런 관계가 없음에도 불구하고 우리는 정서적 안정성을 얻는다. 누군가 빨간 펜으로 내 이름을 쓴 것을 보고 일이 안 풀리는 것을 탓할 수도 있다. 스포츠 선수들이 말하는 징크스도 그와 같은 맥락이다. 과거 삼성 라이온즈의 유명 타자였던 박한이 선수는 타석에서의 복잡한 준비 동작으로 유명했다. 그는 매번 똑같은 동작을 긴 선수 생활 동안 수백, 수천 번 반복한다. 발로 흙을 고르고 장갑의 벨크로를 떼었다 붙인 후 제자리에서 2번 점프, 헬멧을 벗어 냄새를 맡고 왼쪽 허벅지를 탁 친다. 배트로 바닥에 직선을 긋고 허공에 헛스윙을 해야 타격 준비가 끝난다. 자못 우스꽝스러운 동작의 나열이지만 그에게는 안타를 치기 위해 꼭 해야 하는 의식이다. 그의 머릿속에는 준비 동작과 타격 성공이 인과관계로 묶여 있다.

인간은 원인과 결과의 흐름이 명확하지 않은 현상에 대해서도 논리적 흐름으로 믿는 경향이 있다. 이것은 투자 세계에서도 무척이나 자주 보이는 현상이다. 예를 들어 보자. 최근 기후문제, 유가 급등이라는 외부적 변화와 자율주행 기술의 향상으로 전기차 판매량이 빠르게 늘고 있다. 투자자는 이런 추론을 할 수 있다. 앞으로 전기차가 내연기관 자동차를 빠르게 대체할 것이다. 전기차를 움직이는 데 필요한 충전기, 배터리, 전기차 부품의 수요도 늘어날 것이다. 이것 외에 전기차가 늘어남에 따라 타이어도 수요가 증가할 것이라 예측할 수 있다.

전기차 전용 타이어라는 새로운 시장이 열릴 뿐만 아니라 내연기관 자동차보다 빠른 가속 능력, 배터리 때문에 약 20% 더 무거운 차량 무게로 타이어는 더 빨리 마모되고 수명은 짧아진다. 교체 시기가 더 빨라지니 타이어 판매량은 늘게 되고 타이어 회사의 매출, 이익은 주가 상승으로 이어질 것으로 예측한다. 만일 이 논리 흐름이 물리화학에서 말하는 '닫힌계Closed System'에서 이뤄진다면 대단히 매끈하고 세련된 추론일 수 있다.

종목과 타이밍에 선정에 초점을 둔 경제 채널, 리딩 방송, 투자 유튜브 등에서 흔히 볼 수 있는 논리 전개 방식이다. 사실 경제언론이나 거대 투자금융회사 역시 이런 생각의 구조에서 크게 벗어나지 않는다. 하지만 특히 단기의 주가 흐름을 예측하는 데 이런 방식은 두 가지 한계를 가지고 있다.

첫째는 경제학에서 말하는 '효율적 시장' 개념이다. 앞서 이야기한 타이어 사례를 가져와 보자. 전기차 시장의 확대, 그에 따른 부속 기기들의 수요증대, 전기차 자체의 특성. 이 모든 정보가 공개되어 있고 어느 정도 미래의 시장 반응도 예측의 범위 안에 있다. 즉 미래의 상황을 모두가 알고 있다는 얘기이다. 효율적 시장 개념에서는 공개된 모든 정보는 이미 현재의 가격에 다 녹아 있다고 말한다. 나의 추론이 여러 정보와 지식, 창의적인 분석 능력으로 만들어진 것일지라도 항상 시장은 나보다 빠르다. 미래의 예측 가능한 상황은 모두 현재의 가격에 반영되어 있다고 할 수 있다.

영국의 작가 루이스 캐럴Lewis Carroll의 유명한 아동소설 《이상한 나라의 앨리스Alice's Adventures in Wonderland》의 붉은 여왕 이야기가 생각난다. 붉은 여왕은 앨리스에게 '제자리에 있기 위해서는 끊임없이 뛰어야 해!' 라고 다그친다. 내가 아무리 빠르게 뛰어도 주변 환경과 경쟁자들도 움직이기에 나는 상대적으로 뒤처지는 상황을 묘사한다. 이런 아이러니한 상황을 시카고 대학의 진화학자 리 반 베일른Leigh Van Valen 이 생태계의 평형 관계를 묘사하기 위해 '붉은 여왕 가설Red Queen's Hypothesis'이라 명명했다. 베일른은 생물 진화를 설명하기 위해 이 아이디어를 썼지만 투자자에게도 큰 교훈이 있다. 효율적 가설과 붉은 여왕 효과를 생각해 보면, 산업분석, 종목선정과 매매타이밍 전략으로 투자수익을 올리는 것이 구조적으로 쉽지 않다는 것을 이해할 수 있다.

기업가와 투자자는 근본적인 차이가 있다. 기업가는 회사의 성장이 목표지만, 투자자는 싸게 사서 비싸게 파는 것이 목표이다. 둘 사이 연관성이 없지는 않지만, 꼭 일치하지는 않는다는 것을 생각할 필요가 있다. 투자자에겐 아무리 유망하고 성장성이 높은 기업이라도 매입 가격이 너무 높으면 의미를 상실한다. 세상을 뒤바꿀 상품이 출현한다고 해도 이미 가격이 미래의 성장을 당겨왔다면 투자자에겐 소용이 없다. 워런 버핏이 강조하는 '안전 마진Margin of Safety'을 되새길 필요가 있다. 유행하는 자산은 안전 마진, 즉 손실의 안전지대가 없는 까닭에 위험이 극도로 높아질 수 있다.

재무학에서는 이에 관한 장기 실증분석이 이뤄졌다. 최근 30년간의 주가 데이터를 이용한 분석이다. 연구의 주제는 '과연 장기적으로 혁신산업에 대한 투자는 수익을 가져올까?'이다. 분석을 선명하게 하기 위해 상이한 성격의 산업군 2개를 대조군으로 삼았다. 혁신 산업군은 1990년대 후반부터 각광을 받던 IT와 바이오 기업들, 그 반대쪽의 전통산업군인 석유화학, 식품, 유통 기업으로 구분했다. 결과는 단순하고 명확하다. 장기 분석 결과, 전통산업 투자 성과가 혁신산업을 훨씬 압도한다. 한때 미국 증시를 호령하던 IBM, AT&T부터 지금의 테슬라, 페이스북, 구글, 아마존을 생각하면 대단히 의아스러운 결과다.

역시 답은 효율적 시장에서 찾을 수 있다. 비전만 가진 창업 초기엔 가격이 낮지만 성공 가능성은 희박했다. 하지만 어느 정도 승기를 잡았을 때는 가격이 이미 천정부지다. 기업의 가능성과 성장성이 선명해지면 시장가격은 더욱 과잉 반응한다. 그리고 치열한 경쟁 과정에서 탈락자들이 속출한다. 우리는 메타페이스북란 유니콘만 보지만 그 아래엔 경쟁에서 탈락한 기업들의 시체가 산을 이룬다. 미국 상장 기업 40%가 7년 이내에 상장폐지 되고 그중 혁신산업에 속한 기업 비중이 대단히 높다. 더 나아가 1950년 이후 미국 시장에 상장된 3만 개 이상의 기업 중약 75%가 아예 문을 닫았다. 혁신산업에 초점을 둔 투자자에게는 딜레마가 된다.

많은 정보와 지식, 선택지가 과연 좋은 결과를 담보할지에 대해 옛이야기가 하나 있다. 14세기 영국의 수도사 이름에서 딴 '오컴의 면도날'이다. '똑같은 결과를 내는 두 가지가 경합하고 있을 때, 더 단순한 것이 훨씬 훌륭하다.' 단순성의 원칙 또는 논리 절약의 원칙으로 지칭된다. 요컨대, 동일한 현상을 설명하는 2개의 주장 가운데 가정이 많은 쪽을 피하라는 것이다. 가정 하나하나는 실현될 수도, 안 될 수도 있는 확률을 내재하므로 가정의 수가 많아질수록 어떤 현상의 인과관계에 대한 추론이 진실일 가능성은 낮아지기 때문이다. 인덱스 펀드의 아버지 존 보글은 말했다. "금융기관들은 오컴의 면도날 원리에 정반대되는 방식으로 운용한다. 그들은 단순하고 값싼 것보다 복잡하고 비용이 많이 드는 것을 장려하는 유인책을 갖고 있다."

단기 주가 예측이 어려운 두 번째 이유는 '변수의 수'이다. 이것은 사회과학 분석 전반에 해당하는 얘기다. 눈에 보이지도 않는 크기의 반도체가 완벽한 기능을 수행하는 데는 물질세계의 특징이 있다. 바로 '제한된 변수'이다. 다른 소재들이 가지는 물리화학적 특성, 전기전도율, 온도, 에너지 흐름 등을 이해하면 반도체의 작동원리를 알 수 있다. 그리고 더 많은 미세 변수와 그것들의 관계를 밝히면 극단적으로 섬세한 제어를 할 수 있다. 제어 수준을 높이는 것이 쉽지 않고 이것이 기술력과 상품성에 직결되지만 기본적으로 일정한 범위 안의 변수가 작용하는 세계이다.

반면 사회를 이해하는 것은 훨씬 어렵고 막막한 작업이다. 지구 위에 사는 80억 인구 하나하나가 변수가 될 수 있고, 그 외에도 자연환경, 집단의 행태, 사회문화변화가 모두 변수로 작용한다. 고대 아테네의 비극작가 에우리피데스Euripides는 말했다. "처음 발생한 사건이 당신을 완전히 뒤흔들 수도 있는데 어떻게 자기 자신을 위대한 사람이라고 볼 수 있겠는가?" 특히 사회현상의 단기 전망은 망망대해에 떠 있는 뗏목의 무기력함에 비유할 수 있다. 수평선 위의 구름의 모양은 뭔가를 암시하지만 과연 그것만 갖고 오늘의 항해를 예단할 수 있을까?

가장 최근 사례는 아마도 코로나 팬데믹일 것이다. 2019년 11월 중국 우한시에서 처음 보고될 때만 해도 이 전염병이 세상을 이렇게 뒤흔들 것이라 예상한 사람은 아무도 없었다. 하지만 결국 전 지구적 감염병이라는 완전히 예측 불가능한 '변수'가 우리 모두의 삶을 바꾸었다. 우리는 투자자이기에 코로나 팬데믹이 자산시장에 가한 임팩트에 초점을 맞춰 보자. 전염병의 공포가 시장을 덮치고 세계 경제 위기의 우려가 삽시간에 퍼졌다. 세계 증시가 일제히 붕괴했다.

미국의 S&P500 지수는 2020년 2월 역사적 고점인 3,380포인트를 찍었지만 두 달 만에 2,500 이하로 떨어졌다. 30%에 가까운 지수 하락이었다. 여기서 또 아무도 예상 못 한 반전이 벌어졌다. 미국의 연방준비제도와 각국의 중앙정부는 유례를 찾기 힘든 부양책을 쏟아 냈다. 세상은 전염병으로 막히고 인류사회는 헤매고 있지만 막대한 유동성이 자산시장으로 흘러들어 주식 가격을 끌어 올렸다. 거침없는 상승세는 1년 10개월을 이어 가 S&P500 지수는 4,796포인트라는 전인미답의 고지에 올랐다. 붕괴 저점과 비교해 자그마치 92% 상승을 이뤄 낸 것이다. 그리고 다시 느닷없는 하락 반전이 나타났다. 9%가 넘는 인플레이션에 놀란 연방준비제도는 강력한 금리 인상을 이루고 증권시장을 위축시켰다. 10개월도 안 돼 S&P500 지수는 다시 25%가 빠져 버린다. 하지만 연방준비제도의 적극적 금리운용으로 실물경제가 안정을 찾으며 2023년 말 다우존스 산업평균지수는 다시 상승, 역사적 고점에 이른다.

먼 역사를 가지고 올 필요도 없이 지금 서술한 이야기는 단지 2년 동안 흘러온 사실이다. 그야말로 롤로코스터를 타는 이 와중에 어느 전문가가 상황을 정확히 예측을 할 수 있었는가? 장담컨대 이 판의 모든 이가 눈 가리고 귀 막힌 채 손가락 감각에 의지해 앞을 더듬을 뿐이다. 투자계의 전설인 토마스 로우 프라이스Thomas Rowe Price Jr.는 말한다. "투자자에게 단 하나 확실한 것은 변화한다는 것이다."

우리는 이런 과거의 여정에서 교훈을 얻어야 한다. 투자 세계에서 세상 잘난 체 떠드는 사람들을 의심해야 한다. 잘 정제된 정보와 그것들을 조합할 수 있는 분석력, 그리고 작은 것으로부터 진리를 알아내는 통찰력을 가졌다는 사람 대부분은 스스로를 기만하거나 남을 설득하여 이익을 보려는 사람일 뿐이다. 우리는 겸손해져야 한다. 미국의 저명한 경제학자 존 케네스 갤브레이스 John Kenneth Galbraith는 흔히 보이는 헛똑똑이들에게 일갈했다. "세상에는 두 부류의 예언자가 있다. 모르는 사람과 자신이 모른다는 사실조차 모르는 사람이다."

미래는 거의 무한한 수의 요인들에 의해 영향을 받고 너무나 많은 무작위성으로 미래의 사건을 일관되게 예측하는 것은 불가능하다. 투자 전문가라는 사람들은 현상을 멋지게 설명하고 그럴듯한 예언을 하지만 대부분 '후견지명 後見之明'일 뿐이다. 이미 과거에 벌어진 사건에 대해 인과관계를 꿰맞춰 설명하고 마치 자신의 예측이 맞는 것처럼 연기한다.

많은 사람들이 멋지고 예쁜 이런 겉치레에 매료된다. 행태경제학이라는 학문을 연 이스라엘 심리학자 아모스 트버스키는 대중이 거짓 선동자들에 속아 넘어가는 현상을 설명한다. "무언가 모를 수 있다고 생각하면 두려워진다. 하지만 대체로 세상이 어떻게 돌아가는지 자신이 정확히 알고 있다고 믿는 사람들에 의해 세상이 돌아간다는 사실을 생각하면 더더욱 두려워진다."

누군가는 반론할 수 있다. "그럼 우리가 보는 주식 부자들은 다 거짓말인가? 주식 유튜브에서 본 대가들의 계좌인증은 모두 조작이란 말인가?" 투자자의 한 명으로서 나는 성과를 이룬 그들이 부럽다. 분명 그들이 만든 부는 진짜일 것이다. 하지만 진실을 외면하면 안 된다. 앞서 말했듯, 사회현상은 '확률의 세계'이다. 확률의 세계에서 극단치 즉, 희소한 가능성이 현실이 될 수 있는 경우는 항상 존재한다.

미국의 유명한 복권 중 하나인 파워볼은 1등 당첨 확률이 3억분의 1이다. 매주 3번 추첨하는 파워볼은 당첨자가 나오지 않을 경우 당첨금이 다음 주로 이월된다. 우리는 몇십 차례 누적된 상금을 극한의 확률로 따내는 경우를 볼 수 있다. 역사적으로 가장 많은 당첨금을 받은 것이 2016년으로 상금은 자그마치 1조 8,000억 원이 넘는다. 세금을 제하고 당첨자는 8,000억 원 이상을 받았다. 그가 부자가 된 데 작용한 것은 '능력'이 아니라 '순도 100%의 행운'이다.

여기에는 특별한 인과관계가 존재하지 않는다. 뭔가 비법이나 전략, 분석 역량 따위는 필요 없다. 순전히 우연이 작용한 결과이다. 나는 감히 단언할 수 있다. 투자 세계에서도 단기적으로 같은 원리가 작용한다. 주식 부자들의 성과를 인정하지만 그것을 반복 재현하는 것은 쉽지 않다.

내 주장을 논증하기 위해서 하나의 통계 결과만으로 충분하다. SPIVA는 S&P Indices Versus Active의 줄임말로, 시장지수 대비 액티브 펀드의 성과가 어떤지에 대한 정기 리포트이다. 투자 기간을 10년으로 설정한 분석 결과는 아주 큰 함의를 갖고 있다. 미국에서 활동하는 액티브 펀드의 90.03%는 시장지수, 즉 S&P500 지수 보다 낮은 성과를 냈다.

미국의 금융산업은 국가의 가장 많은 자원을 활용하는 산업군이다. 막대한 자금력, 전 세계적인 정보력, 가장 뛰어난 인재, 슈퍼컴퓨터를 활용한다. 골드만삭스나 메릴린치, JP모건 같은 금융 세계 거인들은 어지간한 국가 단위보다 더 큰 분석자원을 운용한다. 이런 막강한 역량을 발휘하여 액티브 펀드를 작동시킨다. 하지만 결론적으로 가진 것에 비해 성과는 초라하다.

이와 결을 같이하는 많은 연구 보고서가 있다. 경제학, 통계학, 재무학 등 많은 학문 분과에서 유사한 분석을 하고 월스트리트저널, 파이

낸셜 타임 등 주요 경제지 역시 같은 테마의 기획보도를 냈다. 거의 모두 같은 결론에 이른다. 일반적으로 지수를 이기는 액티브 펀드 매니저는 연간 15% 이내이며, 3년 연속으로 이것을 이뤄 내는 비율은 3% 안쪽이다. 사실상 전문가가 무력한 영역이 투자 세계다. 미국의 거인들도 이루기 어려운 성과를 한국의 금융기업이, 투자 명인이라 자평하는 개인이 만들 수 있다는 주장은 넌센스일 뿐이다.

하지만 우리에게도 희망은 있다. 짧은 미래는 짐작할 수 없지만 오히려 먼 미래는 윤곽을 잡을 수 있다는 점을 이용할 수 있다. 멀리 보기 위해 시선을 훨씬 더 넓게 두어야 한다. 우리가 잊지 말아야 할 아주 중요한 진실이 있다. '대부분의 주식시장은 대부분의 기간 상승한다.' 20세기 이후 미국은 많은 고난을 거쳤다. 2번의 세계대전, 한국전쟁, 베트남전쟁, 이라크전쟁 등 사회적 혼란 와중에 긴 경제 공황으로 고통받았다. 10번이 넘는 경기침체를 겪었고 석유파동, 금융시장 패닉, 전염병이 앞길을 막았다. 하지만 결과적으로 거대한 부를 이루어 냈다.

다우존스 산업평균지수는 20세기 시작에 66포인트였다. 120년 지난 2023년 말 기준 37,600포인트가 되었다. 최근 50년을 놓고 보면 평균적으로 매년 약 8.2% 성장했다. 너무 긴 시간이 가늠이 되지 않을 수 있다면 좀 더 현실적인 투자 기간으로 좁혀 보자. 만일 성장률이 과거와 비슷했을 때 오늘 1,000만 원을 다우존스 지수에 투자한다면 20년 후에는 4,800만 원이 된다는 이야기다. 앞서 시장지수를 이기기 힘들다는 데 이 부분이 크게 작용한다. 시장 자체의 성장률이 만만치 않기 때문이다. 만일 연평균 상승률이 12% 정도를 기록한 나스닥지수에 1,000만 원을 넣고 20년을 기다린다면 자그마치 9,650만 원의 성과를 기대할 수 있다.

긴 이야기 흐름에서 눈치챘을지 모르겠다. 우리가 가질 수 있는 최고의 선택은 시장에 올라타고 오래오래 버티는 것이다. '시장보다 높은 수익을 올리는 방법은 없다.'와 '시장은 충분히 크게 성장한다.'를 조합한 결론이다. 너무나 간단한 방법이고 또 부자가 되기 위한 가장 확실한 방법이다.

하지만 너무나 쉬운 방법임에도 불구하고 이것을 이뤄 내는 사람은 아주 극소수이다. 가장 중요한 원인은 이따금 찾아오는 대량 손실에 대한 공포 때문이다. 주식시장은 대부분의 기간 아주 느릿한 굼벵이다. 거기다 큰 위기가 찾아오면 발작을 하며 투자자들을 공황상태로 몰아넣는다. 몇 년에 한 번씩 찾아오는 폭락장을 만나면 순식간에 자산의 30~40%가 증발한다. 내가 애써 만든 자산 그리고 남은 인생을 의지해야 할 자산이 물거품이 되는 순간 위기감이 엄습한다. 전문가란 사람들은 속삭인다. 이번 침체는 아주 아주 길고 어쩌면 영원할 수도 있다고. 지금이라도 발을 빼는 것이 상책이라며 전략적 후퇴를 말한다.

프로이센 왕국의 군사사상가 카를 클라우제비츠 Carl Von Claisewitz 장군이 말했다. "좋은 계획을 망치는 최대의 적은 완벽한 계획을 만들겠다는 꿈이다." 투자 전문가들은 단기적 흐름에 빗발치는 시그널들에 의미를 찾고, 그 안에서 최적의 전술을 펼치겠다는 야심을 설파한다.

워런 버핏은 이런 상황에 대해 조언한다. "시장은 신뢰할 수 없고, 일관된 적정 가격을 설정하는 고성능 기계가 아니다. 시장은 실수가 연발하는 코미디, 어리석은 사람들의 축제다. 하이퍼 헬퍼 Hyper Helper라고 자평하는 이들은 대개 소수의 사람만이 이해하는 뚱딴지같은 소리를 조언이랍시고 퍼뜨린다." 폭등과 폭락의 시간이 되면, 많은 투자자들은 희열과 낙담, 탐욕과 두려움, 맹신과 의심, 안주와 공포라는 극단적 감정 사이에 그네를 탄다. 여기에 투자 전문가들의 뭔가 분석적이고 논리적인 주장이 더해지면 결국 나의 투자는 비극으로 치닫는다.

월스트리트의 전설인 존 템플턴은 이성의 탈을 쓴 '감정'을 잘 들여다보는 것이 투자자의 가장 큰 자질이라고 말한다. 잦은 거래는 '논리'라는 껍데기를 둘렀지만, 그 근저에 보이는 행동의 동인은 감정이라는 사실을 인정하자는 것이다. 수학자 블래즈 파스칼Blaise Pascal의 말이 떠오른다. "인간의 불행은 모두 방에서 혼자 조용히 앉아 있지 못해 생긴다." 기업가의 자질은 남들과 함께하는 가운데 공감과 이해, 경청과 대화를 하는 것이지만, 투자자에게 이것은 오히려 독이 될 수도 있다.

세상이 흘러가는 흐름을 관조하며 시시때때로 들려오는 승리의 나팔소리와 절망의 곡소리에도 초연해야 한다. 성공한 투자자는 오히려 남에게 관심을 갖지 않는 태도가 필요하다. 혼자가 되려는 용기와 의지가 필요하고 외로움을 잘 소화해야 한다. 워런 버핏의 스승 벤자민 그레이엄Benjamin Graham은 자신의 성공비결을 소개한다. "성공적인 투자를 이끄는 데 필요한 것은 지능지수나 비범한 통찰력 또는 내부정보가 아니다. 가장 중요한 것은 의사결정에 도움이 되는 올바른 지적 체계를 쌓고 그러한 체계가 흔들리지 않도록 감정 조절 능력을 키우는 것이다."

이제 이 챕터의 결론이다. 'Simple is the Best.' 시장을 이길 수 있는 복잡한 전략 따위는 없다. 하지만 시장을 따라가는 것만으로도 우리는 충분히 성공을 이룰 수 있다. 가장 단순한 지수 추종 상품인 ETF가 최선의 선택지다. S&P500, 다우존스 산업평균지수, 나스닥지수를 복제하는 ETF 상품. 여기에 레버리지나 산업 ETF라는 양념을 더하지는 말자. 시장에 대해 가장 정직하고, 투명하고, 거래 비용이 싼 ETF 상품이 최선이다. 그리고 기다린다. 오래오래. 가는 길이 평탄하지만은 않다는 것을 각오하자. 구덩이도 있고, 이리떼가 출몰할 수도 있다. 외로움에 치가 떨리고 두려움이 엄습할지도 모른다. 하지만 목적지에 닿는 가장 빠른 길이란 것을 잊지 말자.

최근에 본 〈빠삐용Papillon〉이란 영화의 마지막 장면이 생각난다. 1973년 스티브 맥퀸과 더스틴 호프만이 출연한 명작을 다시 리메이크한 작품이다. 수차례 탈옥을 시도한 주인공 빠삐용은 망망대해에 떠 있는 악마의 섬에 갇힌다. 자유를 갈망한 빠삐용은 한동안 바다를 면밀히 관찰한다. 그는 육지로 가는 조류의 방향을 알아챈다. 노도 없고 돛도 없지만 큰 바다의 흐름이 육지로 흘러간다는 것을 알고 야자나무 껍질로 뗏목을 만든다. 절벽에서 뛰어내려 뗏목에 올라탄 빠삐용은 몸을 움직이지 않고 고요히 조류에만 이끌린다. 결국 그는 육지에 닿아 바라마지않는 자유를 얻는다. 실화를 바탕으로 한 영화라고 한다.

08

언제 사야 하나?

공대 출신들이 다수를 차지하는 제조업 회사에서 근무를 해오다 보니 일상에서 만나는 사람들은 금융에 대해 잘 모르거나 외면하는 경향이 있다. 사실 꼭 우리 회사에 국한된 것이 아닌 것이 주변 많은 사람들이 자신들의 돈이 어디에 어떻게 머물러 있는지조차 정확히 파악하지 못하는 모습도 많이 본다. 보통 주변의 누군가가 투자를 해서 돈을 벌었다는 소문을 들으면 불안함과 조바심이 나지만, 생소한 투자라는 영역에 쉽게 발을 들여놓기도 쉽지 않은 듯하다. 투자를 잘하려면 지식도 많이 갖추고 기술적으로도 훈련이 되어 있어야 한다는 생각에 엄두가 나지 않는다.

남들의 얘기를 듣고 잘 모르는 곳에 섣불리 힘들게 번 내 자산을 넣었다가 큰 손실을 입을까 불안한 마음이 크다. 그래서 오랫동안 차곡차곡 현금으로만 저축하는 사람들도 적지 않다. 투자 경력자의 관점으로 볼 때 이런 행태가 좋아 보이기도 하고 한편으론 안타까운 마음도 든다. 일단 이런 사람들은 소비를 절제하고 미래를 위해 경제적 여력을 모아 두는 습관을 가졌다는 데 긍정적이다. 하지만 꾸준하게 일어나는 인플레이션 현상의 관점에서 내 자산이 슬금슬금 녹아내린다는 것을 생각하면 좀 더 나은 대안을 제안하고 싶은 마음이 든다.

투자도 일종의 라이프 스타일이니 내가 잘 안다고 해서 그들에게 감 놔라 배 놔라 오지랖을 떨 일은 아니라 보통은 그냥 고개를 끄덕이는 반응을 보인다. 다만 불가피하게 투자의 세계로 뛰어들어야 하는 경우 좀 쉬운 설명으로 조언을 해주기도 한다. 우리 회사 사람들의 경우, 퇴직연금 운용이 그런 경우다.

공공기관인 우리 회사는 보통 정년까지 근무하는 경우가 많고, 그러면 30년 이상 근속연수를 가져가게 된다. 앞서 노후 대비 챕터에서 말했듯 퇴직연금의 기본 형태인 DB는 시간이 지나면 지날수록 구조적으로 수익률이 떨어지기 마련이다. 어느 시점이 지나면 물가인상률에도 못 미치는 연간수익률 구간으로 접어들기 때문에 DC 형태로 전환이 필요하다.

DB의 경우, 근속연수와 평균임금의 곱이라는 단순한 산식이 적용되지만, DC는 투자 운용에 따라 상당한 수익률 차이가 발생하기 때문에 두려움과 고민에 빠질 수 있다. 특히 DB에서 DC로 전환 시점에 작지 않은 크기의 목돈이 자리를 옮기는 것이라 언제 어디로 퇴직자금을 옮기는 것이 좋은지에 대해 큰 고민을 한다.

앞서 얘기했듯이 가장 유력한 투자처는 미국주식이다. 역사적으로 가장 선명한 수익률을 증명했고, 여전히 혁신산업과 효율적 금융구조가 지속적인 성장을 예고하기 때문이다. 퇴직연금과 같이 장기투자 영역에서 미국주식은 더욱 강력한 대안이 될 수 있다. 문제는 '언제 들어가는 것이 좋을까?'라는 점이다. 모두 알다시피 주식시장은 폭풍우 속에 출렁이는 파도와 같다. 잔잔하고 점잖은 모양이 아니라 시시각각 변덕이 심한 아기의 기분과 같다. 자칫 내가 진입한 때가 고점이고 금세 흐름이 바뀌어 긴 하락장이 시작되지 말란 법이 없다. 워런 버핏도 항상 얘기하지 않는가. '안전 마진이 열쇠다.' 충분히 낮은 가격에 사야 안전 마진을 확보할 수 있는데 오늘이 그날인지 내일이 그날인지 아무도 알 수가 없다.

내가 가진 가장 안전한 대답은 '나누어서 진입하라.'이다. 보통 투자의 기본은 '분산투자'라고 한다. 변동의 방향이 엇갈리는 여러 자산을 골고루 보유하여 리스크를 줄이는 전략이다. 예를 들어 포트폴리오를 주식, 채권, 금 등으로 나누어 투자하는 방식이다. 일반적으로 주식과 채권의 수익은 반대 방향으로 움직이기 때문에 전체적인 변동성을 줄일 수 있다는 원리이다.

분산투자는 다만 자산의 종류로만 하는 것이 아니라 시간으로도 할 수 있다. 예를 들어 투자하는 자금을 10등분 해서 열 달에 나누어 투자하면 변화하는 자산 가격에 대한 변동성을 일정 정도 방어할 수 있다. 이런 방식을 전문적으로 'Average-In' 방식이라 부른다.

내가 해주는 조언은 보통 DC로 전환한 퇴직연금을 우선 현금성 계좌로 만들고 12등분을 한 후, 매달 같은 날짜에 12분의 1을 미국주식 ETF를 매입하도록 추천한다. 이런 방식을 재무학에서 Cost-Averaging, 정액분할투자법이라고 하며 증권가에서 쓰는 시쳇말로는 '물타기'라고도 한다. 나에게 퇴직연금 상담이 들어오면 언제나 이 방식을 추천한다. 일단 쉽게 수긍하고 투자자 입장에서는 얼마간 안심이 되기 때문이다. 하지만 내 자신은 이 방법과 전혀 다른 전략을 쓴다.

결론을 미리 말하면, Average-In 전략은 '플라시보 효과Placebo Effect'와 같다. 비타민 같은 영양제를 병을 고치는 치료약이라고 속이면 의외로 어느 정도 치료 효과가 나타날 수 있다는 현상이다. 즉 심리적 위안이 Average-In 전략의 실체라는 말이다. 여기서 중요한 전제는 단일 종목이 아니라 전체 시장, 특히 선진국 시장 지수상품에 투자하는 방식을 쓸 때 그렇다는 것이다.

Average-In 전략과 대응하는 것이 '한 번에 사기', 영어로 'Buy-Now' 전략이다. 투자할 돈이 생기면, 그리고 그 돈으로 장기투자를 할 생각이라면 현금을 모두 털어 지금 당장 사는 것이 최선이라는 방식이다. 일반적인 생각과 전혀 다른 이 전략은 실증적인 증거를 가지고 있다. 재무학 연구에서 1920년부터 2020년까지 100년간의 표본으로 검증을 해보았다. 하나는 목돈을 한 번에 투자하는 Buy-Now 전략, 다른 하나는 1년간 12번 쪼개 나누어 투자하는 Average-In 전략.

미국의 다우존스 산업평균지수를 대상으로 100년이라는 긴 시간 전체를 1년 단위로 나누어 모든 구간을 비교했다. 결과는 Buy-Now 전략이 평균적으로 4.5% 수익률 우위를 보였다. 표본을 비교적 최근으로 좁혀 다시 분석을 해보았다. 1997년부터 2020년까지 최근 24년 기간을 분석했을 때, 역시 Buy-Now 전략이 평균적으로 약 4% 수익률이 앞섰다. 일관적으로 Buy-Now 전략이 Average-In 전략보다 우위에 있다는 말이다.

이런 결과가 나오는 것은 미국 증시의 기본적인 형태가 '장기 우상향'이기 때문이다. 다우존스 산업평균지수는 최근 10년 동안 2.3배, 최근 20년은 4.4배 성장하고 있다. 미국 증시의 긴 역사 안에서 10년 단위 하락을 한 경우는 없고, 지속적으로 꾸준히 성장을 거듭하고 있다. 장기적으로 올라가는 추세에서 오늘이 가장 좋은 매수 시점일 가능성이 크다. 당장 내일, 다음 주, 다음 달에는 손해를 볼 수 있지만 5년 뒤, 10년 뒤를 생각해 보면 '지금 즈음'이 바로 투자해야 할 가장 좋은 때이다. 유명한 투자 격언 '시작하기 가장 좋았을 때는 어제였다. 다음으로 좋을 때는 오늘이다.'라는 말은 명백한 증거를 가진 문장이다.

그럼 퇴직연금같이 목돈이 아니라 매달 월급의 일부를 투자하는 전략의 접근은 어떻게 해야 할까? 개념은 동일하다. 이번 달 월급에서 생활비를 제하고 투자할 자금이 생긴다면, 그리고 그 돈이 예측 가능한 미래에 쓸 일이 없다면 '지금 당장' 투자하는 것이 가장 좋다. 이와 대비되는 전략은 Buy-the-Dip, 한국말로 '최저점 매수전략'이 있다. 매달 투자자금을 현금으로 모아 놓았다가 중단기 저점에서 일괄 매수하는 전략이다. 워런 버핏이 말하는 '안전 마진'을 연상케 하는 방법이다.

2018년 개봉했던 한국 영화 〈국가부도의 날〉을 본 사람들은 한결같이 말한다. 1997년 IMF 외환위기의 과정을 그린 이 영화를 보며 '그때 투자했으면 지금은 엄청난 부자가 됐을 텐데.' 이런 생각은 매번 국가 경제가 위기를 맞을 때를 기억하면 항상 아쉬움으로 남는다. 현금을 차곡차곡 모았다가 모두가 공포에 질렸을 때 과감하게 매수하면 나도 부자가 될 수 있다는 생각을 한다. 최근의 기억으로 코로나 팬데믹 상황이 그렇다. 전염병이 확산되고 증시가 30% 이상 하락하였다가 6개월도 안 되어 그 이전보다 더 높게 반등하는 과정에서 누군가는 기회를 잡았을 것이다.

나의 개인적인 역사를 돌아보면, 코로나 팬데믹 초기에 꽤나 드라마틱한 경험을 했다. 코로나가 발생하기 전인 2019년 말까지 Buy-the-Dip 전략을 쓰기 위해 전 자산을 현금화를 해둔 상태였다. 이전에 원자재 투자로 수익을 낸 경험이 있어 여러 자산을 주시하고 있었다. 2020년 초 사우디아라비아와 러시아의 원유Crude Oil 증산 선언으로 원유의 가격이 빠르게 떨어졌다. 경험상 매수 타이밍이라 판단하여 여유자금의 30%를 동원하여 원유 상품을 매수하였다. 하지만 전혀 예상치 못한 일이 발생했다. 매수 보름도 안 되어 코로나 위기가 전 세계를 압도한 것이다. 세계 경제가 마비되고 국가 간 무역이 중단되었다. 내가 산 원유 상품은 낙하를 거듭하여 6개월도 안 돼 −80%를 기록했다. 세계 주요국 증시 역시 붕괴 상황이 이어졌다.

약 6개월 뒤 원유 가격은 조금 회복하여 −50% 선에서 손절하고 현금화했다. 큰 손실을 보긴 했지만 오히려 폭락한 증시에 들어갈 적기라 판단하여 모든 현금 여력을 동원하여 미국 증시 주요지수 ETF를 매수했다. 다들 알다시피 미국 증시는 빠르게 반등하여 원유에서 본 손실을 만회하고 더 큰 수익을 얻었다. 그 후 지금까지 미국 지수상품의 보유 포지션을 유지하고 있고, 앞으로 아주 아주 긴 시간 동안 움직임을 절제할 계획이다. 짧은 기간 내 자산에 큰 변화를 겪고 얼마간 수익을 보았지만 돌아보면 그것은 내 능력이나 통찰이 아니라 순전히 운이라 생각한다. 위기가 좋게 풀려 기회로 돌아왔지만 앞으로 행운에 의지하려는 생각은 없다.

많은 사람들이 이와 비슷한 상황을 그리고 실천할 수 있을 것이라 생각한다. 하지만 현실에서 이 전략을 쓰는 것은 결코 쉽지가 않다. Buy-the-Dip 전략이 성공하기 위해서 대단히 제한적 조건이 필요하다. 심각한 하락장 속에 '완벽한' 타이밍을 맞출 수 있을 때만 유효한 전략이기 때문이다. 문제는 이런 '이상적인 순간'이 그리 자주 있지 않다는 것이다. 주식시장에서 공포가 희망으로 전환되는 것은 아주 순간이다. 일반적으로 바닥을 찍고 튀어 오르는 속도가 상당히 빠르다.

재무학 분석에 의하면 이 타이밍을 두 달만 놓쳐도 매달 꾸준히 매입하는 전략을 이길 가능성이 극히 희소해진다. 두 달이라는 짧은 시간에 의해 승률이 30%에서 3%로 줄어든다. 주식시장은 세상의 어떤 변화보다도 앞서 있어서 바닥을 짐작할 수 있는 시그널이 없다. 세상 모든 사람들이 비극적 미래를 말하는 동안 시장은 이미 방향을 바꾸는 일이 비일비재하다.

소위 전문가라는 많은 사람들조차 어두운 내일을 장담하는 시기에 내 큰 자산을 증시에 몰아넣기는 쉽지가 않다. 마치 빛 한 점 없는 깜깜한 산길에 안개마저 자욱한 상황과 같다. 섣부른 한 걸음이 벼랑으로 몰 수도 있다는 공포감에 몸이 얼어붙는 시기에 무엇을 할 수 있겠는가? 모두 그 시간을 지나고 돌아보고 나서야 '아! 그때가 기회였는데.'라고 탄식할 뿐이다. 내 경우 한 걸음을 뗀 것은 어쩌면 만용과 같았고 순전히 행운이 찾아온 것이라 여긴다.

세계적 베스트셀러 투자서가 된 《저스트. 킵. 바잉.》의 저자, 닉 매기울리는 다음과 같은 글을 썼다. "자산을 크게 불리고 싶다면 시장 변동성과 더불어 주기적 하락도 당연한 것으로 받아들여야 한다. 이는 장기 투자에서 성공하고 싶다면 당연히 치러야 하는 대가이다. 문제는 어느 정도까지 받아들일 것인가. 그리고 보상은 무엇인가 하는 점이다."

1950년 이후 S&P500 지수의 연간 최대 하락 폭의 평균은 13.7%였다. 매년 10%가 넘는 자산 가격 하락이 일반적이라는 얘기다. 최대 하락 폭을 기록한 해는 글로벌 금융위기가 터졌던 2008년이다. 자그마치 −48%를 기록했다. 잠시 어어 하는 사이에 내 재산의 절반이 증발한 것이다. 만일 그 구간에 있는 투자자라면 엄청난 스트레스와 무력감에 시달렸을 것이다. 하지만 기억해야 할 사실이 있다. 위기는 수습되고 다시 회복하여 성장한다는 것이다. −48% 이전 전고점이 1,500이었던 S&P500 지수는 735포인트까지 떨어졌지만 이후 14년이 지나 4,500

포인트를 돌파한다. 여기는 너무나 세속적인 세계지만 반대로 어떤 '종교적 믿음'을 가져야 보상을 받을 수 있다. 고통을 견뎌 내면 언젠가 천사가 내려온다는 믿음.

이런 흐름에 대해 우화 같은 유튜브 영상이 있다. 〈What If You Only Invested at Market Peaks?〉라는 제목의 영상이다. 이 이야기는 밥Bob이라는 아주 지독히 운이 없는 사람이 주인공이다. 언제나 최악의 시기에 투자하는 사람이다. 밥은 1977년 23살에 직업을 얻는다. 처음 10년 동안은 매년 2,000달러를 저축한다. 시간이 흘러 10년 경력이 생기면서 저축 여력이 커져 매달 4,000달러를 저축할 수 있다. 그리고 그다음 10년에는 6,000달러씩을 더 저축하게 된다. 이런 식으로 그는 2019년 65살에 은퇴한다.

그는 일생 동안 4번의 투자를 한다. 운이 없는 그는 항상 꼭대기에서 저축한 돈을 투자한다. 처음 투자는 1970년대 말 미국의 대호황 시기다. 처음 취직하고 그동안 모아 둔 8,000달러를 S&P500 지수에 투자한다. 하지만 곧 암울한 시기가 온다. 1982년 증시는 대폭락하고 30% 손실을 기록한다. 그는 의기소침해진다. 하지만 투자한 돈을 없는 셈 치고 주식을 팔지는 않는다. 다만 현금은 다시 모은다.

시간이 흘러 1987년이 된다. 증시는 다시 뜨거워지고 모두가 희망에 가득 찬다. 그는 그동안 모았던 1만 6,000달러를 다시 S&P500 지수에 투자한다. 2개월 뒤 '검은 월요일'이라 불리는 주식 붕괴가 닥친다. 그는 낙담한다. '다시 돈이나 모아야지.'라고 생각하고 12년이 흐른다. 1999년 인터넷이 발명되고 세상이 바뀐다. 소위 닷컴버블로 모두가 희희낙락하게 된다. 밥은 그동안 모았던 5만 4,000달러를 다시 S&P500에 투자한다. 하지만 그의 운은 돌아올 줄 모른다. 2002년이 되자 거품이 빠지고 S&P500 지수가 반 토막이 된다. 밥은 망연자실한다. 다시 가난한 저축자로 돌아간다.

2007년이 되자 부동산 광풍이 벌어지고 밥은 다시 5만 달러를 투자한다. 그 유명한 서브프라임 모기지 사태로 2009년 증시는 낙하한다. 그는 정말 운이 없는 사람이다. 그의 투자 인생은 소위 '상투 잡기'로 일관한다. 그리고 2019년에 은퇴를 맞는다. 재수 없는 밥의 자산은 어떻게 변했을까? 놀랍게도 그가 40년간 투자한 12만 8,000달러는 110만 달러가 되어 있다! 자그마치 투자금의 8.6배가 된 것이다. 가장 운이 없는 사람도 부자가 되는 마술이 펼쳐지는 기묘한 세계가 여기다. 그에게 있었던 단 하나의 재주, '인내심'이 만든 결과이다.

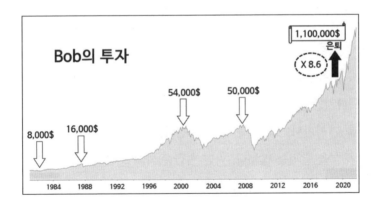

만일 위에서 언급한 Average-In 전략을 썼으면 어땠을까? 저축해서 꼭대기에서 사는 게 아니라 매달 여유자금을 그때그때 투자했다면 결과는 얼마나 달라졌을까? 결과는 투자금의 약 30배가 되는 놀라운 일이 벌어진다. 자그마치 250만 달러를 손에 쥐고 노후를 맞이할 수 있게 된 것이다. 어떤 위기가 와도 초연함만 유지하면 충분히 부자가 될 수 있다는 교훈을 준다.

이와 반대되는 사례가 있다. 전설적인 펀드 매니저인 피터 린치는 마젤란펀드Magellan Fund를 만든다. 1977년부터 1990년까지 13년간 이 펀드의 누적 수익률은 2,700%에 이른다. 연평균으로 하면 29%로서 경이로운 기록이다. 1990년 이 펀드의 운용 규모는 140억 달러에 이른다. 엄청나게 많은 사람들이 굉장히 큰 금액을 이 펀드에 투자한 것이다. 그런데 놀라운 사실이 하나 있다. 13년간 많은 투자자 중 절반 이상이 손실을 본 것이다. 왜 이런 기묘한 결과가 난 것일까?

손실을 본 투자자들은 '부화뇌동'을 했다. 증시 전체도 그렇지만 펀드도 수익률이 등락을 이룬다. 시장이 붕괴하는 일시적 순간에 손실은 불가피하다. 많은 투자자들이 이 시기를 견디지 못하고 펀드를 매도했다. 다시 펀드가 성과를 내는 동안 진입했다가 하락 구간에 탈출하기를 거듭한 결과가 최종적으로 손실로 이어진 것이다. 재수 없고 굼뜬 밥은 부자가 되고, 마켓 타이밍을 잡은 똑똑이들은 손해를 보는 재미난 일이 여기 투자 세계에서 벌어진다.

이와 관련된 다른 통계도 있다. 1926년부터 1987년까지 미국 증시의 연평균 수익률은 9.44%에 이른다. 하지만 더 높은 수익을 얻기 위해 매매기법을 동원했다면 시장이 가져다주는 과실 대부분을 얻지 못한다. 표본인 744개월 중 빠르게 상승한 50개월을 놓쳤다면 수익 전부가 남의 떡이 된다. 즉, 시장 타이밍 선택은 보호가 아니라 그 자체로 위험이란 말이다. 워런 버핏의 오랜 파트너 찰리 멍거는 통찰력 있는 명언을 남겼다. "연어 낚시꾼처럼, 연어 회귀철을 기다려 연어 떼를 수확하자. 그리고 나머지 긴 시간 동안은 한가하게 아무 일도 하지 말아라."

구약성경에 나와 있는 모세의 이집트 탈출기가 생각난다. 젖과 꿀이 흐르는 가나안 땅을 찾아가기 위해 노예 생활에서 벗어난 많은 유대인들과 긴 여행을 간다. 이 고생의 끝에는 분명 하나님이 약속한 따뜻하고 안락한 삶이 기다리고 있다. 하지만 어리석은 자들은 짧은 욕망과 공포에 사로잡혀 황금 송아지를 숭배한다. 그리고 잔인한 대가를 치른다. 현실의 투자자에게는 너무나 많은 유혹이 존재한다. 온갖 매체들은 더 높은 수익을 약속하며 '우상숭배'를 부추긴다. 그럴듯한 전문용어와 분석으로 현인이자 메시아인 양 미래를 예언한다.

분명히 알아야 할 것이 있다. 시장은 본질적으로 예측할 수 없는 복잡한 생태계이다. 불확실성이 이 시스템 자체에 내재한다는 것을 인지해야 한다. 고대 로마 철학자 루키우스 세네카Lucius Seneca는 말했다. "어느 항구를 향해 항해하는지 모르는 사람에게 순풍이란 있을 수 없다." 우리가 하고 있는 것은 대양을 가로지르는 긴 항해이다. 지구적 관점에서 커다란 조류에 몸을 고요히 맡기면 느리지만 분명히 목적지에 닿을 수 있다. 좀 더 빨리 가겠다는 욕심으로 팔다리를 휘저으면 기력을 소진하여 파도에 휩쓸리게 된다.

조경업을 하다 노마드 투자조합Nomad Investment Partnership을 만들어 13년간 921%의 수익률을 만든 흥미로운 인물인 닉 슬립Nick Sleep은 자신의 투자 철학을 다음과 같이 말했다. "모두가 만족 지연에 관한 문제입니다. 일상생활 또는 일터에서 저지르는 여러 실수를 보면, 대개 단기간의 해법이나 단기간에 많은 것을 얻으려다 발생하는 일이라는 것을 알 수 있죠. 주식시장에서는 유독 그런 경향이 강하게 나타납니다." 존경받는 투자자이자 작가인 하워드 막스Howard Marks는 너무나 쉽지만 반대로 너무나 쉽지 않은 투자 조언을 우리에게 준다. "실적은 사거나 파는 일에서 생기지 않습니다. 보유하는 일에서 생깁니다."

분산투자?
집중투자?

　　"계란을 한 바구니에 담지 마라." 투자자에게 가장 많이 알려진 격언이다. 이 말은 1981년 미국의 경제학자 제임스 토빈James Tobin이 포트폴리오 이론 연구로 노벨경제학상을 받은 후 기자회견에서 언급되었다. 기자들은 물었다.

　　"당신의 주요한 학문적 업적인 '포트폴리오 이론Theory of Portfolio Selection'을 쉽게 설명해 주실 수 있나요?"

　　"계란을 몽땅 한 바구니에 담아선 안 돼요. 바구니를 떨어뜨리면 모두 깨질 테니까요."

　　포트폴리오 이론은 사실 복잡한 수학 기법으로 풀어내야 한다. 하지만 우화 같은 한 문장으로 경제에 낯선 사람들도 직관적으로 이해할 수 있게 했다. 이 말은 투자 세계뿐만 아니라 우리가 인생에서 만나는 모든 선택의 문제에 좋은 조언이 된다. 꼭 양자택일의 상황이 아니라면 여러 개의 대안을 가지고 있는 것이 미래의 위험을 대비할 수 있기 때문이다. 여러 개의 대안이 갖는 가장 중요한 이점은 심리적 요소이기도 하다. 일단 플랜B, 플랜C를 갖추고 있으면 심적으로 안심하고 삶을 살아갈 수 있다.

포트폴리오 이론이라 불리는 '분산투자diversification'는 이후 해리 마코위츠Harry Markowitz에 의해 이론적으로 더욱 정교화되었다. 시장에서 존재하는 여러 자산의 흐름을 관찰하고, 각기 다른 방향의 흐름을 띠는 자산을 조합하면 투자의 변동성, 즉 위험을 크게 줄일 수 있다는 생각이다. 해리 마코위츠는 포트폴리오 이론의 성과를 인정받아 1990년 노벨경제학상을 받았다. 이후 투자 세계에서 포트폴리오, 분산투자는 반론이 없는 금과옥조의 위상을 차지한다. 재미있는 것은 마코위츠는 이론을 정립하기 전까지 주식 투자 경험이 전혀 없었다는 사실이다.

이후 포트폴리오 이론은 금융, 투자 영역에서 적극적으로 활용되었다. 분산투자 기법은 다양한 변형 답안으로 발전한다. 투자 대상을 주식으로 국한한다면 기술주, 에너지, 유통, 식품 등 경기 변동에 따라 각기 다른 변화 양상을 보이는 기업들 20~30개 종목을 구성하는 것을 제안한다. 국가 단위로 확장하면 미국, 유럽과 같은 전통 선진국 주식과 한국, 중국 등의 후발 자본주의 국가, 그리고 베트남, 브라질을 포함하는 신흥국의 주식을 골고루 섞는 방식을 생각할 수 있다. 더욱 확장된 포트폴리오를 구성한다면 주식과 궤를 달리하는 자산을 투자자산에 포함시킬 수도 있다. 일반적으로 주식시장과 반대 방향으로 움직인다고 여겨지는 채권, 금, 현금을 일정 비율로 보유하면 적정한 위험 범위 안에서 수익을 올릴 수 있다고 설명한다.

보유하고 있는 포트폴리오를 잘 운영하기 위해서는 정기적인 자산 재배분 작업이 필요하다. 예를 들어, 주식과 채권이라는 단순한 포트폴리오를 구성하고 초기에 6:4로 구성비율을 정했다고 가정하자. 만일 주식시장 대세 상승기에 들어간다면 자산 가격 면에서 구성비는 7:3 또는 8:2로 변화할 수 있다. 그런 경우 오른 주식 자산 일부를 매도하고 상대적으로 내려간 채권을 더 매수하여 처음 설정 비율인 6:4로 맞추는 작업을 시행한다. 일정 부분 상승된 자산의 수익을 확정하고 변화된 환경에 맞춰 위험 수준을 재조정하는 과정이다. 이것을 자산재분배 rebalancing 라 표현한다. 재무학에서 최적의 자산재분배 주기에 대한 여러 연구가 있었으나 실증 데이터상 공통된 합의에 이르지는 않았다. 실무적으로는 1년 또는 2년 주기로 시행하는 것을 추천한다.

포트폴리오 이론을 상업적으로 성공시킨 사람은 인덱스 펀드의 아버지 존 보글이다. 선견지명이 있던 존 보글은 이론이 완성되기 한참 전인 1975년 이미 세계 최초의 인덱스 펀드 '뱅가드 500'을 출시하였다. 이후 미국인 투자의 새로운 지평을 열며 뱅가드 펀드는 성장에 성장을 거듭한다. 2023년 기준 뱅가드 자산운용의 자산 규모는 3,000조 원 이상이다. 시가총액 기준으로 펀드 또는 ETF에 편입되어 운용되기 때문에 미국 증시의 주요 기업들을 골고루 보유하고 있고, 무엇보다 낮은 운용수수료율이 매력적이다. 오랫동안 이 펀드를 유지하고 있다면 상당한 투자 성과를 얻을 수 있었을 것이다.

분산투자의 개념은 쉽게 이해되고 실전에서도 폭넓게 쓰이고 있다. 다만 보유 자산의 범위와 투자 기간에 대해서는 이견이 없는 것이 아니다. 이론상으로는 무제한적 분산이 최적이지만 현실 세계에서 투자 구루guru들은 오히려 지나친 분산의 약점을 지적한다. 대표적인 것이 가장 유명한 투자자 워런 버핏이다.

이에 관한 유명한 일화가 버핏의 1963년 아메리칸 익스프레스 투자이다. 이때는 워런 버핏이 현재의 버크셔 해서웨이를 인수하기 전이라 버핏 조합이라는 조직으로 투자 활동을 하던 시기였다. 버핏은 아메리칸 익스프레스의 가능성을 보고 버핏 조합의 자본금 40%를 동원하여 투자를 감행한다. 당시 이 투자에 대해 부정적인 의견도 많았지만 결과적으로 대성공하여 지금의 버핏 신화의 초석을 마련하게 된다. 이후에도 버핏은 될 만한 떡잎에 대한 집중투자를 실행했다. 1972년 시즈 캔디를 2,500만 달러에 인수하여 지금껏 대주주 지위를 유지하고 있는데, 버크셔 해서웨이의 대표적인 투자 성공 사례로 꼽힌다. 당시 매입 가격이 높다는 의견이 있었으나 이후 지속적인 현금 창출 능력을 증명하며 투자자들에게 잘되는 '한 놈'의 가치를 알리는 사례가 되었다. 현재도 버크셔 해서웨이의 자산 중 약 50%가 애플에 집중투자되어 있다.

집중투자에 대해서는 버핏의 스승, 벤자민 그레이엄의 철학이 영향을 미쳤다. 그레이엄의 저서 《현명한 투자자1949, The Intelligent Investor 》에서 그는 최소 10개 종목, 최대 30개 종목을 제안했다. 이것은 포트폴리오 관리와 더불어 거래 비용의 악영향을 고려한 생각이다. 포트폴리오 이론을 발전시킨 에드윈 엘튼Edwin Elton 과 마틴 그루버Martin Gruber 는 그들의 공동 논문에서 보유 종목이 20~30개면 분산투자의 이점을 대부분 누리게 된다고 주장했다. 그것을 넘는 분산투자는 추가되는 이익이 거의 없다고 하며, 주요한 원인이 거래 비용에 있다고 말한다. 버핏의 오랜 사업 파트너 찰리 멍거는 분산투자에 대해 더욱 단호한 태도를 보인다. "100개 이상의 종목을 보유하면서 어떻게 항상 초과 수익을 기대할 수 있죠? 터무니없는 생각입니다."

집중투자의 성공 사례는 더 오랜 시간을 거슬러 올라간다. 거시경제학의 창시자 존 메이너드 케인즈는 위대한 경제학자이자 당시 혼란의 영국 경제에 영향력을 미친 경제 관료로 활약한 이면에 개인투자자로서 드라마틱한 흥망성쇠를 겪은 사람이다. 천재 케인즈는 투자 생활 초기에 큰 실패를 맛보았다. 대공황 여파로 투자한 자산의 80% 정도를 잃어버리게 됐다. 대중의 행동을 계산한 타이밍 예측 투자법이 사실상 불가능하다는 사실을 몸소 체험하고 자신만의 투자법을 적용했다. 그의 투자 원칙 중 중요한 기둥이 바로 집중투자 방식이다. 그는 집중투자를 좋아해서 5개 종목에 포트폴리오 절반을 투자하기도 했다. 케인즈는 저명한 경제학자 중 대단히 드문 성공한 투자자로 기억된다. 분석가들에 의하면 케인즈의 말년 자산 총액이 현재가치로 3,000만 달러에 달한다고 추정한다.

분산투자와 집중투자 사이의 우열에 대해서는 여전히 논쟁이 이어지고 있다. 분산투자에 대해 회의적인 워런 버핏도 집중투자 방식에 대해서는 몇 가지 전제를 말한다. "자신감 넘치는 투자 전문가에게는 과감한 집중투자를 권하겠습니다. 그러나 나머지 모든 사람에게는 철저한 분산투자를 권합니다. 투자 전문가에게는 분산투자가 이치에 맞지는 않습니다." 초과 수익을 내기 위해 엄격한 잣대로 선발한 소수의 종목이 필요하다고 말하며, 더 큰 전제로 '장기투자'를 강조한다. 시장가격이 내재가치보다 낮은 가치주를 선정하는 가치투자에서 '인내심'은 필수 사항이다. 가격이 제자리로 돌아가는 데 수년에서 10년 이상의 시간이 필요할 수도 있다. 현실의 많은 투자 전문가들이 간과하거나 의도적으로 외면하는 지점이기도 하다.

그들은 이런저런 논리 흐름상 가격이 오를 수밖에 없다고 말하며 마치 짧은 시간 안에 예측된 현상이 벌어질 것이라 예언한다. 이런 조바심을 부추기는 분석은 투자자로 하여금 쉽게 좌절과 희열에 빠지게 하고, 많은 매매를 유도한다. 어쩌면 그 전문가들이 바라는 바가 정작 그것일 수 있다. 개인투자자가 증시 언저리를 배회하며 자신들에게 관심을 유지하게 하는 것이 목적이다. 그로부터 나오는 매매수수료, 광고료, 시청률, 명성이 그들의 중요한 관심사다. 어차피 변화무쌍한 시장 변화에 대해 자신들의 예언은 희석되고 새로운 변수를 방패 삼아 후견지명을 역설하면 그뿐이다.

세상만사에 분명한 선악, 명확한 흑백은 존재하지 않는다. 양극단 사이에 굉장히 넓은 회색지대가 존재한다. 진실은 항상 그 회색지대 어딘가에 있기 마련이다. 분산투자와 집중투자 역시 무엇이 옳다고 단정 짓기보다는 자신에게 맞는 적절한 중간지점을 찾는 것이 중요하다. 만일 여러분이 10년 이상의 여유자금으로 투자한다고 한다면 얼마간 집중투자 쪽으로 무게중심을 두는 것을 추천한다. 단기적으로 증시 흐름과 반대인 채권, 금, 현금의 보유는 장기 수익률을 적지 않게 훼손한다.

앞서 설명한 것과 같이 미국 증시는 분명한 장기 우상향 모양을 나타냈다. 예측 가능한 미래에 이 추세는 지속될 가능성이 크다. 그렇다면 미국 증시 전체에 대한 집중투자가 위험 대비 가장 높은 수익을 가져다줄 것이다. 다만 워런 버핏이 말하는 10개 종목을 선정하는 방식은 개인투자자에게 중과부적이다. 워런 버핏 수준의 정보량과 분석력을 개인이 따라가기는 쉽지가 않기 때문이다. 따라서 자산의 범위는 미국주식으로 좁히되 종목 수는 분산시키는 대안이 유력하다.

이런 방식의 접근을 구현하기 위해 이미 널리 판매되는 금융상품을 활용할 수 있다. 앞서 이야기한 존 보글이 만든 인덱스 펀드 또는 미국 주요지수를 추종하는 ETF를 이용하면 된다. 미국 주요지수인 다우존스 산업평균지수와 S&P500, 나스닥지수는 각각 산출 방식이 다르다. 다우존스 산업평균지수의 경우, 산업별 우량주인 30개 기업의 주가를 표본으로 한다. 지수의 산출은 30개 기업 수익률의 산술평균을 적용한다. 이런 산출 방식은 전체 시장을 액면 그대로 보여 주지 않고 얼마간의 왜곡을 만든다. 예를 들어 시가총액이 3,000조 원을 훌쩍 넘는 애플과 50조 원 근방인 화학기업 다우가 동일한 비중으로 다우존스 산업평균지수에 영향을 주는 식이다. 반면 S&P500지수와 나스닥지수는 시가총액의 규모가 지수 산출에 반영된다. 만일 S&P500지수를 추종하는 ETF를 산다면 자연스럽게 큰 기업에 더 많은 돈이 투자되는 효과를 얻을 수 있다.

워런 버핏은 S&P500지수를 상당히 선호해서, 자신의 사후 아내가 받게 될 유산 중 미국 국채 10%를 제외한 90%를 S&P500지수 추종 상품에 투자하라고 지시해 두었다고 한다. 버크셔 해서웨이의 주주총회의 단골 질문인 "어느 기업에 투자해야 할까요?"라는 질문에 대해서도 마찬가지로 S&P500지수 상품을 적극 추천한다. "S&P500에 당신의 돈을 묻고 일터에 돌아가 자신의 일을 열심히 하세요. 노동 생산성을 높이고 더 커진 임금으로 더 많이 S&P500에 투자한다면 어렵지 않게 부자가 될 수 있을 겁니다."

자산투자는 시간 지평이 대단히 중요한 요소로 작용한다. 투자 기간이 10년 이상 장기가 아니라 5년 이하의 중기라면 여러 자산으로 구성된 분산투자가 유리할 수 있다. 일반적으로 주식시장 싸이클은 3~5년 상승, 1~2년 하락의 패턴을 그리기 때문에 시시각각 변화하는 위험에 대해 분산투자 방식으로 대응할 수 있다.

하지만 짧은 미래에 결혼, 출산, 진학, 주택 구매를 예상하고 있다면 이에 대비한 자금은 투자를 미루고 현금성 자산으로 유지하는 것이 좋다. 비교적 안전자산으로 분류되는 채권이나 금 역시 주식에 비해서는 변동성이 적지만 그렇다고 무시할 수 있는 수준은 아니다. 해당 자산의 가격이 떨어지는 시기에 현금 자산이 필요한 경우 충분한 자금 동원을 하지 못하는 불상사가 발생할 수 있다. 인플레이션에 노출되는 문제가 있지만 편안한 잠자리를 위해서는 현금이 최선이다.

5년 안의 중기에 여유자금을 운용한다면 주식, 채권, 금을 6:3:1 정도 비율로 구성할 수 있다. 각각의 자산은 국내에 상장되어 있는 ETF를 활용하는 것이 수수료도 싸고 자산재분배도 쉽다. 국내에 상장된 ETF를 이용한다면 'KODEX 미국S&P500TR', 'KODEX 미국채 10년 선물', 'KODEX 골드선물'을 설정한 비율대로 매수하고 1년 또는 2년에 한 번씩 변동된 자산 비율을 원래대로 돌리는 작업을 하면 된다. 미국 시장에 직접투자를 한다면 코드명 'SPY', 'IEF', 'GLD'를 찾아 해당 ETF에 투자하면 된다. 마찬가지로 정기적인 자산재분배를 시행한다.

나태한 투자

얼마 전 여행 간 베트남 호치민 시티에는 멋진 라이브 바가 있었다. 마치 돈키호테가 살던 스페인 라만차를 연상케 하는 건물 외관과 인테리어를 갖추어, 동남아시아에서 갑자기 유럽 지중해로 공간 이동을 한 느낌이 들었다. 이 라이브 바의 백미는 음악을 연주하는 밴드였다. 클래식 기타 3명, 베이스 기타 한 명, 드럼 연주자와 퍼커션이 각각 한 명, 피아노와 바이올린까지 갖추고 있고 여러 명의 보컬 가수가 돌아가며 공연을 했다. 좁은 무대를 많은 연주자들이 빽빽이 차지하고 있고, 관객 테이블과 거의 맞닿아 있어 라이브 음악을 생생하게 즐길 수 있었다.

요즘 호치민 시티에 거주하거나 여행하는 한국인들에게 많이 알려져 공연 시간이 되면 라이브 바 전체가 가득 들어찬다. 어깨를 맞대고 달콤한 칵테일을 한잔하며 좋은 음악을 들을 수 있으니 인생의 기쁨을 만끽할 수 있다. 공연의 마무리 즈음, 손님들의 표정은 라이브 바를 들어올 때와 완전히 달랐다. 멋진 공연에 고양되어 삶의 풍요로움을 느끼는 얼굴들이었다.

감동적인 음악 공연은 무디고 건조한 일상에서 삶을 돌아보고 감춰진 인생의 의미를 찾을 수 있게 한다. 음악뿐만 아니라 문학이나 미술, 영화 같은 예술을 통해 우리는 인생의 희로애락에 대한 진지한 생각을 할 수 있다. 베토벤의 〈운명 교향곡〉을 들으며 절망에 고뇌하는 자신을 뒤돌아보고, 미켈란젤로의 〈피에타〉를 보고 어머니의 애정을 그려볼 수 있다. 스콧 피츠제럴드의 《위대한 개츠비》를 읽고 허망한 욕망에 대해 자각하고, 영화 〈라라랜드〉를 보며 사랑의 휘발성을 아쉬워한다. 사람들은 각자 좋아하는 예술 장르를 즐기며 영감과 교훈을 얻고 세상이 돌아가는 이치를 깨닫는다.

나는 긴 시간 돈에 대해 공부해 오고 직접 내 자산을 굴리고 있다. 미술애호가가 명화에서 영감을 얻듯 나는 '투자'라는 행위를 통해 삶의 진실에 대한 깨달음을 얻는다. 딱딱하고 건조한 돈의 세계는 사뭇 고성능 기계처럼 여겨져, 사람의 희로애락과는 다른 영역처럼 여겨진다. 하지만 우리가 들어 온 많은 이야기 속에서 '사랑'에 버금가는 주제로 '돈'이 나오는 것을 보면, 돈이 가진 의미는 작지가 않다. 옛말에 어떤 사람의 진짜 모습은 그가 돈과 권력을 가졌을 때 가장 투명하게 나온다는 이야기가 있다. 성공이라는 제단 꼭대기에 섰을 때, 오만하고 자기 탐닉적인 인간인지, 겸손하고 균형감을 가진 사람인지 알 수 있다. 또 그 성공에 다가가는 이전투구 과정 역시 사람의 세계관과 본질적 성향이 가감 없이 드러난다. 그런 점에서 돈을 놓고 한판 승부를 펼치는 이 '투자의 세계'야말로 인간이 가진 아름다움과 추함이 명명백백히 드러나는 장소일 것이다.

투자와 관련된 영상을 보면 소위 투자 전문가들은 이 세상을 마치 잘 설계된 자동차처럼 바라본다. 액셀러레이터와 브레이크로 내가 원하는 속도로 조절하고, 간단한 버튼 조작으로 조명과 라디오를 켜듯 예측과 제어 가능한 세계로 '돈'의 흐름을 설명한다. 기술진보와 함께 자동차의 기능이 훨씬 많아지듯 발전되는 컴퓨팅 기술과 분석 노하우를 언급하며 자신들의 미래예측능력을 과신한다.

하지만 현실은 그런 생각과 전혀 다르다. 어쩌면 투자시장은 실수가 연발되는 코미디, 어리석은 사람들의 축제일지 모른다. 특히 큰 등락에서 뭉칫돈이 오고 가는 주식시장의 참여자들은 차가운 이성으로 움직이는 듯하지만 환각제에 취해 미친 춤을 추고 있는 광신도에 가깝다. 이 세계의 본질은 차갑고 고요한 '이성'이 아니라 희열과 낙담, 탐욕과 두려움, 맹신과 의심, 안주와 공포와 같은 극단적인 '감정'이 주동력이다. 워런 버핏은 말했다. "유망주를 골라 매수하는 투자자들인 '스톡 피커 stock picker'의 세계는 정신적 혼란의 세계이다. 좋은 기회를 놓칠까 전전긍긍하고, 의기양양해지고, 고통스러워하고, 후회한다. 하지만 이런 변화무쌍한 감정은 빙산의 일각에 불과하다."

그래서 실상 이 세계는 '전문가'가 존재하지 않는다. 미국의 대형 투자은행 역시 첫 번째 목표는 간신히 시장수익률을 달성하는 것이다. 많이 알려진 통계에 의하면 시장지수를 이기는 펀드 매니저는 연 15% 정도밖에 없고, 3년 연속 이 목표를 이루는 비율은 3% 이내라고 한다. 금융기법이 발달한 미국의 금융계도 이 정도일진대 금융산업이 한참 뒤진 한국 투자 전문가들의 예언은 거의 무당이나 점쟁이와 비슷한 수준이다.

이런 현상은 두 가지 강한 요인에 기인한다. 미국의 전설적인 캐피털리스트 하워드 막스가 말했다. "미래는 거의 무한한 수의 요인들에 의해 영향을 받으며, 너무도 많은 무작위성으로 미래의 사건을 일관되게 예측하는 것은 불가능하다." 우리가 투자의 예측이 어려운 첫 번째 원인이 바로 '영향변수의 수'이다. 사회현상은 원인과 결과가 일관된 흐름으로 놓여 있지 않고 언제든 새로운 상황이 충돌하는 유동성 위에 있다. 멀리 갈 필요도 없이 몇 년 전 느닷없이 나타나 세상의 모든 규칙을 바꾼 코로나 팬데믹을 기억할 수 있다.

두 번째 원인은 인간의 DNA에 각인되어 있는 편향성이다. 20만 년 전 완성된 호모 사피엔스의 속성은 우리 귓속에 무리에 머물러 있으라 속삭인다. 이것이 행태학에서 일컫는 밴드웨건효과Bandwagon Effect 의 원인인 집단지향 성향이다. 또한 아프리카 사바나 지역의 생존에 유리한 '최신편향'은 경제의 장대한 흐름을 외면하고 가장 최근에 본 작은 파도에 집착하게 한다.

은행, 증권사 등의 투자 전문 집단의 경우 개인의 성과를 연간, 분기, 월 단위로 쪼개어 평가하니 잠재되어 있는 편향과 함께 시스템적으로 더 잦은 발버둥을 치게 한다. 펀드 매니저를 위시한 트레이더들은 대개 너무 많은 주식을 보유하고 지나치게 자주 거래를 하는 경향이 있다. 이에 따라 과도한 비용을 소모하는 구조적 속성을 가진다. 미국 상위 1% 수익률을 기록한 파브라이 펀드의 설립자 모니시 파브라이Mohnish Pabrai 는 다음과 같이 말한다. "여러 명이 팀을 꾸리는 순간, 팀원들은 행동하고 일하려 듭니다. 그러면 망합니다."

현실에서 투자를 하는 많은 사람들의 목표는 '빠르게' 부자가 되는 것이다. 멋진 투자 성공 사례를 동경하며 자신들도 큰돈을 벌어 좋은 집,

고급 자동차, 명품 옷을 누리고 경제적 자유를 즐기기를 바란다. 그래서 인생의 플러스알파를 성취하기 위해 과감한 투자행위를 한다. 하지만 투자는 꼭 그런 큰 욕망을 가진 사람들에게만 해당되는 문제가 아니다. 나와 같은 보통 사람에게도 투자는 필수적인 상황이 전개되고 있다. 머지않은 미래에 아주 높은 확률로 특정한 변화가 우리에게 기존의 삶의 방식을 위협할 것이다. 평범하고 고요한 삶을 가능케 했던 과거의 방식은 이제 가난과 빈곤의 벼랑으로 밀어 넣는 위험이 된다. 이것은 전 지구적 차원의 변화이기 때문에 개인이 거부하기가 어렵다. 이런 어려운 상황의 탈출 방법으로 '투자'를 생각해 볼 수 있다.

미래 변화에 대해 우리가 맞닥뜨릴 두 가지 딜레마가 있다. 첫 번째는 보통 사람의 수명이 상상외로 길어진다는 점이다. 한국의 경우, 1960년대 태어난 사람의 기대수명은 50세가 되지 않았다. 내가 40대 중반이니 그 시대의 관점으로 보면 거의 인생의 황혼기로 죽음을 준비해야 할 나이이다. 하지만 경제가 발전하며 위생과 의료 수준이 높아지며 보통 사람의 수명은 거의 2배가 늘었다. 이 통계에 의하면 나는 인생의 절반을 간신히 넘긴 '청장년'으로 분류된다. 전문가들의 의견에 의하면 인간의 평균수명은 앞으로 훨씬 더 길어질 것이라 예측한다. 보통 사람이 100살까지 사는 것이 아주 평범한 일이 될 것이다.

하지만 농업시대 축복이었던 장수는 앞으로 시간이 가면 갈수록 재앙이 될 수 있다. 우리 사회에서 보통 정년을 50~60세로 잡는다면 일하여 소득을 만들 수 있는 기간은 길어야 30년이지만, 은퇴 이후의 삶은 40~50년에 가까워진다는 의미이다. 우리의 자본주의 선배 일본의 노인 빈곤 문제는 심각하다. 문제는 이 현상이 더욱 악화할 가능성이 있다는 것이다.

더구나 빠르게 인구가 감소하는 한국의 상황을 고려하면 미래는 심각하다. 생산가능인구는 줄어들고 국가 예산도 부실해질 것이다. 거의 확실하게 국민연금 수령 시기가 70세 이후로 바뀔 것이다. 선명한 미래 상황을 그려 본다면, 유일한 대안은 '현명한 투자'이다. 벼락부자의 꿈이 아니라 최소한 정도의 안정된 노후를 위해 적절한 방식의 투자를 고민해야 한다.

두 번째 딜레마는 직업이다. 한국 사회에서 중요한 문제로 지적되는 부분이다. 질 좋은 일자리는 점점 줄어들고 정규직과 비정규직의 간극은 커진다. 최근 발전되는 인공지능 기술은 이 문제를 더욱 극적으로 변화시킬 것이다. 이것은 한국만의 문제가 아니라 인류가 공통으로 가진 문제이다. 점점 사람이 소외되는 사회가 된다. 아니, 진실을 말하면 '근로소득'에 기대어 살아가는 사람들이 설 자리가 좁아지는 것이다.

반면 '자본소득'에 중점을 둔 사람들은 인간사회가 만든 과실을 더 많이 향유하게 될 것이다. 과거에도 부자는 많았지만 지금처럼 극단적인 부의 양을, 극단적으로 적은 사람이 가진 시대는 없었다. 이 현상은 더욱 가속화될 것이다. 인간의 가치가 떨어지는 미래에 거시적이고 근본적인 대안이 필요하다. 하지만 그런 거대담론을 고민하기에 앞서 각 개인은 최소한의 구명조끼는 갖추고 있어야 한다. 어쩌면 그 작은 탈출구가 '투자'가 될 수 있다. 현실에서는 매일 일터로 나와 몸과 머리를 움직여 뭔가를 생산하는 근로자이지만, 내 재산의 일부분을 향후 성장할 자산에 투자한다면 내 정체성의 일부는 '자본소득자'가 될 수 있다. 현실의 직장에서 할 수 있는 한 몸을 굴려 일을 하되, 내 돈이 돈을 버는 구조 역시 마련해 놓아야 한다.

주변의 사람들을 만나 이런 이야기를 하면 투자의 당위성에 대해서는 수긍한다. 다만 현실적인 문제를 만난다. '주식은 도박이다. 주식 하면 패가망신한다.'라는 생각이다. 이 말이 일견 수긍이 가는 것이 실제로 주식을 통해 큰 부를 이룬 사람을 주변에서 만나기 쉽지 않기 때문이다. 한국에서 믿을 수 있는 투자라고 하면 '부동산'을 꼽는 이유이다. 장기 수익률을 비교하면 주식시장 일반이 강남 아파트보다 높은 상승을 기록함에도 불구하고 우리의 보통 생각은 그렇지 않다.

이것은 투자 대상을 바라보는 사람의 관점과 태도가 다르기 때문이다. 한국의 부동산 역시 역사적으로 깊고 긴 침체기를 거친 적이 여러 번 있다. 하지만 부동산에 투자한 사람들은 가격 하락을 수긍한다. 가격이 떨어졌다고 팔기도 쉽지 않을뿐더러 언젠가는 오르겠지라는 마음을 시장 참여자 전체가 공유한다. 비교적 느긋하고 편안한 자세로 자산 가격변동을 바라본다.

반면 주식시장 참여자들은 완전히 다른 행동 패턴을 보인다. 전체 시장은 물론 개별 종목 하나하나에 대한 엄청난 정보가 쏟아져 나온다. 온갖 분석과 전략이 맞부딪친다. 매매의 간편함에 힘입어 시장 참여자들은 무리 지어 이쪽으로 왔다 저쪽으로 가며 자리를 수시로 바꾼다. 이런 변동성 자체에 이익을 얻는 사람들도 많다. 거래를 중계하는 회사와 훈수 두는 사람들이 새까맣게 붙는다. 부동산 참여자들이 '방관'이라면 주식시장 참여자들은 '과도한 열정'으로 표현된다. 이것이 대한민국 자산시장에서 부동산이 주식을 이기는 결정적 요소이다.

그럼 여전히 부동산이 대안일까? 앞서 말했듯 한국의 부동산 미래는 크게 밝지가 않다. 이제부터 시작되는 빠른 인구감소는 한국 사회의 기존 성공공식을 바꿀 것이다. 매년 인구의 1%가 줄고 20년만 지나면 한국의 인구수는 4,000만 명 이하로 떨어진다. 총수요가 크게 줄어드는 데 가격이 오른다는 건 상식에 맞지 않는다. 결국 결론은 돌고 돌아 주식이라는 대안밖에 남지 않았다. 하지만 보통 사람들은 쉽게 마음이 가지 않는 옵션이다. 소위 꾼들이 말하는 얘기들이 이해도 안 가고 마음에 다가오지도 않기 때문이다. 수급이 어쩌고, 재무제표가 어떻고, 차트를 운운한다. 그렇다고 금융산업에 기대는 것도 마음이 놓이지 않는다. 당장 은행 창구에 가서 펀드 추천만 받아도 일관된 흐름이 없다. 어디서는 중국이 좋네, 또 저기서는 2차 전지가 미래네, AI주가 대세네 하며 복잡하고 알 수 없는 이야기로 가득 차 있다. 과연 그들은 무슨 진실을 알고 말하는 걸까?

여러 가지 딜레마가 복합적으로 둘러싸인 개인자산관리 문제에 다행스럽게도 대안은 있다. 그 대안이 상상외로 아주 쉽고 효과적일 수 있다. 워런 버핏, 피터 린치, 벤자민 그레이엄, 어빙 칸 등 이 세계의 가장 중요한 인물들도 공통적인 방식을 제안한다. 뿐만 아니라 오랜 재무학 연구는 그들의 주장을 증명하고 있다. 나는 그 방법을 '나태한 투자'라고 부른다.

'나태하다.'라는 표현은 부정적인 뉘앙스를 담고 있다. 동서고금을 통틀어 '나태'를 장려한 이야기는 없다. 언제나 게으른 토끼보다 부지런한 거북이를 칭송한다. 하지만 투자의 세계는 '이상한 나라'다. 영리하고 성실하고 열심인 사람은 실패한다. 무디고 느리고 둔감한 사람이 더 큰 성공을 얻는 곳이다. 워런 버핏의 일상을 살펴보면 꼭 그렇다. 그는 매일 아침 늦잠을 잔다. 10시 언저리나 되어 사무실에 출근한다. 느긋하게 아침을 먹으며 이메일과 지난 밤 기사를 찾아본다. 점심을 먹고 가볍게 낮잠까지 즐긴다. 오후엔 꼭 필요한 업무나 회의가 아니면 책을 읽으며 시간을 보낸다. 퇴근 시간이 되면 허름한 집으로 돌아가 저녁 시간의 평화를 누린다. 단순한 생활방식은 자그마치 시가총액 3,000조 원을 넘는 거대한 그의 회사, 버크셔 해서웨이의 외형에서도 나타난다. 미국 네브래스카주 오마하시에 있는 중형 오피스 빌딩인 블랙스톤 플라자의 단 한 층만이 이 회사의 사무실이고 직원 수는 30명을 넘지 않는다.

버핏은 말한다. "경영대학원에서는 단순한 행동보다 어렵고 복잡한 행동에 보상을 주지만, 실상 단순한 행동이 더 효과적입니다." 복잡하고 난해한 것을 풀어내는 능력은 투자 세계에서 오히려 독이 된다. 핵 물리학자 어니스트 러더퍼드Ernest Rutherford 의 "술집 종업원에게 설명할 수 없는 물리학 이론은 훌륭한 이론이 아니다."라는 발언은 투자에서도 그대로 적용된다. 안타깝게도 우리 주변에 있는 금융업계와 투자 전문가들은 단순성과 반대되는 행보를 보인다.

뱅가드 그룹의 존 보글은 말한다. "금융기관들은 오컴의 면도날 원리에 정반대되는 방식으로 운용한다. 그들은 단순하고 값싼 것보다 복잡하고 비용이 많이 드는 것을 장려하는 유인책을 갖고 있다." 우리는 이 말에 유심히 귀 기울여야 한다. 단순함의 미학과 대비되는 복잡함의 독성을 경계해야 한다. 스티브 잡스는 애플의 경영철학을 "단순함이란 궁극의 정교함이다."라는 말로 표현했다.

투자의 대가들이 일관적으로 강조하는 것이 있다. 잘 정비된 선진 자본주의 국가의 주가지수, 즉 시장 전체를 포괄하는 상품이 가장 가능성이 크다는 것이다. 그리고 시시각각 변화하는 주식시장에서 포지션을 아주 길게 유지하는 것이 가장 중요한 부분이다. 여윳돈이 생기면 바로 매수하고, 개인적인 재정 위기 같은 특별한 경우가 아니면 절대 팔지 말라 한다.

집중력과 민첩함 같은 보통의 미덕은 오히려 독이 되고, 아주 넓은 시각에서 초연히 변화를 받아들이라고 한다. 핵심은 '움직이지 말라. 한 없이 나태해져라.'이다. 유일하게 필요한 것은 가끔 찾아오는 폭풍우를 견디는 담대함이다. 주식시장은 한 세기에 두세 번은 50%의 하락, 4~5년마다 30% 내외의 하락, 격년마다 최소 10%의 하락을 보인다.

붕괴와 위기는 매년 찾아오는 태풍처럼 우리를 공포에 몰아넣는다. 이 시기에 많은 사람들은 세상의 종말이 올 듯 절망과 좌절의 말을 퍼뜨린다. 하지만 언제나 그랬냐는 듯 바람은 잦아들고 구름은 걷힌다. 곧 해가 솟고 기분 좋은 미풍이 찾아온다. 순간의 시간은 고통이지만 길고 긴 시간은 주식 투자자에게 최고의 친구이다.

자산시장의 긴긴 흐름은 내 일상에서도 통찰과 교훈을 남긴다. 음악을 사랑하는 이에게 아름다운 노래가 삶의 의미를 일깨우듯, 내게 '투자'는 돈을 버는 방법일 뿐 아니라 인생의 방향을 알려 주는 좋은 선생님이기도 하다. 직장생활에서 만나는 여러 난관, 인간관계의 어려움, 갑작스레 찾아오는 몸의 고통, 시시때때로 빠져드는 우울감은 나를 구석으로 몰아간다. 위축되고 좌절하고 자책한다. 하지만 그런 내리막은 누구에게나 피할 수 없는 삶의 일부분이다.

다만 그것을 대하는 사람의 자세에 따라 약이 될 수도, 독이 될 수도 있다. 갑작스레 찾아오는 불행에 부화뇌동하면 고통은 더 깊어진다. 또 가끔 만나는 행운에 경거망동하면 보이지 않는 중요한 것이 바스러진다. 내 삶을 흔드는 잔파도를 이겨 내고 무게중심을 잡으려면 얼마간 무뎌져야 한다. 작은 손해와 실패에도 '그럴 수 있지.'라는 마음의 준비가 필요하다. 사람에 대한 실망과 미움, 애정과 열정도 계절의 순환과 같다. 삼복더위의 뜨거움과 엄동설한의 칼바람도 흘러가는 과정이고 기다리다 보면 찬란한 봄날과 따스한 가을볕을 보게 된다.

　주요 자산시장의 아름다운 장기 곡선을 믿고 곰처럼, 바보처럼 움직이지 않는 것이 지금껏 보아온 투자 방식 중 최선이다. 마찬가지로 생활에서 만나는 좋음과 나쁨에 연연하지 않고 차분히, 한 발자국 떨어져 보는 자세가 나를 성장시킨다. 얼마간 '나태한' 태도가 행복에 가까워지는 길이다.

나태한 투자

초판 1쇄 발행 2024. 3. 27.

지은이 김주완
펴낸이 김병호
펴낸곳 가넷북스

편집진행 황금주
디자인 김민지

등록 2019년 4월 3일 제2019-000040호
주소 서울시 성동구 연무장5길 9-16, 301호 (성수동2가, 블루스톤타워)
대표전화 070-7857-9719 | **경영지원** 02-3409-9719 | **팩스** 070-7610-9820

•가넷북스는 여러분의 다양한 아이디어와 원고 투고를 설레는 마음으로 기다리고 있습니다.

이메일 barunbooks21@naver.com | **원고투고** barunbooks21@naver.com
홈페이지 www.barunbooks.com | **공식 블로그** blog.naver.com/barunbooks7
공식 포스트 post.naver.com/barunbooks7 | **페이스북** facebook.com/barunbooks7

ⓒ 김주완, 2024
ISBN 979-11-92882-12-3 03320